GREENSPAN

King of the Financial Empire

格林斯潘

金融帝国之王

古 越 著

团结出版社

图书在版编目（ＣＩＰ）数据

格林斯潘：金融帝国之王 / 古越著. -- 北京：团结出版社，2019.11

ISBN 978-7-5126-7019-8

Ⅰ．①格… Ⅱ．①古… Ⅲ．①格林斯潘(Greenspan, Alan 1926-)—传记 Ⅳ．①K837.125.34

中国版本图书馆 CIP 数据核字(2019)第 076978 号

出　　版：团结出版社
　　　　　（北京市东城区东皇城根南街 84 号　　邮编：100006）
电　　话：（010）65228880　65244790　（出版社）
　　　　　（010）65238766　85113874　65133603（发行部）
　　　　　（010）65133603（邮购）
网　　址：http://www.tjpress.com
E-mail：zb65244790@vip.163.com
　　　　　fx65133603@163.com（发行部邮购）
经　　销：全国新华书店
印　　装：三河市东方印刷有限公司

开　　本：170mm×240mm　　　16 开
印　　张：22.25
字　　数：230 千字
印　　数：4045
版　　次：2019 年 11 月　第 1 版
印　　次：2019 年 11 月　第 1 次印刷

书　　号：978-7-5126-7019-8
定　　价：68.00 元

前　言

1987年8月11日，在不被公众看好的情况下，这个名叫艾伦·格林斯潘的人马上便成为美国第十三任联邦储备委员会主席。他受命于多事之秋，在考验面前屹立，在嘘声中前进，笑傲于世界金融江湖。

2006年1月31日，也就是中国的大年初三，美联储主席、还有不到1个月就80岁的格林斯潘，在宣布了第14次加息后，把毁誉参半留给了世人，把接力棒传给了本·伯南克。

格林斯潘作为美联储主席，经历了里根、布什、克林顿、小布什四任政府，创造了美国经济奇迹。他为克林顿政府维持4%—5%的经济高速增长立下了汗马功劳。克林顿下台的时候，给小布什留下了1500亿美元的财政盈余。小布什在两年多的时间里，打仗就打掉了1500亿美元，此外还欠4000亿美元。新总统上台组阁的时候，一般的政府官员包括驻外大使都要换掉，但美联储主席格林斯潘就没有被换。小布什上任两年多时间，格林斯潘8次降息，这在美国历史上是没有过的。降息就是为了刺激美国的制造业，为小布什打仗寻找财源！所以，格林斯潘被称为美国的经济总统。可以说，如果没有格林斯潘，小布什在阿富汗和伊拉克打仗的时候很可能会遇到财政困难。

格林斯潘担任美联储主席长达 18 年，跨越四任政府六届美国总统，是迄今美联储历史上在任时间最长的纪录。18 个春秋的兢兢业业、锲而不舍，格林斯潘用不争的事实维护了美国经济的稳定发展，用时间的意义证明了自身的价值，成为对国家贡献卓越的世界著名金融家。

在世人眼里，格林斯潘在任期间，是美国国家经济政策的权威和决定性人物，是影响力仅次于美国总统的"第二大人物""天生的政治家"，被誉为引领美国走上繁荣之路的"经济教皇""美元总统""金融之神"，是美国总统的经济"家庭教师"、白宫首席金融智囊，伟大的经济学大师、预言家、魔术师……那个时期，格林斯潘一张口，世界为之颤抖。华尔街甚至有人说，管他谁当选美国总统呢，只要格林斯潘还是美联储主席就够了。业界戏称他的公文包里藏着美国乃至全球"经济引擎"的秘密，许多人将他与美国总统的核按钮相提并论。无论走到哪里，他都会在红地毯上受到国家元首般的接待。

2008 年美国次贷危机爆发，随之而来的席卷全球的金融危机和经济衰退，将已卸任的格林斯潘再次推到风口浪尖，《纽约时报》把他称为"泡沫先生"，有的人甚至提出要"审判格林斯潘"。

虽然格林斯潘后来备受争议，但是在担任美联储主席的 18 年间，他带领美国成功应对了 1987 年的纽约股市大崩盘、1994 年的墨西哥金融危机、1997 年亚洲金融危机、2000 年网络经济泡沫、2001 年的"9·11"恐怖袭击等一系列重大经济和金融危机，让美国走在了世界信息科技革命和知识经济的前沿，格林斯潘自然功不可没。伊丽莎白女王授予他"英国爵士"称号，高傲的法国人也给予他法国荣誉勋章的最高荣誉。

目录

引　子

1987 年 10 月 19 日，星期一。

早上，华尔街股市，成堆的纸片撒满经纪人的办公桌，每一张都是急速写成的抛售股票的指令；电脑屏幕上，一排排数字不断地急速闪耀，送来了所有股市价格都下跌的消息：东京、香港、伦敦、巴黎、苏黎世……然后，纽约的交易所开盘，股市直线下泻，无法想象的一切发生了……

美国金融史上最黑暗的一天——"黑色星期一"。

在此之前一周，纽约证券交易所的道·琼斯 30 种股票平均工业指数（Dow Jones）

1987 年，格林斯潘刚上任时，在美联储办公室的留影。

已经显示出了凶险的征兆，下跌 235.48 点，仅仅 10 月 16 日星期五这一天，就狂泻 108.35 点。紧接着，与美国经济紧密相关的亚洲股市，从东京、香港到新加坡，跟着一路大跌不止。

10 月 19 日，真正的灾难降临。纽约华尔街股市一开盘，道·琼斯 30 种股票平均工业指数，在 3 个小时内，直线下坠 508 点。这一天，所有投资者的财产损失了近 1/4，超过 5000 亿美元的美国股票价值随风而逝，相当于美国当年国民生产总值的 1/8。整个美国经济也笼罩在一片愁云惨雾之中。所有的报刊头版头条都有触目惊心的血红标题："血溅华尔街！""失控的金融大屠杀！"

从 1982 年起，美国股票市场进入半个世纪以来最长的一段牛市，连续 5 年，股票价格在全世界 90 家最大的交易所里稳步上升。纽约华尔街股票交易所每天平均交易额 5 年中几乎翻了 3 倍。这次大崩盘，使那些拥有数十亿美元债券、占整个股市 90％ 交易额、决定华尔街命运的大型投资公司一败涂地，几乎毁了整个西方金融体系。

美国前总统里根

这天下午，整个白宫都乱了套，财政部长詹姆斯·贝克到斯德哥尔摩休假去了，里根总统的智囊团已经被接二连三的坏消息弄得焦头烂额，不少人昏了头，丧失了理智，慌不择路，催促总统破例动用紧急权力，关闭金融市场，宣布银行"放假"。

在一片惊惶绝望的气氛笼罩下，演员出身的里根总统倒是比较镇定，沉着地对众人说："并没有到世界末日。"

就在这危急时刻，所有人将希望寄托在唯一的救星——美国联邦储备委员会（以下简称"美联储"）身上，现在能拯救这场灾难的，只有美联储主席艾伦·格林斯潘和他领导的美联储。

而此时，格林斯潘正在美国达拉斯出席美国银行家协会召开的年会。1987年时的美国宏观经济并不是很好，美元面临贬值压力，很多报道说美国很快会被日本超过，但股市却是另一番景象，年初，道·琼斯指数首次突破2000点，之后一路上涨，投机气氛相当浓。可是，没有实体经济支撑的股市，增长不可能持续，10月初，市场中开始出现恐慌气氛，这时格林斯潘掌舵美联储才不过两个月的时间。

为了应对紧张局面，10月19日，格林斯潘飞赴达拉斯开会，因为在飞机上得不到消息，因此一下飞机，格林斯潘就问来接他的人股市走向如何，那个人回答说跌了"五〇八"。当时，格里斯潘以为指数只跌了5.08点，这样的跌幅相当小，马上说："非常棒！"但事实比他所想可怕多了，股指跌了508点，跌幅达22.5%，市场已经崩盘。对这场突如其来的股市大崩盘，格林斯潘早有不祥的预感，在几个星期前就警告他的手下，要随时防备股市危机的出现。不过，他还是没有预见到会在10月27日星期一这天爆发，便按原来的日程安排，奔赴达拉斯。

由于时差关系，纽约华尔街证券交易所下午5点收盘收市时，达拉斯正是下午3点，格林斯潘抵达后正要离开机场，达拉斯联邦储备地区银行的一位代表急匆匆跑来向他报告：纽约股市道·琼斯指数下降508点。

格林斯潘一听，也惊出一身冷汗，立即驱车赶到饭店，拨通了在华盛顿像热锅上的蚂蚁的美联储副主席的电话。一番交谈之后，格林斯潘弄清了华尔街股灾情况：仅仅在1个月前，权威性金融杂志《富比士》列出的美国400位最富有的大富翁，一下竟有38人被从排行榜上抹去了。

当时美国首富、华顿连锁商场的老板萨姆·华顿的财产瞬间缩水31%，损失高达21亿美元。

华裔电脑大王王安，仅"黑色星期一"一个下午，就损失了3100万美元；王安在打伤了美国证券公司的副总经理和经纪人之后，对准自己的脑袋扣动扳机……

新上任两个多月的格林斯潘，怎样才能对付这个如此棘手的局面？

格林斯潘在这一万分危急的时刻，没有工夫也没有心思去想推卸责任的遁词。作为美联储掌门人，格林斯潘处变不惊，他的当务之急是拿出对策，力挽狂澜拯救美国经济：市场上急需更多能流通的美元，以应对股票的抛售，否则就将陷入灭顶之灾，可是银行担心更多的失利，拒绝更多的贷款。

当天晚上，格林斯潘像通常一样，只睡了 5 个小时，电话响个不停，神经相当紧张，格林斯潘研究自己就像一个"七臂裱糊匠"，要同时和很多人讲话来稳定市场情绪。经过反复思考，作出了可以称为他这一生中最重要的决定。第二天凌晨，格林斯潘取消了原定的演讲，火速飞回华盛顿，他成竹在胸，股市开盘之前 50 分钟，宣布了稳定市场的利好消息：

"联邦储备体系，本着它作为这个国家中央银行的责任，在这里宣布，它会作为一个流通货币的来源，对所有经济和金融体系提供援助。"

美联储的这一声明，立即通过传媒传遍全美国和全球。

格林斯潘在一夜间作出的决定，立即改变他奉行的货币紧缩政策，转为向市场提供充足的资金，保证股票市场所需要流动资金的供应，并向一切面临资金难题的主要金融机构提供援助。

格林斯潘一步妙棋，稳定了市场信心，也让全球投资妥善地化解危机，受到华尔街金融家和投资家的称赞，用《商业周刊》的话说，格林斯潘"向市场打开了货币水龙头"，使整个市场有如大旱逢甘霖。

格林斯潘被推到美国乃至世界金融大舞台的中央。从此，开始了"格林斯潘时代"，他一直稳坐在美联储主席的交椅上。大智大勇，美国不仅顺利渡过了 1987 年的股灾，还顺利地通过了 1991 年海湾战争的考验。在他的任期内虽然有两个总统选举年，但他都使美国经济稳步向前。他举重若轻，一言九鼎，成为里根、布什、克林顿、小布什时期的"五朝元老"，一干就是 18 年半。

第一章

金融奇才的传奇人生

——格林斯潘成功素质分析

Greenspan

King of the Financial Empire

　　一般地说，凡是金钱都带着咒语，而拥有金钱的人则整日坐卧不宁。有钱人找到快乐就像西西弗斯试图从地狱里往山上推石头一样徒劳无益。

　　金融业，是 20 世纪经济领域最大的探险课题之一。它是从古至今的冒险家们眼红的区域，沉浮在这个海洋里的人，只要抓住了一块木板，哪怕是一块小得只容得下五指的木块，就有可能被送上财富的巨轮，呼风唤雨，显赫一时；但是如果稍不留意，一个浪头又可以将他打回原地，甚至打入万劫不复之地。

　　对于格林斯潘这位管理着占世界货币流通量达半数以上美元的金融巨头来说，其业绩和智谋反而因金融人生而超越无穷的岁月。

　　格林斯潘 1987 年初次被任命为美联储主席，到 2006 年 1 月 3 日离职，他在这一位置上连续干四个任期半，共计 18 年半。可以说，格林斯潘的大半人生是与金融结缘的。他的人生，因为金融而闪光；世界金融，因为他的创造而注入了新的战略智慧。

格林斯潘自 1987 年初次被任命为美联储主席，自此，他在这个位置上连续干了 18 年半。

　　对于金钱，格林斯潘不是贪婪地占有，而是有序地管理。他自 19 岁开始陶醉于金融和股票市场方面的知识，到 2006 年初一直掌管美元帝国，金融管理生涯凡五十余年，特别是在美联储主席的高位上，他就像一支乐队的指挥大师，依靠他的金融智慧和谋略，管理着庞大的美元帝国，创造了美国经济奇迹。可以说，他的人生智慧，便是金融智慧，他的人生谋略，就是金融谋略。

一、"格林斯潘时代"：创造美国经济和金融奇迹

欧里庇德斯在《美狄亚》中写道："有人说，赠品甚至能诱惑神仙。在人们的头脑中，金子具有比无数语言更强的权力。"我们从格林斯潘的金融地位中可以验证这一结论仍然是真理。

艾伦·格林斯潘是位怪杰。他被称为美国"第二把手"、金融君主。他虽然算不上大经济学家，比之亚当·斯密、约翰·梅纳德·凯恩斯，甚至于比他的导师亚瑟·伯恩斯都要逊色一些，但格林斯潘是超一流的金融管理天才，作为美联储主席的政绩，却在美国经济史上树起了一座新的里程碑。他的成功的经济政策，使美国经济保持长时期繁荣，低失业率，低通胀使百姓的口袋里有更多的钱。他的老式黑边眼镜、深色西装及"格林斯潘式语言"，都在全球金融市场的放大镜下。股市投资人都试图从他的风格、谈话及点点滴滴，找到各自投资的理论依据。

美联储（FOMC）的开放市场委员会每年召开 8 次讨论利率的例会，就应该提升利率还是应该降低利率作出决策。每次会议在举行之前和进行当中，投资者就屏神敛息，高度紧张，各种媒体"八仙过海，各显神通"，不仅挖消息，更从各种角度分析和猜测这位被媒体冠以"在国际金融界呼风唤雨""主宰美国经济"的美联储老主席的一举一动，一言一行。

事实上，格林斯潘的影响力并没有到此为止。作为美国联邦储备委员会以及其

职能行使机构公开市场委员会的主席，其决策可以影响到美国整个国民经济乃至全世界经济在今后几年甚至几十年的发展状况。当然，对于一批"铁杆自由市场理论"的奉行者来说，他们相信，任何的货币和财政政策并没有对美国的长期经济发展起到实质性的推动或阻挠作用。

可是，绝大多数的金融家、商业人员、经济学家相信，美国在过去20年里所经历的经济增长，很大程度上应归功于格林斯潘的正确领导。他在引导世界上最大经济强国渡过第二次世界大战后50年来最严重的全球危机方面取得巨大的成功。

美国的一家媒体在1996年总统大选时公开说道："笨蛋，谁当总统都无所谓，只要让艾伦当美联储主席就行。"

在华尔街，如果交易员要吓唬啼哭的孩子的话，他不会说"狼来了"，而是"格林斯潘要加息了"。

在担任美联储会主席18年半的里程内，格林斯潘创下了诸多在美国经济发展史上具有里程碑意义的纪录：干脆利落地平息了1987年9月"黑色星期一"股市风波；在1989年到1992年的信用危机中，格林斯潘紧缩信贷，提高"足够资本"的标准，但同时又向市场注入大量现金，以确保经济的复苏，从而在金融领域重振了信心；1990年至1991年，海湾战争造成油价暂时性上涨，格林斯潘不顾得罪布什政府，坚定地不肯放松银根，从而防止了高通货膨胀的发生。

格林斯潘善于动用利率杠杆，左右美国乃至全球的汇率和股市。1993年下半年美国经济增长速度加快，经济出现过热迹象。从1994年2月到1995年2月1日的1年时间里，美联储连续7次提高短期利率，把联邦基金隔夜拆借利率从3%提高到6%，有效地遏制了美国的消费热，对过热的经济起到了降温作用。1995年，经济放缓，但是并没有收缩。

当然，格林斯潘不是一个人就制定了政策，他在美联储的同事们，对整个经济形势也自有他们的看法，但是在许多决策里，人们都看到了格林斯潘的风格和理念。

1994 年，格林斯潘支持了国际货币基金组织（IMF），为挽救墨西哥货币而向墨西哥提供的大量财政援助；同时，他成功地保证了美元的价格稳定。

格林斯潘善于在各种关系间转换自己的角色，他通晓领导权威的任何一种应用：确立共同信仰，联合多方的权力话语，寻求情感支持。他身为共和党总统最初任命的美联储主席，却在与民主党政府保持了良好的关系的同时，维护了中央银行体系的独立和信用。

格林斯潘对工作采取的是高智力和不动感情的方式，他一向受到很多批评，但是他更愿意重新考虑他的对策，而不在乎会不会丢分。

近年来，美国股市狂涨，1998 年 7 月 17 日道·琼斯 30 种工业股票价格平均指数从 1987 年华尔街股市暴跌后的 2000 点上到 9337.97 点，3 年中平均每年上升 2000 点。格林斯潘称其为"非理性的奋进"。股市膨胀可能形成泡沫经济，这是日本、韩国等一些东亚国家的教训。因此，一遇机会，格林斯潘就泼冷水，诱导股指下跌。据统计，过去两年多时间内，格林斯潘在国会做证 32 次，其中 22 次引起华尔街股市下跌。

从 1998 年 9 月 29 日到 11 月 17 日，美联储 3 次将联邦基金隔夜拆借利率从 5.5％降至 4.7％，每次都低 0.25 个百分点，因此，格林斯潘得到"零点二五"的绰号。由于美国联邦基金隔夜拆借利率决定美国其他利率和世界各地区的利率走势，因此，美国短期利率调低 0.25 个百分点，对美国乃至全球汇市和股市都产生重大影响，整个世界股市都随着他的喜悲而沉浮。就这样，格林斯潘运用利率的杠杆原理，引导世界上最大的经济强国，渡过 50 年来最严重的全球危机，并取得巨大成就，可谓"四两拨千斤"。

当然，对于格林斯潘主导下的美联储 1990 年未能及时降低利率，对于他 1994 年连续提高利率，对错得失，当代和未来的经济史家将会争论下去；但是，在他担任美联储主席的前 11 年间，通货膨胀率下降几乎一半，低到了只有 2.2％，失业率只有不到 5％。很多经济学家认为，是格林斯潘正确的货币政策，"使得市场良性运作"。他带领美国创造了美国历史上最长的经济增长周期——长达九十多个月的经济持续增长。美国经济连续 10 年平稳发展，这是自 19 世纪 50 年代以来，第二个长时间的发展期，并且这一势头仍在持续，格林斯潘的功劳是无可争辩的。

如今，他垂手而立，按兵不动，美国经济却一浪高一浪地发展，这种高增长率、低失业率、低通货膨胀率的罕见的大好形势，又使人们对格林斯潘佩服得五体投地，崇拜得无以复加。

根据美国《国家观察》（National Review）杂志 1998 年 3 月号公布的资料显示，克林顿总统在经历过性丑闻之后，支持率仍然奇迹般地高达 70％。可是这个百分比要和格林斯潘比，就算不上什么了，根据 1999 年年初的路易斯·哈里斯（Louis Harris）统计，在全国四百多位资深高级主管中，对格林斯潘的支持率，是 97％。这样高的支持率，在美联储历届主席中是前所未有的。

里根总统的经济"建筑师"之一罗伯特·蒙代尔（Robert Mundell），甚至称赞格林斯潘"是我们所有的美联储主席里最伟大的一个"。诺贝尔经济学奖获得者米尔顿·弗莱德曼称格林斯潘的表现"超过以往任何一位美联储主席"。

克林顿不止一次地公开称赞说："美联储有艾伦这样的人是美国经济的大幸。"2000 年 1 月 4 日，在白宫椭圆形办公室举行的记者会上，克林顿宣布格林斯潘将继续留任时，赞扬格林斯潘过去 12 年间，展现出他具备的三大特长：专业技术，精密分析能力，并不失传统常识判断。克林顿说，格林斯潘还是美国第一位认识到科技对新经济影响的美联储主席。他开玩笑说，2001 年他卸任总统后，考虑成立 Alan.com 网络公司，然后公开发行股票（IPO），赚来的钱足供他全家在公元 2015 年前付清所有债务。

美国《国家观察》的专栏作家劳伦斯·库德洛称赞说：在美国这个有 1.25 亿人以上的个人投资股票市场的经济中，格林斯潘"才是真正的总统"。"他对平衡的预算，低失业率，几近乎零的通货膨胀率，坚挺的美元，和我们的财富，都立下了大功。"

不喜欢给人唱赞歌的美国新闻界吹捧说："笨蛋，谁当总统都无所谓，只要让艾伦当美联储主席就行。"似乎离开了格林斯潘，美元帝国就要崩溃了。整个世界股市都随着他的喜悲而沉浮。

有人通过比较货币金融领导和行政财政领导，说明了格林斯潘对经济的作用，远远超过美国总统克林顿或者国会里的任何人。认为在西方国家中，非选举产生的高度独立的中央银行家是经济发展的关键人物。

格林斯潘领导的美联储，被认为是世界上最为完备的中央银行制度，不仅监管着世界上最庞大、最复杂的金融业，而且还有效地调节着世界上最大的经济体——美国经济。

从整个世界来说，当今全球经济事务的管理正在发生微妙但关系重大的变化，世界大国的经济越来越多地由中央银行家而不是当选的政界领导人掌管。有人把这种情况称为"世界格林斯潘化"。从日本到欧洲和美国，政界领导人因为受到财政或者政治限制，越来越难把握经济的发展，权力正在流入新的金融君主之手。

前美国政治学会会长、哈佛大学战略研究所所长亨廷顿在《文明冲突与重建世界秩序》一书中，讨论所谓"后冷战时代"的全球战略时，列举了所谓西方文明控制世界的 14 个战略要点，其中第一条是"控制国际银行系统"；第二条是"控制全部硬通货"；第五条是"掌握国际资本市场"。

由此可见，作为美联储主席的格林斯潘，通过金融全球化成了这个世界的金融霸主。

在美国国内，某种意义上说，格林斯潘的权力实际上要远远大于总统。在美国，当政府官员和经济学家制定财政、货币和汇率政策的时候，他们不得不倾听那些大的机构投资者、国债承销商、投资银行和商业银行的呼声。华尔街的大亨经常成为白宫的座上客，美国总统和财政部长会充分尊重他们对政策的意见。而格林斯潘从

2004 年 6 月 19 日，美联储主席格林斯潘在科罗拉多拉州比弗克里克再次宣誓就职，
开始第五个任期。时任美国副总统迪克·切尼和格林斯潘的妻子等人出席了仪式。

某种意义掌握着这些金融大亨的命运。在理论上和法律上，格林斯潘领导的公开市
场委员会是美国金融市场最有力量的一群人，他们控制着美国的货币供应。

这些正是为什么格林斯潘会越来越受世界关注的重要原因。

二、金融怪杰的奇特性格

在格林斯潘的办公室里，挂着一幅布什政府时期的讽刺漫画：作者把格林斯潘
画成经济领域中的"卡桑德拉"，手中举着一块牌子，上面写"末日来临"，比喻
格林斯潘经常在经济问题上发出一些耸人听闻的警告。格林斯潘对这幅"丑化"自
己的漫画却"十分欣赏"。在他的办公桌上，摆放着一个奇特的牌子，上面写着："钱
从这里滚开（The Buck Starts Here）。"

格林斯潘总是戴一副厚重的黑边眼镜，穿着带丝带的平底鞋，不起眼的深色西

服，有一个小蝴蝶结和一个纹章，但又总是忘记
戴上，他的衬衫几乎都看不出颜色了，在胸前有
一个很小的他名字字母 AG 的标志（即艾伦·
格林斯潘的英文简写，取首位字母组合而成），
头发稀疏，走路迟缓，略带驼背，讲话时总带一
种迷茫的笑。有时，他会将一双手放在口袋里，
手指不停地玩弄着口袋里的几枚硬币。这几枚硬
币是他年薪 13500 美元中极少的一部分。

格林斯潘总是戴一副厚重的黑边眼
镜，穿着带丝带的平底鞋，不起眼
的深色西服，头发稀疏，走路迟缓，
讲话时总带着一种迷茫的笑。

格林斯潘没有一点架子，说话和气，天性
安静，表情腼腆，文质彬彬，喜欢思考，而且常
常咧嘴而笑。有时脸上又挂着严肃、深沉的表情，
看上去完全是一副老学究的样子，不熟悉的人还
以为他拘谨得近乎羞涩，刻薄点就是"精老头"一个，像是刚从 20 世纪 50 年代校
园里走出来的教授。一位美国众议员曾把格林斯潘形容为"伪装成纯洁的经济学修
道士，但实际上崇拜华尔街"的家伙。不过，真实的格林斯潘却是另外一个样子，
深入一点与他交往，就会发现他一点也不乏味沉闷。他展示给公众的那张郁郁寡欢
的脸，在某种意义上只是一副社会面具。

格林斯潘讲起话来，总是慢条斯理，而且声调没有一点抑扬顿挫，似乎从来没
有表现出什么感情色彩。他那忧国忧民的语调和过分抽象而精确的言语，连他的同
行都觉得莫测高深。他素来不喜走动，低调平稳，他很少正面回答问题，从来不搞
记者招待会。自从格林斯潘 1987 年接替沃尔克出任美联储主席以来，西方国家的
经济学家、金融家、投资人以及政治家们就一直在试图解读他的头脑。

格林斯潘一派学者风度，处世冷静，精明的头脑夹杂着对自己智慧的自知之明。
他处世冷静而又有控制力。他把世界看作数据的一部分，把他所需要的筛选出来，

题为"巫师格林斯潘"的漫画。作为掌管美元帝国的人物，格林斯潘经常会遭到批评，他甚至还收集所有讽刺他的漫画。

不需要的抛掉。

有人称赞格林斯潘是坚硬的沙，又是柔软的海绵，社会的洪流从他身边流过，又冲洗着他。他既属于某个政党，又不属于哪个政党。他是一个保守的共和党人，却能够与最著名的民主党人建立良好的友谊。特别是与民主党总统克林顿的关系很好，配合默契。1992年冬季，在阿肯色州首府小石城的州长官邸，格林斯潘给刚刚当选总统的克林顿上了两个小时的经济学课。克林顿虚心好学，感动得格林斯潘和盘托出他的"金融市场战略"。此后几年，这位美联储主席和克林顿总统密切合作，为美国经济实现第二次世界大战以来第二个最长期增长做出了重大贡献。

作为掌管美国美元帝国的人物，格林斯潘难免会遭到一些批评。每当这时，他通常毫不介意，甚至收集所有讽刺他的漫画。对于出自政治原因的攻击，他不会自寻烦恼。

格林斯潘不信仰任何宗教，可他有很强烈的道德规范。他极少在公众场合刻薄人。尽管他的智慧和成就都是超出常人的，但在他身上却找不到傲慢的影子，不论是对部下，还是对记者，他几乎从来没有表现出优越感或是不耐烦，与他在一起你会感到无拘无束。

他是充满自信的人，不论是与总统坐在一起，还是面对国会的听证，都不会有任何不自然。他可以轻松地与各种大人物闲聊，不论对方是外国大亨，还是在华盛顿或纽约炙手可热的名流。

格林斯潘有他独特的生活方式。据说，他的智商在早上 6 点比下午 6 点要高出 2 倍。他每天早晨 5：30 起床工作，在浴盆里要浸泡 2 个小时。他有背部疼瘟病，25 年前医生告诉他这种治疗方法，他一直坚持着。

题为"浴缸里的智慧"的漫画。格林斯潘每天早晨 5：30 起床工作，在浴盆里浸泡 2 个小时，这是他的最佳工作时间。

在浴盆里浸泡的这两个小时，也是格林斯潘的最佳工作时间：他仔细批阅文件和报告，阅读各种数据图表，然后常常带着那些湿淋淋的讲稿去上班。他属于那种在澡盆中办公的人。

或许是深感自己的一言一行都关系重大，他在办公桌上放了一块牌子，上面写着"钱从这里滚出来"。打开桌上的电脑，格林斯潘可以通过互联网触摸到全球经济的动脉，而他对美国"新经济"的呵护也正从这里开始。

格林斯潘具有政治家的才干和学者的视野。美国一位著名经济学家曾评论说，格林斯潘"身上有学者的一面，我们商业界里

格林斯潘和米切尔

的很多人，都被金融市场上的风云消耗尽了，他却能有历史的视野"。

格林斯潘与 NBC-TV 高级记者安德内尔·米切尔有着 12 年的交往。但是，由于格林斯潘习惯性地使用"充满太多暗示"的语言，竟使聪明的女记者无法弄清

他的心意，害得他多求三次婚，多过了几年单身汉的生活。直到 1996 年圣诞节，米切尔才终于明白了他的玫瑰。1997 年 4 月 6 日，已经 71 岁的格林斯潘和 50 岁的米切尔喜结连理。格林斯潘常常坐在米切尔身边，为她弹奏一些爵士音乐，或者和她一起出去打网球；米切尔也出席政界、金融界的聚会。朋友们说他又回到一个充满爱情的春天。

格林斯潘并没有沉迷于俩人天地，每天工作仍然十分繁忙。他像一位出色的乐队指挥，引导美联储跟着他的节奏和谐地运转。格林斯潘仍然关注着汇市的风风雨雨，仍然习惯于早晨躺在舒适的浴池里思考问题，仍然在白天阅读大量琐碎的统计数据。在世界经济环境严峻和面临诸多挑战的形势下，他还能拿出什么绝招来保持美国经济持续增长？这位言行谨慎、已弯腰驼背的 73 岁的老人仍然踌躇满志。2000 年 1 月 4 日，克林顿宣布格林斯潘将继续留任的白宫记者会上，格林斯潘面带笑发表声明说："我必须告诉大家，我享受（在这个工作上）每一分钟。"他说，他接受克林顿的邀请，原因是自己有"不可想象的追求学问的兴趣，想使经济理论在金融市场中得到检验"，而这份工作就像吃花生，"你停不下来，而且永远不会厌倦，因为未来始终是那么不可知"。

格林斯潘具有惊人的市场分析预测能力。他在进入政府部门之前，成立一家名叫汤森——格林斯潘的经济咨询公司，从事为客户提供市场咨询工作。1966 年 7 月，格林斯潘在兰德期刊《客观主义者》上发表文章预言美国将爆发严重的通货膨胀。1974 年他的预言灵验了，美国遭遇了二战以来最可怕的通货膨胀，经济陷入全面困境。这一预言使他声名大噪。格林斯潘精湛的市场分析使他在美联储主席这个位置上如鱼得水。

三、人格与才智的塑造

金融时代是如此高度地个人化了的时代，这里的每一次风起云涌都会凸显出一批精英人物，他们的理念、理仰、意图、风格，甚至他们的个人生活的波折，影响着，或者决定着金融事件的成败。在这个经济学家称雄的时代，格林斯潘属于大器晚成的后起之秀。

1926 年 3 月 6 日，艾伦·格林斯潘出生在纽约有名的华盛顿高地一个证券经纪人家庭。父亲赫伯丁·格林斯潘是个十分精明的证券经纪人，母亲萝丝·高德史密斯在零售店工作。艾伦是父母的独子。

格林斯潘 4 岁那年，父母因感情不和而离异，格林斯潘由母亲抚养。当时正赶上经济危机大萧条，整个美国的经济陷入一片哀鸿，失业者遍地都是，母亲在外祖

格林斯潘深受母亲的影响，这是 1974 年，福特总统邀请格林斯潘担任白宫首席经济学家，格林斯潘的母亲参加了新闻发布会。

父母的帮助下，尽心抚养小艾伦，使他度过一个美好的童年。

格林斯潘是个害羞的孩子，总是显得很拘谨，而他的母亲是一位善良的女性，性格开朗而聪慧，是一个坚强的女人，拥有一颗"慈善的灵魂"，且能歌善舞，是格林斯潘生活中遇到众多优秀女性中的第一位。她对格林斯潘一生产生了重大影响。母亲的养育之恩融化成艾伦·格林斯潘对母亲的深爱，即使后来他升到华盛顿最高决策层仍是如此。他几乎每天打电话问候母亲，陪她聊天，周末时也经常乘火车探望她，直到 1995 年母亲去世。母亲曾对小格林斯潘说过："在适当的时候就应该放弃某些东西，全都要做好，是不可能的。"这句话让格林斯潘终生铭记，受益匪浅。

在母亲的影响下，格林斯潘深深地爱上了音乐，他喜爱那种在旋律中随波荡漾的感觉。在乔治·华盛顿中学读书时，格林斯潘迷上了吹单簧管、萨克斯管和笛子，而且舞也跳得不错，很快便成为一名音乐好手。这与比他小 20 岁的美国第 41 任总统比尔·克林顿有共同之处，克林顿也喜欢吹萨克斯管，当了总统之后也时常露一手。

小格林斯潘在乔治·华盛顿中学读到高中毕业。这所高中培养出不少美国精英，其中包括美国前国务卿、著名外交家亨利·基辛格。基辛格比格林斯潘高班，他们虽然同时都念同一所高中，彼此却是多年之后才认识。基辛格念的是夜校，半工半读。他白天在工厂当搬运工，周薪 10.89 美元，他把其中的 8 美元交给父母，贴补家用。工作虽然极其辛苦，基辛格却能保持功课全是甲等，他立志成为会计师。后来，格林斯潘与基辛格成了好朋友，在尼克松政府中还曾经共过事。

格林斯潘最喜欢历史和时事这两门课，而且也积极参与学校活动。他除了是班长外，也在餐厅担任纠察队员。40 年代初期新移民涌入，乔治·华盛顿高中人满为患，学校自助餐厅里常有学生发生争执打闹，纠察队的责任就是拉开打架的学生。格林斯潘在学校的管弦乐团吹奏竖笛，乐团成员都穿着绣有"GW"的蓝色运动衫。少年艾伦梦想成为一名专业音乐家，中学毕业后便申请进入纽约著名的朱利亚音乐学院学习音乐，参加了"职业爵士乐团"——杰罗姆强节奏管乐队，吹萨克斯管和

单簧管，并随团在美国巡回演出了 1 年多。后
来由于资金紧张，乐队不得不解散，格林斯潘
非常细心地保存着乐队的账本，还帮助爵士音
乐朋友缴税。

虽然对音乐的喜爱有时达到了痴迷的程度，
但是艾伦慢慢发现自己并不具备音乐天赋，真
正的兴趣并不在这里，而是在金融和股票，这
也许是继承了父亲的金融基因的缘故。在乐队
巡回演出的 1 年多时间里，艾伦业余时间大多
用来阅读有关金融和股票方面的书，而且越读
越感到有意思。那时正值 1945 年，第二次世界

基辛格博士

大战已经接近尾声，借助战争刺激发展起来的军火工业，已经使美国经济从大萧条
中起死回生，股票市场重现生机。他感到金融、股票领域比音乐更能吸引他。于是，
格林斯潘毅然从朱丽亚音乐学院退学，到纽约大学商学院学习商业金融。

不过，音乐丰富了格林斯潘的人生，音乐是他一生的赏心乐事，即使到了晚年，
他对音乐始终入迷，莫扎特、舒伯特、勃拉姆斯等古典音乐大师的作品，都是他终
生爱听的音乐。有时候兴致来了，他还会应朋友的请求演奏一曲爵士乐。

纽约大学是一座以培养经济学人才为主的综合性、实用性大学。进入纽约大学
商学院，格林斯潘真切地感受到商业金融正是自己喜爱的事业，进入商业金融的知
识殿堂真是如鱼得水。他如饥似渴地学习经济学知识，用 3 年时间主修了宏观经济
学、微观经济学、动力经济学、美国经济史、经济思想史、统计学、高等数学等课程，
以最优异的成绩毕业，于 1948 年获得经济学学士学位。美国教育非常重视知识应用，
重视学生的社会活动，学习期间，格林斯潘以经济专家的身份，参加了一家著名的
私人商业研究组织的"会议委员会"工作，获得了第一手的社会实践经验。

大学毕业后，格林斯潘连续作战，在母校接着攻读经济学硕士学位。他感到只有知识和理论基础打牢了，将来的发展才有后劲。经过两个寒暑的刻苦学习，格林斯潘的姓氏前面又多了一个"经济学硕士"的桂冠。

格林斯潘获得硕士学位后，又在哥伦比亚大学攻读博士学位。可是，由于缺乏必要的经济来源，格林斯潘在哥伦比亚大学的日子并不好过。1953 年，没有拿到学位便不得不离开心爱的大学，提前进入社会搏击。后来，他在 1977 年才从纽约大学获得了他的经济学博士学位。

格林斯潘走出校门后的第一份工作就是到美国国家工业联合会（National Lndustrial），负责预测黑色金属和有色金属产品的市场需求。1 年之后，格林斯潘与资深商业顾问威廉·汤森（William Townsend）一起，共同创建了汤森—格林斯潘咨询公司。格林斯潘喜欢用一种折中的经济分析方法。他对烦琐的统计数据着迷，经常使用一种"底朝天"式的方法，翻箱倒柜，以"地毯式轰炸"般的彻底，找出上千统计数字，进行分析比较，最后得出一个经济意义相当广泛的结论。这种做法深受客户的欢迎。

身怀绝技的格林斯潘与商业咨询高手汤森很快使公司在华尔街站稳了脚跟，并成为一家很有影响力的咨询公司，大客户大多是工业界和金融界巨头。比如，他们曾为柏林顿工业公司、莱勒系统公司等工业巨头充当经济顾问，提供咨询。1958 年，威廉·汤森去世，格林斯潘便成为这家公司的总裁，在华尔街赢得"最精明证券商"的声誉。在他未完成经济学的专业教育之前，他已在华尔街取得了相当大的成功。而且，在他担当总统经济顾问委员会主席时，他也还没有专业经济学家的头衔和博士学位。这在各界政府的经济顾问中是不多见的。

从 1954 年至 1987 年这 30 多年里，格林斯潘不仅在华尔街声誉卓著，而且频频游走于华盛顿官场。

1966 年格林斯潘开始了他的政治生涯，经朋友推荐，他的才华得到尼克松的赏识。1968 年总统大选时，他曾在尼克松的一个经济顾问小组中帮助工作。在 1968—1969 年的预算局调整中，他曾帮助过尼克松，但后来拒绝在即将上任的政府中担任预算局长的职务。在尼克松政府任内，格林斯潘曾做过兼职的总统经济顾问委员会的顾问，并参加过政府的一些工作组和委员会，做过关于外贸、股票市场和其他一些问题的研究。

尼克松总统下台后，1974 年 9 月，福特总统邀请格林斯潘担任经济顾问委员会主席。一个时期里，由于格林斯潘比较准确地预测了美国经济的走势，在经济学界获得经济"预言家"的美称，麾下聚集了一批经济智囊。

1983 年，他又被里根任命为社会安全改革委员会主席。这些经历，使格林斯潘具备较强的政治洞察力和对复杂问题应付自如的本领。他同时还练就了一副理想的从政性格：对各种攻击漠然视之，对自己的信念决不动摇。

在初入政坛这一时期，即 20 世纪 60 年代之初，格林斯潘觉察美国经济面临通货膨胀过度之虞。1962 年，他写文章提出，为了供给国家福利政策所需资金，政界人士不但不会加税，最后还得靠大量赤字开支才能保持自己的政治地位。果然，赤字开支因社会福利和越战开销而增加了。于是，1974 年，尼克松总统任命格林斯潘为经济顾问委员会主席，当时通货膨胀率正处于二次大战以来的最高峰。

格林斯潘在福特总统任内继续担任这个职位，通货膨胀率在此后几年下降一半以上，从 10.9% 降到 5.2%。格林斯潘在福特任内百炼成钢，得益不浅。

格林斯潘的学术恩师便是大名鼎鼎的亚瑟·伯恩斯（Arthur Bums）。

亚瑟·伯恩斯担任过艾森豪威尔总统的经济顾问委员会主席、尼克松总统的经济顾问，1970—1978 年担任美联储主席，随后又出任美国驻联邦德国大使。

伯恩斯身为经济学界的一代宗师，一生著述等身，他的"经济周期理论"，为经济学做出了重大贡献，被认为是研究经济周期的一位最主要的理论家，在全球的经济学界可以说无人不知、无人不晓。

伯恩斯认为，经济运行，有着发展阶段和收缩阶段交替的周期，通过对数据变化的研究，这些发展阶段和收缩阶段，都是可以被预测和描绘出来的。他形象地把经济周期比做一条河，多急流和旋涡，中间为许多段平静的河床所缓冲。一个熟练的领航员懂得怎样辨别出危险来临的信号，时刻准备着在陷入困境以前采取排除危险的办法。他认为，如果像这个样子，并且如果所有经济部门都懂得政府有着一整套政策武器并准备对付一切意外事态，那就会创造一种充满信心的气氛。这样，投资就会扩大，就会有更多的工作机会，就会达到经济增长和繁荣的目的。格林斯潘后来毕生所从事的事业，正是对伯恩斯这一理论的实践：了解经济的运行规律及其动因，对改善这一运行提供建议。

伯恩斯的风度和仪表，是学究式的，他看上去有点严肃，穿着合时，抽着卷烟，据说他有上百只烟斗，必要时能用一套漂亮的修辞和专门术语来掩饰自己的思想。除了那些极晦涩的问题，他能娴熟地应用几乎所有数学公式。但伯恩斯并不是像许多企业家和政府官员所认为的那种不切实际的学者。许多届总统、众议员和参议员以及他的同行都赞誉他的具有以清晰明了、逻辑性强的方式提供大量复杂资料的能力。

任何人在同伯恩斯长谈以后，都会觉得他知识渊博、尊重别人，他在情况需要时，说起话来总是充满信心，用词严谨确切，其精确性比大多数经济学家要高得多。

伯恩斯还是一个高明的政治家，在运用权力和驾驭群众方面，他比起同时代的其他经济学家更为老练。他的影响和威望之所以不断增长，主要应归功于他的才能而不是他的思想力量。有人评论说，也许除了亨利·基辛格以外，没有任何其他公民能够使听众如此尊敬和聚精会神地听从自己。

伯恩斯给人的印象是个两眼朝天、目空一切的傲慢之人，有一种威严感，一种令人生畏的气势；当他走进室内时，人们会立即停止说笑。

格林斯潘遇到伯恩斯时，伯恩斯已经是美国赫赫有名的经济学家了。

格林斯潘服膺比他大 22 岁的伯恩斯的学术成就和理论体系，爱才若渴的伯恩斯则青睐这个才智过人的门生的锋芒与潜力。为了使格林斯潘掌握更多的实践经验，伯恩斯除讲授高深的经济学理论外，还把他入主美联储所遇到的一切，他的政治经验，统统教授给格林斯潘。

就在格林斯潘离开哥伦比亚大学进入实业界不久，伯恩斯应邀出任艾森豪威尔总统的经济顾问委员会主席。

在艾森豪威尔政府初期，伯恩斯得到总统的赞同和支持，建立了经济增长和稳定咨询委员会，其成员包括内阁的一些部、署、联邦储备委员会、预算局和白宫的代表。伯恩斯作为经济顾问委员会的主席，主持这一咨询委员会的工作，并向总统提出委员会的建议。这样，他实际上成了经济方面的参谋长。伯恩斯可以说达到了登峰造极的地步。和平时期还没有一个经济学家曾经在政府内部起到过像他那样大的作用。

1970 年，伯恩斯接受尼克松总统的提名，接替威廉·马丁，出任美联储主席。伯恩斯赴华盛顿到美联储履新时，在纽约的住房必须卖掉，而伯恩斯不想卖给银行，希望有一位朋友住。于是，格林斯潘就贷款买下了导师的房子。在这里，他感到每天与恩师仍然朝夕相处，促膝磋商。

后来格林斯潘担任了福特总统的经济顾问委员会主席之后，仍然与伯恩斯保持着非常密切的关系，他随时向伯恩斯通报白宫关注的问题，并在他认为需要的时候，通知伯恩斯出席白宫的一些重要经济会议。他自己说，他很像是伯恩斯在白宫的"内线"。

格林斯潘在结识伯恩斯这一名师的同时，遇到了另一知音——俄国出生的女社会学家艾恩·兰德（Ayn Rand）。如果说伯恩斯是格林斯潘的学术思想导师，那么艾恩·兰德则是他的精神导师。

说起来还有一个小故事。1952 年，正在攻读博士的格林斯潘与一位名叫琼·

女社会学家艾恩·兰德是格林斯潘的精神导师。

米切尔（Joan Mitchell）的女画家结婚。可是结婚没多长时间，格林斯潘就发现这位思想极端自由，感情奔放的琼·米切尔与自己根本合不来，很难相处，于是两人结婚不到1年便各奔东西。不过两人仍然是好朋友，正是这位喜爱自由自在的女画家将苏联流亡小说家艾恩·兰德领进了格林斯潘的人生。

兰德比格林斯潘长21岁，是一个多产的女作家，信奉客观主义和无政府主义思想。当时，兰德正在美国发起一场所谓客观主义运动，这一运动的主题是：人们在积极地追求他们自身的利益，而不是追求社会作为一个整体的利益的时候所形成的合力，才能最有效地对社会发挥推动作用。从人的心理动机深处去寻找人们社会行为的终极根源——并由此而形成一种社会改造的蓝图。这种客观主义理论，提出了一种试图判断道德善恶的"新角度"，为自由资本主义找到了"充分的辩护依据"，认为只有利己才能利他（社会整体）——自由资本主义不仅从利益的角度来讲是最符合经济法则的，而且也是最符合善的道德标准的。

格林斯潘深深为兰德的思想所吸引，他后来深情地回忆说："我刚认识艾恩·兰德时，是个亚当·斯密式的自由企业家，满脑子理论结构和市场效率，经过与兰德长时间的讨论，和多次争论到深夜，她使我思考，为什么资本主义不仅是有效率的和可行的，而且是合乎道德的。"

兰德的思想以及她本人，深深地影响了格林斯潘，在某种程度上，兰德成了格林斯潘的思想主宰和精神导师，美国人称"精神教母"。在整个20世纪50年代里，格林斯潘都是兰德沙龙的常客，又是她创办的刊物的积极撰稿人。直到1982年兰德去世，在三十余年的时间里，格林斯潘一直是她的忠实信徒和亲密朋友。1974 年格林斯潘出任福特总统的经济顾问委员会主席，年近古稀的兰德特地从纽约赶到华盛顿参加他的宣誓就职仪式。

兰德的"客观主义"哲学，对格林斯潘的自由市场资本主义思想产生了深远的影响，使他对自由市场的信仰几乎走向极端，他不断地批评政府对经济的干预，甚至走到了反对反垄断法、累进所得税、消费者保护立法和补贴的地步。也因为如此，他对担任公职，多次表现得犹豫不决。他常常为必须根据某种政治需要、有时甚至是某种很狭隘的政党利益来做经济决策，而感到与服从客观经济规律不相容的内心冲突。

福特时期，在参议院确认对格林斯潘的任命时，有人曾以他受艾恩·兰德影响一事提出异议。格林斯潘表示，他反对反托拉斯法和累进所得税的思想的确与兰德的影响有关，他把这些看做是对竞争和自由的限制。然而，他也说明，这些观点不会影响他作为总统经济顾问委员会主席的表现。因为，他认为，总统经济顾问委员会主要是一个给总统提供"基本经济学研究"和信息的参与机构。人们相信了他。

四、"格林斯潘式"语言

格林斯潘作为美联储主席，负责制定美国的货币政策。当调整短期利率以改变借款成本时，这几乎立刻就对每个人产生了重大影响。并且，他今天的一两句话，就能决定明天的证券市场是上"天堂"还是下"地狱"。而对自己的地位和威力有充分自知之明的格林斯潘，清楚所谓"一言兴邦，一言丧邦"，非常注意自己的语言，金口难开：在做出决策之前守口如瓶，不露风声，就是记者把问题逼到面前，他也能"王顾左右而言他"，让你不得要领；而做出决策之后向公众宣布时，他也字斟句酌，措辞极为严谨慎重。不到非说不可的时候，在提高还是降低利率这个问题上，你别指望他说"加"或"减"。

在华尔街至今还流行着这样一个故事。一天早晨，格林斯潘与美国保险与交换委员会主席阿瑟·利维特在烦恼俱乐部（The Chevy Chase Club）打高尔夫球时，讲了这样一个笑话：

在精神病医院有三个病人，他们都要求出院，主管他们的心理医生要对他们进行测试，问了一个很简单的问题：二加二等于几？

"等于五。"第一个病人答道。

"等于星期三。"第二个病人答道。

第三个病人回答正确，答案是"四"。

第一和第二个病人被送回病房，医生告诉第三个病人说：你可以离开医院了。

这时，医生又问正要离开医院的那个病人：你是如何知道答案的？病人做了个很滑稽的鬼脸，说：很简单，我把五和星期三加起来就是了。

这是一个老掉牙的讽刺笑话。它简单又直白，但它很可以说明格林斯潘奇特之处，以及格林斯潘理解、驾驭语言的娴熟技术。

如今，世界各地的投资者都在仔细了解格林斯潘讲些什么话，以便弄清楚他目前对于提高或降低利率的想法和对经济的看法。不管他在向议员们所作的中央银行每半年一次的经济报告中讲些什么，都肯定会对美国和其他地方的股票和债券市场产生影响。

在格林斯潘72岁生日之际，有谣传说他患上了心脏病。这一谣传一度使美元汇率动摇，美联储发言人立即出面加以否认，才使市场恢复平静。在报纸上出现的格林斯潘，果然红光满面。

格林斯潘从来不就美联储事务举行新闻发布会，也不接受录音的采访，不接受记者采访来发表有关他个人情况的谈话，而且不在星期日的电视新闻节目中露面。

格林斯潘发表讲话，不仅惜墨如金，而且
以晦涩含糊著称。美国的《读者文摘》上曾刊登
过这样一幅漫画：在餐桌上，一个男人对女朋友
说："你想知道艾伦·格林斯潘在想什么？嗨！
我这人很棒，不过还没厉害到那个程度！"

格林斯潘的漫画

世事洞明、人情练达，又深知自己位置重要，
不敢稍有造次的格林斯潘，说话比任何人都更加
小心谨慎。1987 年秋，刚上台不久的格林斯潘，
就在一次聚会上消遣了自己一番："自从我就业
于中央银行，我学会了语无伦次加含糊其辞。如果我令你们觉得过于明白了，你们
一定已经误解了我的意思了。"

此言一出，立即引起一阵哄堂大笑。

1995 年格林斯潘在一次谈话中说："我花了不少时间努力回避问题，我怕自
己说话过于坦白，于是，终于学会了被称作为'美联储的语言'，即学会了前后不
一致地含混其辞。"

这种"新语言"充满太多暗示，甚至经常让圈内人士也大伤脑筋。大多数人感
到不可能总是肯定听懂了他所说的，他的句法绕来绕去，非常奇特。

在一次对国会的讲话中，格林斯潘说了一段类似中国绕口令的名言，其内容，
其表现形式，都堪称是最典型的"格林斯潘式警句"：

"我知道你相信你明白了你认为我所说的，但是我不能肯定你是不是意识到了
你所听到的并不是我的意思。"

格林斯潘素有"冷面机智"的名声，经常表现出一种令人喷饭的幽默感。

有一次，格林斯潘应邀参加华盛顿上流社会的晚宴，有位新来者问格林斯潘：
"华盛顿真诚的人都在哪儿？"格林斯潘眼睛盯着盘子里的羊肉，头也不抬地说："根

本就没有一个。”

1995 年 7 月，西雅图国际银行大会上，格林斯潘回答了记者们的提问，他成功地告知人们有好消息也有坏消息。提到好的方面，他说：“我没有看到真正困扰我们的问题。”而提到可能的坏消息时他说：“就像我们一些同事提及的作为经济不景气的结果，经济萧条的各种可能性正在形成，至少会有一次。”结果出现了各种媒体相互矛盾的大字标题：

《纽约时报》：“格林斯潘预见了经济萧条。”

《华盛顿邮报》：“格林斯潘断定经济萧条是不可能的。”

对于各种揣测，格林斯潘一笑置之，他认为记者大会是成功的。对于矛盾的报道，他解释那是出于“推断的模糊”，他本人不想轻率地发布消息。有人认为，格林斯潘继承了他的父亲赫伯特——一位自学成才的股市分析家——对错综回旋的句子、扑朔迷离的观点的喜好。格林斯潘含混的语言包含着一系列令人发疯的前提和条件，从而使他几乎可以从任何他说过的话中全身而退。更多时候，格林斯潘三缄其口。对公众而言，他从来没有试图对经济形势做过一个清晰的表态，或者对利率做过一个可能的指导。

格林斯潘冗长饶舌的句子看上去前后不一，糊里糊涂地把人引入到一种令人不能精确理解，更无法言传的尴尬境地中，这正是他所谓的“建设性歧义”。或许只有格林斯潘自己才明白，他的含混不清并非天性，他曾经对好友罗哈蒂表示，“这个地方充满了邪恶的人，如果你不能应付每天都有人想算计你的日子，那你根本不要想到这里来。”

人们从他的调侃中，体会到他的幽默感，也感到身为美联储主席，格林斯潘不得不练就这种让人闻言如入坠雾中的“模糊语言”。诺贝尔经济学奖获得者、麻省理工学院教授罗伯特·梭罗（Robert M.Solow）曾这样评价说：“格林斯潘在美联储主席里，并不是第一个说话闪烁其辞的人。如果你回过头去看看威廉·马丁，甚至说话比较没有保留的保罗·沃尔克他们那些人，你就会发现，他们讲话差不多是一样的：他们都很精通没有含意的用词艺术。"

格林斯潘这种模糊的说话方式，华尔街即使仔仔细细地用心揣摩，有时也会出错。1996 年 12 月，纽约股市狂热上扬，这时，格林斯潘在华盛顿一次晚上会上对此作了一番评论，说他觉得投资者是不是表现出"无理性的积极性"了。

这个评论实在太简略太圆滑了，以至于一些过敏的人领会得过了头，以为美联储是觉得市场过热，要泼冷水了提高利率了。第二天早上，道·琼斯 30 种工业股票平均指数猛跌了 140 多点，可是利率根本没有动。

这一现象 7 个月后再次重演：格林斯潘对众议院银行委员会讲话时，预计在1998 年，"将会持续低失业率和低通货膨胀率"。这次，华尔街觉得，美联储主席的意思是没有必要提高利率。于是，第二天道·琼斯 30 种工业股票平均指数猛升155 点，创 8061.65 的新高。

格林斯潘极富个人特色的说服艺术表明，他的魅力在于知道如何寻求支持、寻找平衡，如何通过语言和行为让从总统到普通投资人都心悦诚服。

五、痴迷数字，高人一筹

格林斯潘何以能有如此权威？是美联储主席这个职务所赋予的，而并不完全在于他本人的本事。这个宝座不论谁坐上去了，都能够呼风唤雨，成为股民、投资者的"上帝"。可是，如何解释他能够稳坐在这个宝座上至少长达 4 届之久？能够一而再、再而三地连任，说明格林斯潘必定不是个等闲之辈，他有他的几套高招、绝招。其中之一就是依靠对数据的痴迷严谨分析得出结论。

格林斯潘对数字有着特殊的好感，甚至可以说与奇特的数字有着奇特的缘分，是一个经济和金融数据奇才。

也许是深受作为股票经纪人的父亲影响的缘故，格林斯潘从小对数字就有一种狂热的爱好。5 岁的时候，母亲让他在脑子里对两个三位数字进行计算，他就能心算多位数运算，这在不大擅长于数学的一般美国人中算是稀罕了。一旦小艾伦表演出这个拿手好戏，总是令周围人啧啧称赞。有人称赞他"好像是一台人脑电子计算机"。他在乐队演出间隙，常常潜心钻研货币学。

步入华尔街金融界之后，他经常把自己埋在大量的统计报表、原始数据、华尔街来的数字，以及直接或间接送到他面前的各种信息中。他的公文箱里，常常是装满了诸如《航空周刊》（*Aviation Week*）之类的各种经济贸易期刊。

担任美联储主席后，格林斯潘对数据的精通让那些世界顶尖的首脑人物大为震动。

前英格兰一位银行行长说过："我们都当笑话说他的一点，就是他一到描述美国经济状况时，就会说，我在爱荷华州从吸尘器工业得到的数字表明，经济正在上升（或下降或别的什么）之类的。他对经济中正在发生的一切，有着最深入细枝末节的了解。"

在一个星期六，这位行长与格林斯潘一道访问当时的英国首相撒切尔夫人。谈话中，格林斯潘很随意地对美国经济的状况和发展前景作了一番详尽分析，让英国"铁娘子"听得津津有味。

过了几天，撒切尔夫人问他手下这位行长：格林斯潘对美国经济的运行，一切都了如指掌，你怎么就没有对我们英国知道得那么多？这位行长说，我不是格林斯潘。

格林斯潘也给克林顿留下了一个"数据狂"的印象。1996 年，有一次白宫举行晚宴招待美国新闻媒体老板们。克林顿讲了这样一笑话：格林斯潘带着他相交多年的女友米切尔进入大厅，在存衣间交了 1 元小费后，马上就说，去年的价钱是 75 分。

在这个削减成本的经济时代，格林斯潘坚信他无法理解有些工业部门会出现效率及生产能力降低的情况。所以，他要求美联储的同事们在剔除这些部门以后再作一次生产能力的调查。当然，这些工作使这些人感到很乏味。但一位美联储的理事说："虽然很多工作人员对研究数据这种方法的作用感到怀疑，甚至抱怨，但事实证明它是一件很有意义的工作。"

实际的生产能力高于数据所显示水平的可能性，使格林斯潘对上升中的股市充满了乐观态度。当他 1998 年对股票的上扬公开发表悲观的讲话时，他担心公司的利润可能无法支撑股市的上扬。然而，市场最终与他的预言相背而驰。他唯一的解释是：生产能力大幅提高。

现代的科技革命使格林斯潘和他的同事处在一个非常不利的地位。因为政府的很多信息收集方法仅仅适用于旧的经济结构，由计算机革命而带来的变化使联邦储备委员会和经济预测者在信息时代中举步维艰。当中央银行为产出、通货膨胀以及生产能力寻找一个精确的测量方法时，问题会变得更加严重。

面对这种新的挑战，格林斯潘不断收集来自各方面的信息，他以专业经济分析方法，每天搜集和分析大量的经济运行数据。遇到要研究什么经济难题，就一头扎进烦琐的统计图表，找出上千个统计数字，翻个"底朝天"。后来，他更加大量依赖统计数字来得出结论。

格林斯潘总是把灵活的经济分析方法和对统计数据的偏爱结合在一起。先是作为一个坚定的年轻的分析家，而后是柏林顿工业公司和莱勒系统公司的顾问，在这期间他最常用的方法，就是从头到尾阅读数千页的数据，从中可以得到对经济的全面结论。

后来的格林斯潘仍然习惯于称自己是一个经济学家，而不是政府官员。他的电脑里都是一些数据图表，各种文件也散落在办公室的每上角落。"这就是我喜欢做的工作，这也是我从 20 岁出头一直到现在都在做的事情。我的上司换了不少，但我每天做的事情却是一样的，我也不想改行。"格林斯潘说。

格林斯潘很重视通过详细的细节来得出结论的方法，当然，他也没有放弃寻找一个神奇的罗盘来指导经济政策的努力。他最喜欢用的经济指标有：存货水平、产业供应频率以及衡量工资和其对生产能力影响的关系指标。

曾在 1991—1997 年担任联储地区银行行长的劳伦斯·林赛（Lawrence Lindsay）回忆，有一次美联储开会时讨论到一场洪水已经阻断了密西西比河上几乎所有桥梁，造成货运中断，只有一座桥幸免时，说格林斯潘不仅知道那座桥的位置，而且知道各种可以用来做运输的改道路线。

随着信息技术的发展，格林斯潘大大地扩展了他的信息来源，他亲手建造一个更大的信息库。据说，在格林斯潘主持美联储工作十几年间，美联储调研人员跟踪调查的资料系列种类增加两倍，达到 1.4 万种以上。其中包括二十几种非公开的专项系列数据种类。例如，由格林斯潘设计的精巧的库存跟踪系统，美联储内部工作人员开玩笑地说只有格林斯潘自己能看懂它。1998 年年初成为克林顿总统的首席经济顾问的前联邦储备委员会理事詹尼特.L. 耶伦，在和一些联邦储备委员会的理事讨论过这个系统后，说："我不打算弄明白它了，它实在太复杂，超过了我理解能力的范围，不是我能摸着门的。"

格林斯潘甚至建立了自己的私人数据库。应他的要求，全国家用建筑联合总会对它下辖的成员进行了非公开的统计调查，这些数据使格林斯潘能够及时和详细地了解家用建筑的发展动态。每个月，通用汽车公司主席约翰·F. 史密斯都会与芝加哥联邦储备委员会主席迈克尔·H. 莫斯库会谈，迈克尔会把信息反馈给格林斯潘。通用汽车公司的首席经济顾问穆斯塔法·莫哈特雷姆说，杰克总是把销售渠道告诉格林斯潘。

格林斯潘对经济统计数据的那种着迷和偏爱，确实使他高人一筹，比一般人先一步认清经济趋势，他能比其他人更早发现经济运行的方向，高人一筹。比如，20世纪 90 年代初，他预见了美国信用危机导致的"逆风"，这个危机使经济复苏的步伐减慢了。再比如1994年2月，他发起了反对通货膨胀的"先发制人进攻"。当时引起了争议，反对者说，这时候再反什么通货膨胀，就会引发又一场萧条，可他却别具慧眼，看到了他们茫然未见的通货膨胀的潜在压力。由于他实施的举措得法，经济平安"软着陆"，从而为美国历史上持续最长时间的经济繁荣奠定了坚定的基础。

格林斯潘的"不动"，使他赢得了巨大的声望。崇拜他的人们，觉得他是个金融奇才。经济学家阿伦·辛奈赞叹不已地说："格林斯潘领导美联储，是美国历史上的常胜将军。"

格林斯潘自己也有过一番评论，他说："美联储要有能力快速地反应，有效地反应，即对任何特定系统的威胁的那种反应能力。美联储之所以有能力这样做，是因为它有丰富的经验和专门知识，拥有美国和外国银行以及金融系统的详细的材料，这还包括对支持的清偿系统的熟悉了解。这种专门知识是许多年来我们通过对国内大型的以及国际的银行的监管而积累起来的。"

有过这么几次"众人皆醉我独醒"，大家不得不服气，包括当时不同意他的分析和举措的人也心悦诚服。这样，格林斯潘就在美联储和联邦开放市场委员会里树立了威信，使他能够超过在过去看来不可能被允许超过的界线，即使他提出一个许多人都摇头的见解，同事们越来越愿意先忍住自己的怀疑，不急于大声反对，而宁可仔细在心里盘算一下，对格林斯潘的直觉会有更多的信心。

格林斯潘的同事们说，格林斯潘对经济琐碎数据的偏爱，常常使他能够早于其他人看到重要的经济力量，并随即预作安排。1994年2月，当他对通货膨胀预先发起进攻时，一时众说纷纭，但是他顶住了批评者的挑战。他们预言格林斯潘捕风捉影地化解通货膨胀压力的做法会再次引发经济衰退。结果，格林斯潘使过热的经济成功实现了软着陆，美国经济经历了历史上最长的繁荣时期之一。

由于格林斯潘经常远远地走在了前面，这使得他的同事在美联储的会议上不知所措。但一些工作人员认为格林斯潘对稀奇古怪的数据过于迷信，以至于使许多同事对他抱有意见而远离他。他们认为，有些数据是毫无意义的。

然而，美联储的一些官员也承认格林斯潘常常是正确的。布罗德斯说："我相信他比我有远见。"这种情绪可以解释联邦储备开放市场委员会成员为什么常常会保留他们自己的意见而去相信格林斯潘的直觉。

1996 年 1 月，作为少数派的格林斯潘希望通过第三次也是最后一次降低利率来刺激疲软的经济，美联储的其他成员投了赞成票。

接下来 7 月和 9 月，以及来年的 5 月间，当许多联邦储备开放市场委员会成员嚷着要增加利率时，他们也按照格林斯潘的意图在有说服力的数据出现之前暂缓行动。

在 3 月 25 日那天，格林斯潘同意把利率微微调高 0.25 个百分点，不过他仅仅把它当做一项作为"保险"的政策，以免他对经济减缓步伐的预测有可能失误。几个星期后，格林斯潘认为 3 月的利率调高其实是不必要的，因为数据表明他的预测是正确的。

令人惊讶的是，虽然格林斯潘以对数据的痴迷而闻名，但他显示出强烈的愿望去发掘在官方数据之外的信息。有一件事可以说明这一点，当时他就认为价格处在一种接近稳定的状态，因为他认为官方的数据比真实的通货膨胀率高了 1.5 个百分点。

格林斯潘特别喜欢引用偏僻古怪的数据，这种引用往往能"镇"住其他委员。但也有人指出，他引用的有些数字再仔细推敲一下，就暴露出并没有充分的说服力。

有人认为，20 世纪 90 年代初，格林斯潘正是被有些数据给"蒙蔽了"，过高地估计了当时经济复苏的势头。在伊拉克入侵科威特之后，消费者信心急剧下降之时，没有及时降低利率，结果未能防止一场经济大衰退。

但是，格林斯潘的同事们承认，经济斗争如同打仗，在这个战场上没有常胜将军，格林斯潘也不是无所不能、无往不胜的神明，但他却是一个高明的统帅，他的判断对的多，错的少。

格林斯潘与数字的奇缘，也映照着他的公众观点，他的更深一层的思想是，不仅要关注数字，而且还要关注数字背后的东西。他说："我们的立法人整天接触着各种各样的数据，我认为，注意数据的下面是什么，是至关重要的。"

六、独立的政治人格

格林斯潘不仅是经济界的泰斗，而且对政治也很精通，他能在各种社交场合与政治巨头们亲密相处，并能做到左右逢源。特别是在担任美联储主席后，他就不再单纯地考虑经济因素了。他同时把政治因素也放在了一个很重要的位置。

尽管格林斯潘声称他不喜欢社交场所，这在非正式谈话中令人尴尬。但是格林斯潘的身影在各种鸡尾酒宴上无所不在。这又是为什么呢？答案很简单，就是为了收集来自于各方面的政治意图。因此，他也经常与政治巨头结伴出入于网球场和高尔夫球场。大家感到彼此需要，各界的大人物为能接近格林斯潘而感自豪。他们需要格林斯潘，格林斯潘也需要他们，和他们在一起，能够获得除金融以外的满足感。

只要瞥一眼格林斯潘的办公室，就会知道他政治交往的广泛。墙上挂着他和俄罗斯总统鲍里斯·叶利钦、英国前首相玛格丽特·撒切尔以及四位任命过他的美国总统的合影。在与总统克林顿合影的那张照片上面，有克林顿十分诙谐的亲笔签名："艾伦，一个新的使命正赋予你。"

在格林斯潘的书架上，摆放着一本本关于经济方面的大书，例如像美国斯坦福大学著名经济学家约翰·B.泰勒的经济学巨著，在它的旁边还有一些政治性的文献，包括著名记者鲍勃·伍德沃德的备忘录。这些书表明格林斯潘是杰出的、受人爱戴的。

格林斯潘看似拘谨，说话腼腆，其实是大智若愚，绝不是那种没有政治头脑

前俄罗斯总统叶利钦。格林斯潘办公的墙上挂着他和叶利钦的合影，以及与撒切尔夫人、四位任命过他的美国总统的合影。

的书呆子。他对投身政治有非常复杂的想法，常为必须根据政治需要有时甚至是很狭隘的政治需要来做决策而感到不安。这也是他在尼克松时期拒绝所有专职政府职务的原因之一。就是关于总统经济顾问委员会主席的任命，他也是在考虑了长达半年之久，并经过白宫办公室主任黑格和伯恩斯的反复劝说之后才接受下来的。

为了更有利于与华盛顿那些政治领袖打交道，格林斯潘从福特时期起就开始对网球产生了兴趣。白宫的网球场，向来是权力游戏的场所，是联络感情的地方。格林斯潘在刚进华盛顿圈子时，看到网球在白宫圈子周围很盛行，而自己网球打得并不怎么样，为了适应这一新的环境，他苦练球技，水平提高很快。等到格林斯潘回来当美联储主席时，他已经被列入白宫网球队伍的名单。格林斯潘对此自嘲说："1974 年，我年纪一把了，才在白宫网球场真正开始打网球，自那以后我一直在苦练，提高我的球艺，几年下来，我已经提高好多啦。照我的推断，到了 104 岁时，我就可以加入职业网球队啦。"

格林斯潘清楚，掌管美联储最重要的任务之一，就是要妥善处理与白宫的关系。

一般来讲，白宫和美联储的关系总是不冷不热。除非美联储主席本身存在重大的失误，否则国会是不会轻意听从总统的建议，因为美联储是独立于白宫以外的一个机构，它只向国会负责而不是向总统负责。

就白宫对美联储主席的期望来说，归根结底，"听话"其实不是最重要的，"能干"才是最重要的。所以，尽管美联储主席对白宫顶顶撞撞，拒不听命，但只要能够一一解决经济发展中的难题，从而让执政者有政绩可以满世界大讲特讲，捞足政治资本，对白宫来讲就是合格。

在美国的历史上，有许多任美联储主席都对白宫不"感冒"。事实上，历任美联储主席都不会向总统称臣，不然，他就会遭到来自国会以及来自华尔街金融大亨的指责。向白宫屈服，就意味着美联储丧失了宪法赋予它的独立性。里根执政时期的美联储主席沃尔克甚至拒绝到白宫与里根见面。格林斯潘也是如此。

除了在体制上相互制约以外，在对经济的追求上，政府与美联储的目标往往并不一致，政府追求的是本届任期内的效应，而美联储则偏重于长远发展利弊的考虑。同时，由于政府与市场的利益并不总是一致，政府考虑问题的着眼点，与市场考虑问题的着眼点，往往产生矛盾，而美联储显然更多地要听从市场。

格林斯潘总结美国历史上的美联储主席的经验，发现凡是在美联储主席任上做出了重大贡献的，不论是强硬地对抗，还是圆融地化解，都是能够在白宫及政府的压力之下，坚持美联储体系的独立性。当他出掌美联储帅印的时候，就不能不在考虑经济问题的同时，把政治因素也考虑进去，而目的却是为了在政治压力下更有效地做自己认为该做的事。

作为美联储主席，即使与本党总统共事，也不能与总统过于亲密，否则难免有被讥为"过于听命白宫"的嫌疑，使华尔街对自己敬而远之，关系疏远。这一点在格林斯潘身上，表现得最为明显。格林斯潘这个老共和党人，1983 年担任社会保障改革委员会主席的时候，就曾很担心与共和党政府的密切关系，会削弱华尔街对他的信任。

按格林斯潘以前同事的话来说，由于他曾被共和党人执政的白宫任命为社会福利改革委员会的主席，所以他担心与共和党的密切关系会损害他与华尔街的关系。格林斯潘的一位助手回忆说："格林斯潘不想被看做另外一个阿瑟·巴斯。"那位由尼克松任命的前美联储主席受到了不少人的指责，说他为了满足白宫对经济增长速度的要求而造成了难以控制的通货膨胀。

　　这个严重谢顶、皱纹深刻的老头和他的美联储是如此顽固地吸引着公众注意力，以至于任何善意或恶意的描述和揣测都只是在加深格林斯潘神话。试图揣测格林斯潘的内心是徒然的，可以肯定的是，格林斯潘似乎天生具有一种在华盛顿供职所必需的精明，他玩起政治游戏来非常老练。

第二章

从总统顾问到美联储主席

Greenspan

King of the Financial Empire

一、尼克松欣赏的总统经济顾问

1996 年夏季的某天下午，格林斯潘偶然碰到了早年在杰罗姆强节奏管乐队的朋友奥纳多·加明特。朋友相见，"分外眼红"，两人来到一个酒吧一边喝酒，一边叙旧畅谈。加明特为格林斯潘的超人经济才能而高兴，而他现在也在干大事——理查德·M. 尼克松（Ricard Nixon）的总统竞选顾问。他感到格林斯潘正是尼克

美国前总统尼克松，1967 年，尼克松邀请格林斯潘担任了总统竞选顾问。

松需要的经济智囊人物，便将格林斯潘介绍给理查德·尼克松。

格林斯潘对经济、金融发展和社会政策的真知灼见赢得了尼克松的好感，而且两人在这方面有许多看法非常相近，第一次相见谈得就非常投机。尼克松意识到，格林斯潘正是自己需要的经济顾问。作为华尔街汤森—格林斯潘经济咨询公司的总裁，格林斯潘怀着一种朦胧的志向，试着去接触尼克松这位美国政坛上即将升起的明星。他受到尼克松的赞赏。

第二年，尼克松邀请格林斯潘担

任了总统竞选顾问。格林斯潘内心非常矛盾，他知道，介入政界，要投入相当多的精力，公司刚刚走向正规，自己一直在经济界金融界闯荡，没有从政经验，能不能干好？他把自己的想法告诉了艾恩·兰德。兰德热情鼓励她的这位忘年交要抓住机会。她说：我虽然不懂经济这一行，也没有多少从政经验，但我明白这是一个将你的自己的经济理论付诸实践的好机会，也是对美国政府的经济政策施加个人影响的开端，要知道，在美国人人都向往白宫。伯恩斯也赞同格林斯潘大胆进军政界，以充分施展自己的经济才干。

在兰德和伯恩斯的鼓励下，格林斯潘接受了尼克松的邀请，担任民主党总统候选人尼克松的国内政策研究小组主任。他一面精心经营公司，一面辅助尼克松向权力的最高峰冲击。这是格林斯潘命运中的一个重大转折，从此获得了施展经济才干的政治舞台。

尼克松是个政治命运坎坷之人，在政坛上屡仆屡起，终于在1968年美国总统大选中赢得历史性胜利，当选为美国总统。这里面也有格林斯潘的一份功劳。此时，美国20世纪60年代的经济繁荣还没有结束，经济问题似乎并不是尼克松上台的主要原因。但经济方面的潜在问题也是有的。隐藏在长达9年经济繁荣背后的是财政赤字的急剧增长和难以克服的通货膨胀。格林斯潘认真研究了美国民众要求变革的社会心态，与尼克松的竞选班子共同制定了结束越战、削减财政赤字、实现预算平衡、抑制通货膨胀等政策，顺应了民意，使尼克松以微弱多数击败了民主党的竞选对手，入主白宫。

格林斯潘的超人智慧和才能通过帮助尼克松竞选得到了发挥，受到尼克松的赏识。在政府新旧交接期间，格林斯潘成为尼克松驻预算局的代表和尼克松对外贸易政策顾问。

尼克松组阁时，邀请格林斯潘到新政府中担任预算局局长。格林斯潘当初答应参加尼克松的竞选班子，但没有打算全身心地投入政界，现在自己主持的咨询公司正在正轨上运行，他还没有全身心地转向政界的打算，于是他婉言谢绝了尼克松的好意，只答应担任一些顾问角色。

格林斯潘回到在纽约的咨询公司，一面精心经营公司，一面继续做尼克松的顾问，先后担任过总统经济顾问委员会、经济增长问题研究委员会、金融结构与法规委员会、商业部长顾问委员会、联邦证券与交易委员会的中央市场委员会等部门的顾问，做过关于外贸、股票市场和其他一些经济、金融问题的研究。

尼克松一直对格林斯潘抱有很大的希望。1974 年年初，他再次邀请格林斯潘出任总统经济顾问委员会主席一职。他把格林斯潘请到白宫，十分热情地说：艾伦，希望你能和我一起干，现在国内通货膨胀严重，我需要有一个人来主持经济顾问委员会，帮助我渡过经济难关，这个人就是你。

美国总统经济顾问委员会成立于 1946 年约翰逊政府时期，专门负责从宏观层次上研究和预测整个国家经济的大趋势，就联邦政府的计划对最大限度地促进就业所起的作用进行评估，向总统提出全局性的经济政策，以鼓励和促进自由竞争，避免经济被动与缩小所造成的影响，以及保持就业、生产和购买力。每年 1 月份总统向国会提交的经济报告，主要就是依据经济顾问委员会的资料来起草的。

第二次世界次大战以后，美国成了超级大国，战时美国经济的高度繁荣和战前大危机的痛苦经历形成鲜明对比，人们对政府干预经济提出了更高的要求，终于在 1946 年通过了就业法案。这样，政府干预经济就有了法律依据。法案要求政府运用各种手段把就业、生产和购买力提高到最大限度。为此规定总统每年要提出一个经济报告，说明当前就业、生产和购买力的情况，以及使之最大化的对策，并决定创立一个三人经济顾问委员会，以帮助总统做这些事情。

三人经济顾问委员会是总统经济智囊团的法律化和规范化。从此，总统不仅有了合法的经济智囊机构，而且这个机构在政府中的地位也被明确规定下来。此后历届总统都从高级学府选择自己中意的知名学者充当经济顾问委员会的委员和主席。

有时，总统经济顾问委员会主席，还是总统对国会和公众的经济政策发言人。这是很小的智囊小组，只有三个人，一名主席，另外两名委员必须由有专门特长的经济学家来担任。从肯尼迪政府开始，总统明确宣布经济顾问委员会主席是他的首席经济顾问，委员则由委员会主席而不是总统选择。这样，经济顾问委员会主席的权威就大大提高了。

格林斯潘清楚这一职位的重要性，多少人都在垂涎三尺，希望得到这一职位。对于尼克松的提议，格林斯潘内心是高兴的，至少证明了自己的能力和尼克松对自己的信任。但是他再次拒绝了尼克松的好意，格林斯潘认为，担任公职将失去成为大企业家的机会，他的公司比白宫更需要他。他十分腼腆地说对尼克松说：总统先生，就是我来干，也不会改善什么的。

可是尼克松认准了格林斯潘，7月初他请美联储当任主席、格林斯潘的恩师亚瑟·伯恩斯等人出面游说格林斯潘。

伯恩斯乐此不疲，多次找他的这位得意弟子谈心，可谓苦口婆心。他说：艾伦，总统请你担任这个职务，这已经不是你个人的问题，而是美国经济发展的大事，出于对国家的负责，你也应该站出来，与正在威胁着资本主义的通货膨胀作一番斗争。你一向对通货膨胀深恶痛绝，而且有这个能力。

格林斯潘看到尼克松内阁中的确找不到合适的人选，在伯恩斯和白宫办公室主任黑格等人的再三劝说下，终于下定决心，正式接受尼克松的邀请。

二、福特政府"三驾马车"

就在格林斯潘即将上任的前两个星期，8月9日，尼克松因"水门事件"而辞职，副总统福特继任总统职务。格林斯潘打算继续在华尔街管理他的公司，没想到有一天突然接到福特亲自打来的电话，说非常看重他的才干，而且非常需要他。

1974年8月21日，美国参议院通过了对格林斯潘的任命。9月1日，在白宫东厢草坪上，格林斯潘宣誓就任总统经济顾问委员会主席一职。年近古稀的艾恩·兰德特地从纽约赶到华盛顿参加了这一隆重的就职仪式。

与格林斯潘搭档的总统经济顾问委员会的另两名委员，分别是经济学泰斗、大名鼎鼎的经济学家米尔顿·弗里德曼（Milton Friedman）和查尔斯·舒尔茨，他们两人都曾获得过诺贝尔经济学奖，后者曾任卡特总统的经济顾问委员会主席。

经济学泰斗米尔顿·弗里德曼

米尔顿·弗里德曼是美国二十世纪六七十年代保守派经济学家的代表，由于其独创精神及其理论上的贡献，在学术界颇受尊重，曾充当几位共和党总统候选人的竞选顾问。此人足智多谋，能言善辩，逻辑严密得登峰造极，是才华出众的辩论家。弗里德曼也受到伯恩斯的很大影响，大萧条时期他在拉特格斯大学主修经济学时，接受了正在这所大学教授经济统计学的伯恩斯的教育，他从伯恩斯那里学到了对商业周期复杂性的鉴别本领，并且深入了解如何将对数学和经济学的兴趣结合起来。米尔顿·弗里德曼出版有《资本主义和自由》《货币史》等重要经济学著作。

查尔斯·舒尔茨，被美国1970年1月号的《当代人物传记》描绘成"从1965年6月至1968年1月华盛顿最有权势的人物之一"，因为那时他曾是白宫预算局有史以来最年轻的局长，1977年被卡特总统选为他的首席经济顾问、总统经济顾问委员会主席。他主张市场干预而提高政府的效率。此人生性洒脱，不拘小节。

福特的主要经济顾问除了格林斯潘外，还有财政部长威廉·西蒙（William

Simon）、总统经济事务助理威廉·塞德曼（William Seidman）和美联储主席亚瑟·伯恩斯。

为了便于协调各部门的工作，提高工作效率，在威廉·塞德曼的提议下，福特批准成立了总统经济政策委员会。这是一个统揽大权的独立机构，主要负责就国际国内的所有经济政策向总统提供意见，监督美国所有经济政策的制定、协调和执行，发挥经济决策核心的作用。经济政策委员的核心是执行委员会，成员有财政部长威廉·西蒙、总统助手威廉·塞德曼和格林斯潘。每个人的角色非常清楚，财政部长威廉·西蒙是经济政策委员会主席，兼经济政策主要发言人，负责控制政策发展。塞德曼和格林斯潘是执行主任，塞德曼承担经济事务的协调工作，而艾伦·格林斯潘可以说是对福特政府的经济政策影响最突出的人物，他在幕后运筹帷幄，是实际的经济决策人。而福特总统像大多数美国总统一样，只不过是一个政策的最后决定者。

在经济政策委员会的组建过程中，格林斯潘曾就经济政策委员会的结构向福特和负责实际组建工作的拉姆斯菲尔德及其工作人员提出过许多意见，包括不让伯恩斯成为经济政策委员会的正式成员的意见，都得到了重视和采纳。格林斯潘之所以提议不让伯恩斯进入经济政策委员会，主要考虑的是保持美联储的独立性形象，但并不排斥他参加意见的可能。

格林斯潘相信他完全有可能从一开始就成为福特政府经济政策的主要发言人，因为他实际上是政府中唯一起作用的宏观经济学家。但是，这个角色并不符合他的性格。同时，一开始格林斯潘对福特多少还存有戒心，认为自己没有完全把握福特的政策立场，担心一旦成为主要政策发言人，会不得不以政治姿态来支持总统做出的也许是自己不愿意支持的政策。政治上的低姿态显然是比较安全也相对自由的。当然，格林斯潘也曾一再表示，总统经济顾问委员会的作用是顾问，是参与，而不应是政府政策的代言人。他在数年之后谈起此事时，仍然庆幸自己在福特政府初建时期的这一明智的决定，用不着为愚蠢的"反通货膨胀"（WIN）方案承担责任。所以，在经济政策委员会的组建酝酿过程中，当讨论由谁来做政府主要经济政策发言人的问题时，格林斯潘马上推荐了拉姆斯菲尔德。后者当时任白宫办公室主任，在尼克松政府时期也曾是总统经济顾问之一。不过，福特最后还是决定由财政部长威廉·西蒙兼任经济政策发言人。

　　格林斯潘希望使总统经济顾问委员退居幕后，恢复其单纯的顾问作用，他的这一想法很快得到了专业经济学界的支持。尽管他可能是总统经济顾问委员会历史上最为保守的一名主席，但是，连那些比较自由的前任各届主席也都对格林斯潘作为经济学家的能力表示钦佩。

　　格林斯潘很快发现，律师出身的福特尽管对经济问题很感兴趣，但是算不上是懂经济的内行。格林斯潘信心大增，认为可以放开手脚，并很快就熟悉了福特的政策立场和思路，能够准确地判断出总统可能的抉择。他可以随时和福特通电话，将总统经济顾问委员会的工作情况和有关经济信息报告给福特；也可以通过经济政策委员会的执委会发表意见，以执委会集体的选择方案和会议记录的形式向福特提出意见。在执委会中，格林斯潘和西蒙的意见常常是争论的焦点。譬如说，当格林斯潘已在拟订1975年的减税计划时，西蒙还在支持1974年10月的附加税提议。

　　在福特的经济决策机构中，格林斯潘事实上处于最核心的领导层中，实际上是原来的"三驾马车"的主要成员之一。福特称西蒙、塞德曼、格

美国前总统福特

林斯潘这三个人为"我的经济顾问们"，并往往将格林斯潘放在第一位。

20世纪50年代，艾森豪威尔政府认为，政府对经济的宏观调控离不开财政金融手段，因此经济顾问委员会在向总统提出宏观经济对策时就必须从财政金融部门获取信息，并与这些部门协调立场。于是，在经济顾问委员会与财政金融机构之间就出现了"三驾马车"和"四人会"的协调形式。

"三驾马车"，是指总统经济顾问委员会主席、财政部长和预算局局长构成总统宏观经济决策的中心，这三个人定期举行碰头会，交换意见，沟通思想，协调立场。

"四人会"，是在以上三巨头之外再加美联储主席。这是因为宏观调控离不开金融手段，没有美联储主席的参加，很难就经济走势和政策措施做出评价和综合规划。

可以说，格林斯潘和塞德曼是总统经济政策委员会中责任最为重要的两个人，大凡外贸进出口额、企业界或劳工领袖的讲话摘要、有可能发生的工潮和市场波动、重要劳资谈判的进展以及纽约的金融股市，等等，都在他们统揽全局的思谋之中。

塞德曼通过经济政策委员会的周报、备忘录，为福特提供每日进展情况；格林斯潘则在幕后为总统提供各种主要的经济指标和数据，同时还要提供他本人对这些指标的动态分析；负责主持起草和转呈给总统的备忘录、选择草案。因此，从战略全局来衡量，对福特政府的经济政策影响最大最为深刻的，当数格林斯潘。福特在其回忆录《康复的时代》中写道："我很快就开始欣赏他（指格林斯潘）的顾问能力了。没有人比他更有能力把坐

在福特的经济决策机构中，格林斯潘已处于最核心的领导层。

在一起开会的人们的观点归纳总结出来，然后给我列出所有可以采取的办法。"

　　在担任总统经济顾问委员会主席期间，格林斯潘为福特总统撰写了一系列有关经济方面简明扼要的备忘录，他把它称为"献给总统的备忘录"。其主题从"造成衰退与繁荣的原因"到"通货膨胀的原因及通货膨胀——失业的平衡"；从"货币政策，联邦储备系统的工具"到"储蓄、投资和资本形成"。这些充满经济智慧的备忘录，简明扼要地说明经济运行情况，以及各种总体经济政策如何影响经济等。总统在制定相关的经济政策时必须对内容有详尽的了解。后来，格林斯潘总结了作为经济顾问委员会主席在总统面前应树立威信的5条经验：阐明正确的经济政策；对经济数据要有事实作根据；所提交的报告要简明易懂；注意避免烦琐；最后，提出的建议必须有助于实现总统追求的全国目标。

三、"经济原教旨主义"

　　格林斯潘在政府中的实际作用，很快就远远超出了一般的研究与提供信息，而具有了奠定理论基础的作用。

　　格林斯潘一直批评那种对长期存在的经济问题采取短期的政治解决办法的做法，他既不肯被划为凯恩斯主义者，也不肯被划为货币主义者。他宣扬的是"经济原教旨主义"：以较少的政府开支、平衡的预算、稳定的货币政策来解决通货膨胀问题。他是一位反对国家干预经济的保守主义者，他的长处是喜欢事实、数字和经济数据。

　　在西方，20世纪经济学争论的中心是国家干预主义和自由放任。代表国家干预的凯恩斯主义。这一学说自30年代产生以后，对20世纪经济发展有着至关重要的影响。

凯恩斯主义，是由英国著名经济学家约翰·梅纳德·凯恩斯创立的。

1933 年 3 月，富兰克林·罗斯福在萧条的危局中就任美国第 32 届总统，实施"新政"，以解救美国经济。

与此同时，在大西洋彼岸的英国剑桥，正在酝酿一场经济理论的革命。1936 年，这场革命最终催生了约翰·梅纳德·凯恩斯划时代的著作《就业、利息和货币通论》一书的问世。他指出，避免现行经济形态全部毁灭的唯一切实办法，是扩大政府职能，"让国家的权威和私人的策动力量互相合作"。

凯恩斯认为，宏观经济学的研究对象归根结底是充分就业，各类宏观政策的终极目的，是实现充分就业，经济增长策略、货币管理政策、收入分配政策等，都要围绕充分就业这一目标。

凯恩斯理论的核心思想，就是就业量决定于总需求，而总需求又决定于消费倾向和一定时期的投资量。资本主义经济出现危机的根源是有效需求不足。对有效需求不足，市场本身不会完全解决，需要政府出面采取各类政策予以解决，需要政府采取各种措施进行调节，这就是国家干预思想。

但作为凯恩斯主义对立面的自由放任各流派对经济思想和政策的影响也不可低估。

货币主义是自由主义宏观经济学的重要流派，也是西方反通货膨胀的一个重要学派，主张政府干预经济不能太宽，对微观的事少涉及，应恢复古典学家时期的自由放任格局，让市场自觉平衡。

但货币主义学派并不主张政府完全放弃从全局角度对经济进行调控。他们提出，通货膨胀是最大的敌人，宏观经济政策首先要对付通货膨胀，政府控制通货膨胀，关键是把握货币供应量和国民生产总值增量的对比。对一个社会来说，完全消灭失业是不可能的，因为客观上存有一个自然失业率，所能做的只是尽可能降低失业率，但也不能以通货膨胀为代价。通货膨胀永远是一种货币现象，应从控制货币供给量方面入手防治通货膨胀。具体来说，这种防治包括两个层次：一是限制国家干预；二是实行自由市场制度。从 20 世纪 70 年代开始，美国与经济"滞胀"展开了斗争。在反击通货膨胀方面，美国政府采取了利用再贴现、公开市场业务和法定存款准备金等措施，以贯彻既定货币供应总量政策，利用长期固定货币供应量增长率的办法来测算货币供给量。

美国还有一种所谓"供应学派"（Supply-side econmists），它出现于 20 世纪 70 年代。当时，美国自第二次世界大战后一直采用的凯恩斯主义的需求政策失灵，并且导致停滞与膨胀两症并发的"滞胀"（stagfation）。供应学派的经济学家认为，一个国家的经济状况好坏，并不是像凯恩斯主义所认为的那样，主要不是取决于需求是否充足，而是取决于"供给方面"是否具有活力，因而政府促进经济发展的主要措施，也不应该运用财政和货币手段去增加需求，而是向"供给方面"倾斜，使企业提高竞争活力和增大投资积极性。

格林斯潘既不赞成凯恩斯主义，也不同意货币主义和"供应学派"的主张，他奉行的是另外一条路线。

格林斯潘走马上任美国总统经济顾问委员会主席时，美国的经济状况已经恶化，他接手的是一个烂摊子。

20 世纪 30 年代，罗斯福的新政和凯恩斯的新经济学相结合，开创了美国经济政策的新纪元——"罗斯福秩序"。这一秩序历时半个世纪，曾广为西方国家仿效，在经济学讲台上作为金科玉律被教授和传播。

然而，从 20 世纪 60 年代中期开始，这一秩序逐渐失势了。通货膨胀开始出现并日益严重，经济好像总是徘徊在衰退的边缘。而且此时美国国内经济情况十分糟糕。由于石油禁运和物价上涨，1973 年年底美国经济开始滑坡。人们的不满情绪越来越强烈，不仅仅是对经济状况不满，对社会的、政治的、文化的以及其他方方面面的不满情绪也在高涨。

格林斯潘上任时就是这样一个局面。接连不断的能源危机，直接造成了美国的经济衰退，同时物价上涨势头不减，进入所谓"滞胀"时期。1974年8月9日，福特接替尼克松宣誓就任美国第38任总统的这一天，通货膨胀率达到12.2%，失业率为5.3%，而且，这两个数字还在继续上升。除了1933年罗斯福接替胡佛时有过甚至更为严重的经济情况外，近几十年来还没有哪一任新总统是在如此危急的局面下接班的。

不久，在财政和货币政策"双紧"的情况下，美国经济在1974年4季度进入了大萧条以来最严重的衰退，失业率上升到了8.2%，国民生产总值出现了负增长，年增率下降为9.1%，全年下降2.2%，而通货膨胀也不见收缩，保持在两位数字上，石油严重短缺，加油站外排成长龙，能源紧缺和美元危机无疑是雪上加霜，显然加大了福特总统的工作难度。

通货膨胀、经济衰退、生产率增长缓慢以及实际的和潜在的能源短缺，支配着人们对经济的感受以及对经济政策的思考。福特取代尼克松以后，集中力量消灭通货膨胀这只"恶虎"。

这也是格林斯潘担任总统经济顾问委员会主席一职的初衷。没想到刚一上任，格林斯潘就在关于通货膨胀的一段讲话作了一次"耀眼表现"。那是在一次政府高层经济预备会议上，格林斯潘略显拘束地谈到公众非常关心的通货膨胀问题说："大家都受了通货膨胀的害。如果你想看谁受害最重，那就是华尔街的经纪人。"

顿时舆论哗然。尽管按比例来说，股票经纪人因为通货膨胀造成的损失，要多于穷人所失去的收入，但人们认为这体现了格林斯潘在感情深处与谁亲、与谁远。舆论指责说，格林斯潘作此评论，"表现出他缺乏对下情的体恤"。格林斯潘意识到自己说走了嘴，很快改了口说："很显然，穷人是受害最多的。"

无论怎样，通货膨胀对美国公众造成的伤害是深刻而广泛的，福特政府的当务之急就是要尽快刹住其增长势头，并努力使之降下来。格林斯潘向福特力陈，要想建立一种促进经济发展、提高就业信心的模式，一个较低的通货膨胀率是最首要的条件，应该"把抑制通货膨胀当做国家的首要经济任务"。

福特担任尼克松政府的副总统时，就声称"通货膨胀是美国的头号公敌"，在接替尼克松入主白宫第3天，他就在国会参众两院联席会议上宣布，恢复对政府信任和战胜通货膨胀很有必要。他决定压缩政府预算，减少开支，并以紧缩的货币政策支持治理通货膨胀。他制订了一个扩大的反通货膨胀计划。这些政策获得了民心，当时盖洛普民意测验结果表明，超过70％的民众支持福特的政策。

但是，福特政府的反通货膨胀计划很快因经济的加速下滑而变得不切实际了。于是，他试图采取折中方案，在征税和援助困难的行业和个人之间寻求平衡。但这项政策毫无效果，经济情况继续恶化。

格林斯潘对福特总统的方案持保留态度，不赞成所谓的"WIN"运动，也不愿为之宣传鼓动。1974年10月，在向国会递交的全面经济计划中，福特号召全体美国人自愿合作，通过储蓄、工作、保护能源和分担困难同通货膨胀斗争。这种尝试用一个标有"WIN"（即现在与通货膨胀作战之意）的纽扣作为标志。人们受到吸引，戴上这种纽扣。该纽扣立即成为被嘲笑的对象，成为对经济政策愚蠢无知的象征。格林斯潘主张实行温和路线，他对福特泼冷水，委婉地告诫总统说，不要以为少量削减政府预算就能使经济大幅度增长，而是应该对美联储施加压力，迫使它放松紧缩的货币政策；也不要相信失业率下降会使通货膨胀率大大下降的说法。格林斯潘还进一步要求结束"对经济的过时束缚"，如进口限额、公平贸易法以及"对铁路和航空的过度管制"。他认为，如果能做到这些，促进了竞争，会导致价格的下降，从而有助于抑制不断高涨的通货膨胀。

格林斯潘在给福特的报告中，深刻揭示了美国经济"滞胀"的根源问题，认为经济中的不稳定因素导致了国内外投资的下降，是造成"滞胀"的基本原因。经济中的不稳定因素包括高风险和高通货膨胀率。要使通货膨胀率下降，根本的良方是要降低货币供应量的增长率；而这又要求联邦财政的水平要降下来。他认为，政府开支的增长已经超过了整个国民经济的增长，因而造成高税收，并通过福利开支中的"权利项目"制造了超过可供商品的需求，从而对通货膨胀起了刺激作用。他在1974年9月在参议院作证时指出，政府过分强调了加大财政开支对民间资本的"挤出效应"，应该停止在短期财政微调上所做的尝试，转向长期问题。而且尽量不要从经济上和政治上处理小的政策问题，而要表明，政府的态度是要恢复制度的稳定性，同时还要无通货膨胀的长期增长。

格林斯潘曾强烈批评尼克松的工资物价管制政策，因此他也不能接受工资和物价稳定委员会作为生活费用委员会的变种在福特政府中重新活动；只是在将委员会的作用严格限制在监督作用时，他才勉强同意支持恢复它的建议。在华盛顿的高级经济会议上，格林斯潘既为美联储的紧缩货币政策辩解，也为他自己提出的50亿美元预算削减辩护。

格林斯潘开出了另一个处方，他向总统建议：要使经济软着陆，不能一下子刹住通货膨胀，也不能使失业率上升过快，上升过快就是政策的失误；由于失业率和通货膨胀率在同时上涨，就应该有某种政策能使它们同时下降。但是，他很快就发现，这种对于长期目标的追求，相对于当时衰退的情况来说，已经失去了实际意义；而如果放弃长期目标，实行巨额赤字，搞公共工程，提高失业救济，就会给整个体制带来长期成本，得不偿失；因此必须实行一种长短期相结合的目标，逐渐地使情况得到扭转。

格林斯潘的这些主张不久就在福特政府的政策上反映出来。11月底时，福特提出了3022亿美元的预算上限，等于放弃了10月份时所提的3000亿美元的目标。

到12月初，格林斯潘已经在暗示实行刺激性减税的可能性。反衰退的政策基调正在逐渐代替原来的反通货膨胀政策基调。这也反映出格林斯潘对政府经济政策的影响比前加大了。

经过精心治理，1974 年年底通货膨胀率从 14％降到 12％。1975 年 4 月，受刺激性减税的推动，美国经济停止滑坡，开始走向复苏。

可是，政府和国会在财政政策上的分歧却公开化。在格林斯潘的支持下，福特主张紧缩，国会主张扩大福利。为了刺激经济，格林斯潘鼓励福特要求实行一次性的税收回扣，并限于 1974 年，国会则把税收回扣同 1975 年税收预提减免结合起来以加大减税的力度。

于是，政府和国会开始了关于预算政策的"战斗"。参众两院不理睬福特关于约束现行开支计划以减少通货膨胀风险的请求，福特则有时反对、有时支持在两院占压倒多数的民主党所发起的追加的刺激性开支计划。

在金融政策方面，阿瑟·伯恩斯领导的美联储继续走自己的路，坚持紧缩银根反对通货膨胀而不管国会为加速经济复苏，要它放松银根而施加的压力。

福特与民主党控制的国会在 1976 年继续为财政政策而斗争。随着总统和国会选举日期的日益迫近，要求实行刺激政策以降低敏感的失业率的压力越来越大。

四、经济领域的"卡桑德拉"

人类社会要防止出现大规模悲剧，首先要随时保持一个清醒的头脑；在金融领域，一个高级管理者，要防止大规模金融危机，首先也要随时保持一个清醒的头脑，格林斯潘就是这样一个一向以稳健而著称的金融大人物，经济、金融领域里的先知、预言家，经济领域的"卡桑德拉"。从福特政府时期起，格林斯潘就显示出很高的经济预测才能。

在经济决策方面，福特对总统经济顾问委员会的预测性结论最为看重，给总统经济顾问委员会很大的发言权，而预测常常是决策的基础。在作政策选择时，也就是将执委会的讨论方案与总统协商时，格林斯潘和总统经济顾问委员会的意见也很有权威，其分量往往大于其他部门。由于格林斯潘比较准确地预测了美国经济的走势，在经济学界获得经济"预言家"的美称。

格林斯潘被认为最早预见到 1975 年春季美国经济要进入衰退的人，而且，尽管他并没有预见到危机可能发展到多么严重的程度，却是政府中第一个强烈要求改变政策以应付危机的人。格林斯潘后来谈到当时的情况时说：人们在 1974 年下半年时很少预见到衰退的到来，主要是经济模型出了毛病。美国在 20 世纪 60—70 年代的这段时间中，有 10—15 年的时间没有严重的通货膨胀，因此没有把它作为一个重要的经济模型变量来考虑，所以不可能对经济形势作出准确的预测。像格林斯潘那样预计 1975 年年初会有衰退发生，在当时已被人们看做是悲观主义者了。

时任美联储主席的伯恩斯也指出，经济正处于轻度衰退中。但是福特政府甚至在 11 月中旬之前还没有公开承认衰退的存在。这在一定程度上也是由于政府未能确定应该对衰退采取什么样对策造成的。

格林斯潘正确地预见了衰退，也正确地估计到了复苏，尽管他总是低估失业率的增长。1975 年 1 月 6 日，格林斯潘对国会联合经济委员会说，1975 年的经济前景"既不是令人愉快的，也不能令人放心"。他警告说，生产和就业的"急剧收缩"还会持续，使经济"继续衰退，直到夏天"。他说，衰退的谷底可能出现在年中。但是，他又说，经济反弹的时机和强度仍然非常不明确。按照格林斯潘的估计，当时的衰退对美国的价格有一个"刹车"作用，通货膨胀率有可能在 1975 年中下降到年率的 6%—7%；然而，失业率看不到改善的迹象，而在 1975 年有可能达到 8% 的高峰。他说，下半年的复苏似乎不会为当年的失业改善提供多少帮助。

格林斯潘也正确地分析预测了人们在经济衰退情况下的心理状态。1974 年 12 月，他曾对福特说："在今后的 4—6 个月中，我们将陷于严重的经济麻烦中"，"你会经受巨大的压力，要你打开水龙头，让联邦的钱流出去，用花钱的办法去摆脱危机"，这种压力将会是很难抗拒的。

格林斯潘承认，对于经济来说，有些政策刺激是需要的，但是，过多地增加开支将是"目光短浅"的，不可避免地会导致更大的通货膨胀，到了一定时候，则会引发更深刻的衰退。

福特说，他完全同意格林斯潘的观点，而且他也会尽力掌握住局面。

在这样的背景下，福特和他的顾问们制订了未来一年的经济规划，也就是他在1月13日的国情咨文中提出的新的"经济振兴方案"。措施主要有三条：以160亿美元的减税缓和衰退进度；以增税缓解能源危机；以中度的预算紧缩使持续的通货膨胀降温。这一方案的提出，表明福特政府不得不放弃预算上的保守主义，恢复到了赤字财政的做法。

但是，由于失业率在5月份达到了8.9％的高峰，来自两党的批评意见都认为，政府的方案是不充分的。民主党人要求更多的刺激政策。这时，国会的反应是，将国内项目拨款推进到远远超过福特要求的地步，通过了一项228亿美元的减税法案，比福特要求的还多68亿美元。

福特通过使用否决权否掉了一些增加的转拨款项，但1976财政年度的联邦开支还是比政府的建议数高170亿美元。西蒙和伯恩斯试图说服福特否决那项近230亿美元的减税提案，但是格林斯潘和詹姆斯·林恩则成功地说服总统签署了这项提案。格林斯潘意识到，某种刺激措施是必要的，而国会并不想要批准比这少一点的东西。为了结束衰退而施行的财政刺激措施使1976财政年度产生了519亿美元的赤字，再创战后和平时期的最高纪录。

1975年春季，种种迹象表明，衰退已经开始放慢。正如格林斯潘所预言的那样，5月份是谷底。格林斯潘在6月份的一次电视采访中肯定地说，衰退已经结束。但他同时也警告说，不能有任何的货币过度扩张行为。7月，经济已经回升。到了秋季，人们又有各种担心，因为由于食品和燃料价格的压力，复苏相当缓慢。然而，总统经济顾问委员会却持乐观态度，修正了它的预测以适应出乎意料的增长。到 1975 年第三季度，GNP 增长 13.4％是 25 年来的季度最大增长率。同时，失业率和通货膨胀率也下降了。

格林斯潘治理经济的能力得到福特的赞赏。福特在其回忆录中写道："对于一个大半时间都关在象牙塔里，坐在沉重的桌旁，对经济趋势进行统计和预测的人来说，格林斯潘在把握公众意见方面具有不可思议的本领。他确信广大美国人民对通货膨胀比对失业问题更关心，他认为，公众在内心深处，对国会山上那些关于要他们掏钱的'联邦计划'的宣传，是不买账的。当我们在增加经费、促进什么计划的压力之下的时候，或是他觉得我可能受政治因素影响的时候，他都会提醒我：别出线。他一般都能说服我，因为他是对的。"

为了能保持经济在没有进一步通货膨胀下复苏，格林斯潘在 1975 年 10 月为 1976 财政年度的政府方案提出了适度的预算估计和赤字。他认为，有 430 亿美元赤字的 3940 亿美元预算将是适合的。这一方案中还包括了一个出人意料的建议，要将减税额增加到 280 亿美元，作为换取国会同意设置 3950 亿美元预算上限的条件。

这个将减税与预算上限合并提出的提议，曾被许多人看做是福特和格林斯潘、林恩、拉姆斯菲尔德等人在预算上和政治上走出的一步高棋。然而，这一政府预算方案中所体现出的向紧缩预算方向的转变，还是受到了来自各方的激烈批评。总统经济顾问委员会在它的 1976 年报告中体现得很清楚，它拒绝返回到充分就业上去，而要转向一种中度的持续的复苏。报告避免对失业做直接预测，而把焦点放在放慢通货膨胀率和重新树立信心的必要性上。

这时的格林斯潘把他的主要工作重点放到了防止通货膨胀重新燃起上。格林斯潘向总统反复力陈，应该"把抑制通货膨胀当做国家的首要经济任务"。他认为，要想建立一种促进经济发展、提高就业信心的模式，一个较低的通货膨胀率是最首要的条件。他作为福特国情咨文的起草班子成员之一，围绕这一思想作过详尽分析并提出具体对策，多半得到了福特的采纳。格林斯潘刚上任时，美国的通货膨胀率高达11％，经过3年的努力，到他1977年因福特被卡特击败而随之离任时，通货膨胀率已降到了6.5％。这其中当然就有格林斯潘的一份功劳。

尽管在1975—1976年间，福特政府的预算创了和平时期的纪录，但是国会似乎并没有因此而感到满足。所以，格林斯潘常常告诫国会，不要实行"过度的"赤字和减税。他曾一再指出，如果刺激超过了总统的建议，"我们就可能会以失业率上小小的降低，换来以后的通货膨胀，而失业率的平均水平仍然会比我们的预想要高"。他也对劳资谈判中代价高昂的解决方案表示担心。

1976年3月以后，通货膨胀率降到了6％—7％的水平，复苏也已持续了几个月。有人因此过早地判断，复苏将要结束。但是格林斯潘则指出，经济只不过进入了一个"暂停"阶段，基本的复苏还在稳步地发展，而且并没有情况恶化的迹象。这种估计为事实证明是正确的。它成为福特政府实行一种温和财政和货币政策的基础。

但是，国会议员们还是没有被说服，将1977年度的联邦开支定在了4131亿美元，比福特提出的高173亿美元；赤字将达506亿美元；在一再推迟减税之后，国会延长了1975年的减税条款，没有通过福特建议的减税增加额。1976年，复苏还在继续，收入超过了预期。失业率在年底降到7％以下，通货膨胀也只有中度水平。正如斯坦后来在他的《总统经济学》一书中所指出的："1976年，美国人民享受到最好的经济学环境，就像通常在经济复苏初期所经历的情况。"

不过，也有人认为格林斯潘的一些决策是导致后来福特下台的"罪魁祸首"。当1976年通货膨胀落下时，格林斯潘却认为经济很快会自我调节，建议福特"无为而治"，政府应该尽量减少干预经济，不要再采取行动。福特在经济发展缓慢时期的"无所作为"，使公众误认为福特缺少经济领导能力。

同时，也许是正如格林斯潘所预言的那样，高额的预算开支还是种下了进一步通货膨胀的种子。由于福特总统没有接受格林斯潘的警告，最后在国会高额的预算开支中不断增大的财政赤字，使通货膨胀进一步恶化。而且，在福特时期受到抑制的通货膨胀，在卡特时期复燃。然而，格林斯潘已随着福特政府的结束而返归故里，重新操持他的咨询公司去了。

在格林斯潘的影响下，福特对反通货膨胀的重要性有所认识，并曾想把通货膨胀看做头号敌人，准备开展全面攻击。这时美国经济已处于衰退之中，对此他的反应是迟钝的，等到衰退已很明显之后，他的反通货膨胀决心动摇了，于是在反通货膨胀与抑制衰退之间采取了调和主义立场，而国会则比他走得更远，把他的财政约束抛在一起，而实行了更加刺激的财政政策。这对加快复苏虽然有好处，但对"医治"20世纪70年代的滞胀则并没有起积极作用。

美联储的货币供应开始是紧缩的，但后来放松了。这时的美联储还没有采取反通货膨胀的坚决立场和措施。这项工作是由格林斯潘来做的。

五、仗剑出山

1980年，4年前战胜福特担任美国总统的吉米·卡特，无论是运气还是智慧都难以奏效，所以忙活了4年在经济领域并没有什么建树，在1980年的大选中败给了罗纳德·里根。由于政府出现巨额赤字，里根刚一上任，就碰到了社会保障制度支付危机。

由于入不敷出，美国的社会保障体系接近崩溃。参加社会保险的绝大多数工人，并没有支付足够的费用，去获得他们已经享受到的福利待遇，并且在现行规定的情况下，他们将在未来继续享受这些待遇，即社会保险金加上其利息所累积起来的基金。

此时，美国的百姓们已经被通货膨胀这只"老虎"伤害得灰心失望而又生气，

美国前总统卡特

里根总统非常清楚不能再伤害那些无辜的选民。可是，里根的经济智囊人物戴维·斯托克曼（David A.Stockman），提出取消嫁接在社会保障这棵大树上的各种福利计划，削减10％的社会保障费用，准备分阶段取消提前退休，并把提前退休者的每月津贴由469美元减至310美元。《华盛顿邮报》在5月13日的头条新闻中宣布"里根建议削减10％的社会保障费用"。在第一版的分析中，高级记者戴维·布罗德评论说："里根做了任何前总统不敢做的事情——极力要求国会从这个最受珍爱、得到最广泛支持的福利计划中切下一大块来。"

这一计划公布后，立即遭到国会内共和党参议员的攻击，他们一致否决了里根政府提出的这一议案，并称之为"里根政府国内政策的主要错误，它是一个由斯托克曼和施维克做出的政策上有极大错误的判断"。

为了挽回面子，1981年12月，里根总统请格林斯潘出山，担任社会保障改革全国委员会主席，负责处理社会保障的财政危机。

在此前后，格林斯潘仍然一直活跃在美国政坛上。早在里根进行总统竞选过程中，格林斯潘就曾为里根出谋划策。1980年6月，艾伦·格林斯潘、亨利·基辛格等前政府的官员与里根的竞选班子曾一起讨论组织里根—福特的候选班子。里根当选总统后，格林斯潘成为总统经济顾问的一员，这个经济智囊包括曾为尼克松作经济顾问的乔治·舒尔茨、为卡特作经济顾问的查尔斯·沃尔克及米尔顿·弗里德曼、阿瑟·伯恩斯等这样的大经济学家。

1980年3月，里根在进入白宫前景在望情况下，要他的经济顾问班子起草一份集中谈经济问题的讲演稿。最困难的任务交给了格林斯潘：怎样用数字证明能够同时实现减税、增加军费和平衡预算这三个目标。格林斯潘曾经公开作过估计，认为因削减税收而减少的收入只有20％可以通过经济的扩张得到补偿。也就是说，如果减税1000亿美元，财政收入将减少800亿美元。他既不愿意用自己认为不正确的估计代替自己不久前作出的公开估计，又不能拒绝本党总统候选人的要求，只好关起门来冥思苦想。尽管他是摆弄数字的能手，却仍然无法把几个不相等的数字变得相等。有人挖苦说，格林斯潘的任务，就像把方块变成圆圈一样不可能完成。后来，还是借用了参议院财政委员会的一份报告中的估计数据，才完成了任务。

如今，格林斯潘再次受到重用，表明他具有化解危机的经济管理才能。这个新组成的班子是一个两党委员会，其成员由总统、众院议长奥尼尔和参院多数党领袖霍华德·贝克任命，共有15位经济精英，其重点是关注为斯托克曼所忽视的政策限度问题。

美国的社会福利是格林斯潘一直关注的问题。1966年7月，他曾在由兰德主办的杂志上发表文章，指责由政府推行的社会福利制度只不过是政府没收社会成员财富的一条途径。

社会福利制度也涉及共和党与民主党政策的政治鸿沟。民主党主张加强政府对社会财富再分配的权力，增加对富人的税收，收上钱来后增加对穷人和弱势族群的福利照顾，缓解贫富差距造成的社会对立。

而共和党人则认为，福利照顾太多会鼓励懒人，收税太多会抑制竞争和进步，因此主张政府应尽量减少干预，少收税，也减少福利。

格林斯潘赞同本党共和党的主张，主持这个委员会坚持这一策略。但鉴于社会保障体系几近崩溃，减税已经不可能，经过反复调查研究，1982年，格林斯潘设计了一个微妙的妥协方案，总的策略是，增税开源与"细水长流"并举。具体包括：分两阶段增收雇主和雇员的工资税；逐步提高退休年龄，到2027年由65岁变为

里根当选总统后，格林斯潘成为经济政策顾问委员会委员。

67 岁；对高收入的受益者的收税津贴并且把按指数化增加的生活费用津贴推迟 6 个月支付。

这个方案节约了 1650 亿美元的开支，被认为足以在进入 21 世纪前使社会保障制度得救。长期的社会保障支付问题被推迟到将来解决，做法与这个制度最初创立时一脉相承。也就是说，它摆脱了眼前的财政危机但并没有解决这个制度的长期结构性问题。即便如此，这个由格林斯潘主持制定的解救方案，受到里根政府和国会的高度评价。国会几乎未加改动，全盘采纳。1983 年 4 月 20 日，里根在白宫的南草坪为社会保障的修正案举行了立法签字仪式。里根自豪地说："这个方案表明，我国无论何时都对社会保障承担铁一般的义务。"众院议长奥尼尔的评论说"今天对美国是一个高兴的日子"。

此举，使格林斯潘赢得了更多的政治资本，大大提高了他在华盛顿的地位。人们相信，他会做得更好。

这一举动也促使总统进一步重用格林斯潘，出任美联储主席。

格林斯潘的前任是保罗·沃尔克（Paul Volcker）。沃尔克早年就读于普林斯顿大学，后在哈佛大学获得政治经济学硕士学位，此人深谋远虑，博学多识，铁面无情，被认为"生来就是当美联储主席的料"，在尼克松政府中担任过负责金融事务的财政部副部长，1979年被民主党籍总统卡特提名任美联储主席一职，1983年又被共和党籍总统里根提名连任。

保罗·沃尔克是格林斯潘的前任。

沃尔克一贯强硬地捍卫美联储的独立地位，不仅认为美联储的体系不应受政治因素的左右，而且认为就是地区银行相对于整个美联储体系的特殊的独立作用，也应该受到尊重。在美联储曾流传着这样一个故事：为了在进入白宫时不必每次都要掏出驾驶执照给警卫"验明正身"，沃尔克要求白宫发给他一张出入证。白宫办公室助理打官腔说：每张出入证都要花费3000美元作安全调查，所以很难办。沃尔克一气之下，给总统办公室主任写了封短笺："我还不知道你们对我如此不信任！"这下闹大了，总统办公室主任主动派人给沃尔克送去了一张白宫特别通行证。

沃尔克任期内，正是美国通货膨胀最严重之时，他成功地遏制了其势头，人称沃尔克是"打断通货膨胀脊梁的人"，从而赢得了美国商业界、金融界的尊重。他还把美联储长期奉行的以控制利率为目标的行为，改革为以控制货币供应量为目标的行为。

1987 年，沃尔克任期将满，不愿再干了，里根总统本想找一位经济学家为他理财，而财政部长詹姆斯·贝克等人极力推荐格林斯潘。在协助福特等共和党总统竞选时，格林斯潘与贝克经常交往，很快便成了好朋友，贝克欣赏格林斯潘的经济才华与理念，他对里根说：必须找可以领导反通货膨胀运动的有魄力的实干家，而不要找一个理论家。而要想找接替沃尔克的人，没有比格林斯潘更能被金融界、商界接受的了。白宫幕僚长霍华德·贝克和沃尔克本人，也都劝里根任命可以领导反通货膨胀战斗的实干家。

1987 年 6 月 2 日，正被"伊朗门"丑闻和高利率、高财政赤字搞得心力交瘁的里根总统，宣布了对格林斯潘的任命，并对这位新财神褒扬有加，称他是"一个经济学家的经济学家"。

从此，格林斯潘成为美元帝国的大管家，而且通过控制分散在世界各地的美元进而控制整个世界经济乃至整个世界的命运。

格林斯潘也有不良记录。20 世纪 80 年代初，应林肯储蓄与信贷协会老板查尔斯·基庭的要求，格林斯潘写信给联邦住宅贷款银行董事会主席，建议该行批准林肯储蓄与信贷协会用存款购买垃圾股票。查尔斯·基庭为这封信付给格林斯潘 4 万美元的"咨询费"。查尔斯·基庭后来因为诈骗罪被判刑，格林斯潘的这封信却被美国政治、金融和舆论界的大人物"忘掉"了。

格林斯潘在新任职还未得国会批准时，就遭到了新的挑战。老美联储主席沃尔克离职的消息一出，美元在全球市场上的汇率骤然下降，可见沃尔克作为美国经济和股市的晴雨表，分量有多重。

尽管有如此大的压力，格林斯潘还是勇敢地迎接挑战。用他自己的话说，他只用了"一毫秒"，就接受了这个重要职位的提名。

7 月 21 日，在长达 3 个半小时的参议院听证会上，格林斯潘面对参议院银行、住房和都市事务委员会的质询，侃侃而谈自己的施政纲领，其战略目光和雄辩口才，令所有在场的人都感到无懈可击。

里根时代，是一个对经济充满忧虑和不满的时代，跃居舞台中心的新秩序是"保守主义"。在保守主义经济思潮中汇集的各种观念都是消极的，是对"更少"的要求——更少的政府支出，更少的税收，更少的赤字，更少的货币扩张，更少的政府干预。格林斯潘既要适应又要超越这种经济哲学。

他说，美联储的首要任务，是"实现（经济）稳步的、最大程度的增长，同时又不让通货膨胀的恶魔从魔瓶里冒出来"，在实现经济增长目标和控制通货膨胀之间，他看不到有什么可视作对立冲突的因素。而沃尔克的政策"从根本上是准确的"，他不打算改变，将努力"遵循（沃尔克的）脚步走"。

他认为，经济衰退尚没有迹象，第三世界债务形势也有了改善；然而联邦预算赤字的任何增长都将是"一个非常危险的信号"，不能通过提高税收来降低赤字；美国对外贸易逆差很快就会大大下降。并明确表示，他有能力顶住来自里根内阁关于不要实施紧缩政策的政治压力，今后如果实践证明他有决策失当，那也一定不是出于政治考虑，而是经济上思谋欠妥。

一个星期后，参议院银行、住房和都市事务委员会投票一致通过对格林斯潘的提名，并给予了高度评价，称赞他"具有高度智慧"，"是一位杰出的公民和正派绅士"，"受到了解他本人和他工作的商界的尊重"。

8月3日，参议院全体投票以91比2的压倒多数的票数，通过了任命格林斯潘为美联储主席的决定。

8月11日，在白宫东厢草坪上，在副总统乔治·布什的主持下，格林斯潘宣誓就任美联储主席。

从此，每个星期二的早上快到9点的时候，格林斯潘必会从他的私人办公室走进美联储华丽的会议室，他会在那张长27英尺的红木大会议桌的上首坐下，主持召集联邦公开市场委员会成员会议讨论决定美国经济命运的重大问题。

六、给总统一个下马威

美联储的办公地点是位于华盛顿宪法大道和第 20 街交接处的两座大楼，它们分别以两位著名美联储主席的名字命名，一座叫马瑞纳·伊寇斯大楼，一座叫威廉·迈克切斯内·马丁大楼。

马瑞纳·伊寇斯（Marriner Eccles），1934—1948 年在任，被认为是在格林斯潘之前美联储主席中得分最高的一位，曾协助罗斯福带领美国人民渡过大萧条时期，主持制定了《美国银行法》，重振了美国银行体系的信心，加强了美联储制定和实施货币政策的权力。有人评论说，伊寇斯的最大贡献，在于领导着美联储独立于政府影响之外、不受财政部左右的种种努力。

威廉·迈克切斯内·马丁（William Mcchesney Martin），1951—1970 年在任，连任 5 届。以对经济形势的预测之谨慎甚至过分谨慎而著称，务求实际，不尚空谈。被视为传奇人物，创造了好几项纪录：不仅活到 91 岁长寿，而且担任美联储主席的时间也最长。此间，美国经济持续增长，从 1961 年一直攀升到 1969 年，是美国历史上经济上升最长的时期之一。

不用说别的，仅这两座大楼的名字就是对格林斯潘的挑战。

刚一上台，格林斯潘就让许多人吃了一惊：1987 年 9 月 4 日，上任仅仅 24 天，格林斯潘就宣布将"联邦优惠利率"（又称作"贴现率"，以下均简称为"利率"）提高 0.5 个百分点，从 5.5％提高到 6％。

提高利率这样的举措，自 1984 年 4 月以来还是第一次，表明格林斯潘对通货膨胀预兆的严密注视和高度警惕。

当时，美国的贸易逆差已节节增长到 165 亿美元，这不仅使美元疲软不堪，而且还引来了抬高进口商品国内价格的阴影。

另一个不祥的趋势是，低失业率加上额外生产能力的下降，使人们听到了新一轮通货膨胀加速到来的隆隆车轮之声。

　　格林斯潘把提高优惠利率这一举措，看做反通货膨胀的小剂量药剂。并认为非如此不可，此举是为了避免将来被逼得不得不使用更大剂量的猛药。

　　这个举措被某些媒体喻为大胆行动。有人甚至说，格林斯潘与他的前任中坚定地捍卫美联储的独立性的人相比，可以说是"有过之而无不及"。在华尔街，格林斯潘很快获得了"反通货膨胀斗士"的名声。

　　金融界许多人理解他的良苦用心，认为提高优惠利率也并非一个"很激烈的政策改变"，经济学家米·利维说："那（提高利率）只是一箭之远的射程，不是联邦要进一步收紧的信号。"

　　但也有人把这一举动解释为格林斯潘"急求摆脱沃尔克的影子"，以显示自己的独立。用经济学家戴维·琼斯的话说："格林斯潘想要表明一切在他的控制之下，在反通货膨胀的战斗中他是一条硬汉。"

　　格林斯潘这样做也是有他的理由的。前面已经说过，格林斯潘是典型的反通胀斗士。如果有人敢说他不是反通货膨胀的坚强斗士，他一定会断然反对的。事实上，如果经济增长得实在太快的话，他会立刻提高利率。在同一些密友的谈话中，这位美联储主席总是声称这是他的主要经济观点。他看到政府的预算赤字急速上升，对通货膨胀的担忧弄得人心惶惶。在这种情况下，格林斯潘非常担心美联储在经济政策上的丝毫放松，会引发新一轮的价格上涨。从此以后，格林斯潘一直都采取各种措施，以不惜过高的代价来避免可能产生的难以控制的通货膨胀。

　　格林斯潘上任伊始就提高利率，白宫有苦难言，里根嘴上不说，心里却很不痛快。而紧跟这一调整而来的，就是1987年10月19日的"黑色星期一"大崩盘，格林斯潘自然会被某些人指责为这次升息就是造成股市大崩盘的原因之一。

　　或许格林斯潘确实有打算通过运用权柄，树立自己的决策权威和风格。然而，弄好了，功德碑由此树立，弄坏了，责任也得落到他的头上。

这一次恰恰就是灾难随之而至：新的美联储主席刚上任，便赶上了"黑色星期一"这一上任后的第一次重大危机。

美国经济在 1987 年已进入扩张后期，"双赤字"现象——高额的国际收支逆差伴随着巨额的财政赤字愈来愈严重。由于联邦赤字失控问题悬而未决，人们普遍预期世界的通货膨胀将会加剧，长期利率将升高，因此投资者纷纷抛售股票，投资收益更高、收益更稳定的债券，从而造成金融市场风声鹤唳，终于发生了 10 月 19 日"黑色星期一"的股市暴跌事件。

奇迹消失了，人们需要一位有魄力的人物力挽狂澜。冷冰冰的数字和残酷的现实也许更刺激人的神经。由于数千亿美元的金融资产毁于一旦，人们对国民经济和整个金融体系有可能崩溃的恐惧感已蔓延开来。

在这一万分危急的时刻，格林斯潘没有工夫也没有心思去想推卸责任的遁词。作为美联储主席，他的当务之急是拿出对策，力挽狂澜拯救美国经济：市场上急需更多能流通的美元，以应付股票的抛售，否则就将陷入灭顶之灾，可是银行担心更大，拒绝更多的贷款。

一个金融家，他最伟大的时刻是在何时？美洲银行的创始人吉安尼尼说，那就是当大地扬起的尘埃尚未落地之时，他在一片废墟的大街上摆起一张桌子，开始为他的同胞和邻居发放贷款。

于是，出现了本书中"引子"中提到的那惊险一幕。格林斯潘临危不惧，一言九鼎，稳定了市场信心。

紧接着，在 10 月 19 日以后的日子里，美联储对金融市场进行了积极干预，进一步稳定人心。在股市垮台后的两个星期，向美联储的借款已下降到了较低水平，这是自同年春天实行金融紧缩以来所少见的，超额储备金上升近两倍。

七、引导美国经济之船走向正确航向

格林斯潘接任美联储主席一职时，美国经济难题已是堆积如山：为了刺激经济增长而采取短视而不合理的国家财政政策，预算赤字不断增加，巨额赤字又带来了高利率、高汇率和高贸易逆差，既使政府债台高筑，又导致美元长期性疲软进一步加剧；来自白宫、国会的政治压力接连不断。

而格林斯潘的当务之急是总结"黑色星期一"的教训，同时也寻找解决经济问题的良方。

于是，1987 年 10 月 19 日纽约华尔街"黑色星期一"爆发后不几天，格林斯潘在《纽约时报》发表了《全球金融危机是怎样失控和蔓延的》一文。他从历史的角度，对"黑色星期一"事件产生的根源进行了深刻剖析，认为必须加强对金融的正确领导、管理和监控，以便为治理经济环境创造条件。显示了这位新主席深厚的经济理论功底和征服选民的魅力。

对这次股市大动荡，有各种各样的解释，在"总统工作班子关于市场机制的报告中"，对推动股票价格下跌的各种因素作了分析。认为某些基本的市场因素如利率的上升、股市估值过高、巨额贸易逆差和财政赤字是前几个星期股票价格下跌的主要原因，而 10 月 19 日的大抛售则纯属心理恐慌。

这种解释不无道理，而格林斯潘将思维的触角延伸到 1929 年的那次股灾。

1929 年爆发的股灾使美国的整个经济陷入崩溃，出现了有史以来最严重的大萧条。对比 1929 年和 1987 年两次金融危机的情况，格林斯潘认为，正是由于政府的经济政策不当和经济学家们的误导，才使得金融危机处于全面的失控状态。而 1987 年的危机，可以说是 20 世纪 20 年代末期错误政策的一次重演。

格林斯潘论证说，胡佛政府时期，主流的经济学支持金融脱离管理，政府采取自由放任主义经济政策，使人们丧失了对金融危机的警惕与心理准备，金融灾难的可能性从未被严格地思考过。

接着，格林斯潘笔锋直指当代美国的经济学家，批评他们并没有吸取 1929 年大震荡、大萧条提供的历史教训，而是被泡沫经济繁荣的假象所迷惑，不仅否认业已出现的经济衰退，而且也彻底否认金融灾难的可能性。

格林斯潘冷静和妥善地解决了这次危机，受到华尔街金融家和投资者的称赞。

把 1987 年股市暴跌时政府所作的反应同 1929 年相比较，可以看出格林斯潘和美联储吸取了 1929 年大危机时的许多教训。

在金融政策方面，紧跟着"黑色星期一"股市大崩盘，格林斯潘决定立即增加银行准备金，相反在 1930 年春经济活动已经放慢，工业生产和个人收入都在下降，而金融政策却更加抽紧。1929—1933 年美联储听任货币存量下降几乎达 1/3，使股市崩溃后极为紧缩的货币市场紧上加紧，无疑是雪上加霜。另一方面，存款户对银行的挤提把银行的准备金吸干了，大批银行被迫倒闭，造成了严重的信心危机。

在汇率方面，1929 年美国是黄金本位制，美元对外币和黄金的比价是固定的。在这种制度下股市垮台后的通货紧缩效应主要落在美国市场的商品和劳工身上。由于货币工资的调整很慢，价格下跌抬高了实际工资，压低了就业。与此对照，1987 年美元已是浮动汇率，美元实际价值的灵活调整，方便了产生成本的上下浮动以及国内商品对外国商品价格的调整，缓和了股市暴跌对美国商品市场及劳工市场的冲击。

格林斯潘发现，美国经济存在的主要弊端，或者说制约美国经济发展的因素，仍是通货膨胀。于是，"黑色星期一"过后 6 个月，在尽力挽救股市的崩溃造成的损失后，格林斯潘便及时将注意力转到降服通货膨胀这个恶魔上。

格林斯潘为革除通货膨胀弊端所开出的药方，是着眼于减少庞大的联邦预算赤字，而并不相信降低美元与其他货币的汇率，就会减少贸易逆差，从而解决这个国家的经济难题。他说，使美元贬值，美国还有个缺乏扩大出口所需的额外生产能力的问题。而巨额预算赤字，也是问题的根源所在。因此，减少联邦预算赤字的重要性，是"怎么强调都不过分的"。早在 20 世纪 80 年代初期，里根为了同苏联搞军备竞赛，大肆举债，寅吃卯粮，使财政赤字和国债迅速上升，有许多人批评他在花子孙后代的钱。

格林斯潘的主张得到广泛支持，多数人都认为联邦预算赤字是造成"黑色星期一"的罪魁祸首。前任财政部长、政府发言人和各大公司主管举行了研讨会，他们联合出资在《纽约时报》刊登广告，将危机的责任归咎于联邦政府的"巨额预算赤字"。

格林斯潘忧心忡忡地警告国会议员们：尽管经济发展的势头很强，通货膨胀的威胁正在减弱，但整个形势却"并非没有危险"。"作为一个国家，我们仍然没有量入为出，我们每年都消费了比我们所生产出来的要多得多的全世界的产品，从我们现在的赤字，可以清楚地看到我们每年不知不觉地陷入多么深的对其他国家的债务危机。"

按照美国相当低的存款利率，格林斯潘力促国会"不要简单地仅仅满足收支平衡的预算，而是要向实现预算盈余努力"。

他认为，全面地增税并不明智，因为"可以征税的收入毕竟是有上限的"。同样地，他认为，一个"维持水平"的国防开支也是不能减的。

那么，几乎构成联邦开支一半的社会保障以及其他福利计划的经费，就成了格林斯潘力促白宫削减的最大目标。这与兰德的思想，与格林斯潘一贯的思想一脉相承。此外，格林斯潘还建议征收每加仑 15 美分的汽油税。

向社会保障和福利计划开刀，这与里根总统的想法并不矛盾。可是，格林斯潘一味地主张削减联邦开销，实行货币紧缩政策，这在白宫官员听来并不是滋味。因为他们把发展经济、增加就业放在首位，从而显示政绩。而格林斯潘的主张不仅是扫兴，而且更危及大家的利益，他们当然会对美联储明里暗里施加软的硬的压力。1988 年 1 月，财政部长詹姆斯·贝克的首席经济学家可尔·达比致函格林斯潘，力促美联储放宽对货币的紧缩政策，以"避免一场经济衰退"。

可尔·达比的这一举动，被认为是出于政治目的：那年正是选举年，里根总统的副手布什出马竞选总统，达比试图说服美联储放松货币，防止经济下滑，以免危及正在台上的共和党的形象，如果能够促使经济上升，使共和党更有点政绩可夸耀，就更好。

这下激怒了格林斯潘。尽管财政部长贝克否定了可尔·达比的这一意见，但一向标榜独立于政府的格林斯潘还是采取了一个大胆行动，一状告到参议院银行、住房和都市事务委员会，表示"任何外部压力都不会改变美联储的方针"。

格林斯潘说到做到，在8月间共和党全国代表大会召开、正式选定本党总统候选人的前夜，主持美联储开放市场委员会议，将优惠利率又提高了0.5个百分点，达到6.5％。使共和党总统候选人乔治·布什大为恼火。这在某种程度上也为格林斯潘与布什政府的未来4年中的关系播下了不祥的种子。

此后，投资者和公众眼看着格林斯潘和他领导的美联储，独立地对利率这个"水龙头"时而拧紧，时而放松，而何时拧紧，何时放松，要看当时是通货膨胀还是经济紧缩哪一个造成的威胁更大。

自20世纪80年代里根执政以后，美联储就执行货币主义政策，在国内以稳定物价为己任，控制货币供应量。对外则坚持美国汇率稳中有降的政策，并在国内刺激供给，调整经济结构，以求改善国际收支。

第三章

美利坚核心人物

Greenspan

King of the Financial Empire

一、"暴风雨般的关系"

　　1989 年 1 月 20 日，国会山附近彩旗招展，人潮如潮。三十多万观众汇集会场周围，目睹美国新总统乔治·布什的就职盛典。这一天，格林斯潘曾经辅佐过的三位前任总统尼克松、福特和里根一齐露面，出席了布什的就职仪式。格林斯潘也站在了要员的行列里。

　　庆祝布什就职总统的活动持续了四天四夜。夜里华盛顿林肯纪念堂施放焰火，

1991 年 7 月，老布什任命格林斯潘继续担任联邦储备委员会主席。

把夜空点缀得光彩夺目，远在数英里外都能看到。弗吉尼亚阿灵顿的硫磺岛之战雕塑在火树银花辉映下，更是显得庄严肃穆。格林斯潘也和其他要人一样，活跃在一连串的宴会、舞会和盛大表演会之间。

可以说，格林斯潘是属于布什政府圈内的人物。布什和他的许多高级助手，在福特时期和里根竞选总统时期都与格林斯潘有过愉快的合作。

布什政府成立后，格林斯潘常常去白宫椭圆形办公室向总统提供咨询意见。他还经常与总统经济顾问委员会主席博斯金以及财政部长布雷迪一起打网球。特别是在前期，格林斯潘与布雷迪的关系甚至超过了以往格林斯潘与财政部长的关系。可是，随着经济形势的逐渐变化，由于客观环境回旋的余地很小，双方共起事来远非想象中的那样默契，甚至形成了暴风雨般的关系。

乔治·布什生长在石油大亨家庭，自己也是靠经营石油发了大财之后走上政坛的，里根政府时任副总统，早年在耶鲁大学主修经济学，反对政府对经济干预过多，在这一点上，与格林斯潘有共同语言。

布什政府中，掌管国内政策的"三驾马车"，是三位主张自由市场经济的"卫士"：不修边幅、工程师出身的白宫总管约翰·苏努努（John Sununu），华盛顿最能干的理财高手、预算局长理查德·达曼（Richard Darman），还有一个就是总统经济顾问委员会主席迈克尔·博斯金（Michael Boskin）。这三个人的经济哲学基本一致，都不喜欢庞大的政府计划，在一定情况下允许政府干预。他们三个人为布什制定了一整套经济政策思想：经济增长是神圣的，自由市场经济神圣不可侵犯，而自由贸易则应是美国的赞美诗。

后来，随着美国经济陷入衰退，布什在公众中的支持率下降，舆论开始把布什政府遇到的麻烦归罪于白宫总管的无能和权威主义作风，苏努努成为攻击的主要对象。1991年12月，苏努努被迫辞职。"三驾马车"的空缺改由财政部长市雷迪填补。

在此之前，格林斯潘同白宫的智囊们关系一直比较亲密，美联储采取的紧缩金融政策也使他在白宫的朋友们感到放心。没想到，随着形势的发展，格林斯潘与布什政府经济智囊人物之间的矛盾日益明显，特别是与财政部长布雷迪之间的关系日益恶化。

一般来说，美联储主席要与财政部长处理好的关系并不容易，因为总统主要是管大政方针，对琐碎的金融政策细节不会管得太具体，而对美联储的相对独立性直接构成最大威胁的，当属美国联邦财政部了。财政部长是总统的内阁成员，而美联储主席则不是。可是，美国的体制是"大银行，小财政"，从经济尤其是金融政策上说，中央银行的功能远远超过财政部。

自从联邦储备体系 1913 年建立之日起，联邦财政部按其本性，影响这一银行体系决策的企图就注定了。从这时到 1935 年《美国银行法》出台之前，财政部长和货币审计长是美联储的当然成员，这就是说，财政部的意图干脆就是美联储会议桌上的议题。

经过曾先后几年任美联储主席的伊寇斯和马丁的努力，联邦储备体系一步一步摆脱了财政部的干预。1935 年出台的《美国银行法》，明文规定了财政部长和货币审计长"不同时成为美联储成员"，这样，财政部就无法名正言顺地控制美联储了。

不过，财政部往往不会轻易罢休，总是要通过各种方式和途径来插手银行。里根的财政部长唐纳德·里甘，就曾毫不留情地困扰过当时的美联储主席沃尔克。

财政部的经济政策，常常与美联储的努力形成落差。从 1987 年一直到 90 年代中后期，美国财政部一直希望美元不要太强，美元的贬值，不论哪一个党派的政府，都乐于接受。他们都喜欢把美元汇率降到最低，使之具有较强的竞争力，以刺激出口，带动经济的发展。

可是，美元贬值，与美联储一贯奉行的控制通货膨胀的努力，却正相冲突。美联储往往声称，经济发展是大家共同的愿望，自己也不例外，但问题是经济的发展，应该处在一个长期稳定、没有通货膨胀威胁的环境中。

格林斯潘与布雷迪之间的关系，随着经济形势的趋热变得越来越紧张了。格林斯潘时刻担心通货膨胀，总是跃跃欲试，要提高利率；布雷迪却希望降低利率，削弱一直坚挺的美元，刺激出口，以弥补贸易逆差的大窟窿。一方要独立于政府的干预之外，另一方则是对美联储的离心倾向满腔压抑不住的强烈不满。有一次，格林斯潘出访俄罗斯，在莫斯科发表关于金融改革的讲话，提到中央银行相对于政府的独立是"最重要的"。布雷迪感到这话是冲他来的，气哼哼地说："我不能想象，一个人为什么跑到莫斯科，去说一些他在这里却不说的话。"

没想到与布什政府的关系发展得如此之坏。有人形容美联储与布什政府之间关系是"暴风雨般的关系"。

1987 年的股灾之后，美国经济短暂好转后又陷入衰退。当时的老布什准备竞选连任，因此希望经济能够好转，但一直到 1992 年秋天，经济衰退仍然没有好转的迹象，布什总统公开要求减息，美联储照办了，但白宫希望降息更多，降得更快，这些美联储并没有完全满足。老布什输掉 1992 年的大选后，将落选的原因归咎于美联储，并对格林斯潘有些耿耿于怀。

二、平衡内部关系

在通货膨胀越来越大的压力下，1989 年 2 月 24 日，格林斯潘和他的同事们宣布将利率由 6.5％提高到 7％。

在美联储宣布提高利率时，布什总统正在亚洲地区访问，他在日本东京的新闻发布会上公开批评说："我不能说，我对利率的提高感到高兴。"

美联储坚持认为自己的看法是对的。可是，这年春天，经济衰退的威胁又慢慢升高到超过通货膨胀的威胁，因而，政府认为美联储又需要紧一紧水龙头，将利率降回去。

为了说服格林斯潘，布雷迪有一次邀请格林斯潘、约翰逊和安杰尔一起开会，敦促他们降低利率。在白宫的影响下，到 5 月中旬有几名美联储理事私下里已经同意这样做，但是"鹰派"想控制通货膨胀，坚持紧缩立场。他们担心尽管经济已经放慢、失业率仍然较低，但如果美联储用低利率刺激经济，雇主们会用抬高工资的办法对付劳动力供应的不足，这样就有可能引起一场以工资为先导的通货膨胀。一名行长公开说："我们必须把已经到位的紧缩持续下去。"

为了打破僵局，5 月 31 日星期一，格林斯潘主持召开了一次公开市场委员会电话会议，敦促委员们同意对短期利率进行小步削减，但委员会内部的"鹰派"和"鸽派"为是否降低利率发生了严重分歧。

"鹰派"，主要是来自"反通货膨胀前沿"的地区银行行长们，他们反对通货膨胀的态度非常强硬；"鸽派"，主要是来自华盛顿地区的委员们，他们代表着政府的态度，要求放松银根，刺激经济，他们被"鹰派"认为是一心追求经济增长率，以讨好白宫。这两派的金融政策主张是针锋相对的。

而格林斯潘并不像伯恩斯和沃尔克那样自居权威，而是更喜欢采取协商的做法，美联储的决策过程也就不像过去那样雷厉风行，而是力求稳妥。在这次争论中，"鸽派"要求保持利率，以刺激经济；"鹰派"想控制通货膨胀，坚决紧缩立场，未能达成协议。于是，喜欢搞民主的格林斯潘决定把投票时间推迟到下一个星期一。

就在 5 月 31 日当天，美国政府发布的统计报告表明，就业增长十分疲软，这一信息软化了"鹰派"的立场。在星期一公开市场委员会的会议上，"鹰派"人物终于同意把联邦基金利率降低 0.25 个百分点。格林斯潘在提交给国会的半年经济报告中指出，美国经济成长将进入一段极大的缓慢期；眼下，经济衰退对美国经济的威胁，要大于通货膨胀的威胁，因此，美联储的货币政策的改变，是为了防止更大的经济衰退。

在整个 1989 年秋天，美联储继续放松银根，但步子很慢，到 12 月才把联邦基金利率从 9.75％降到 8.25％，每一次 0.25 个百分点。这样的速度被西格讥讽为"婴儿的脚步"。

公开市场委员会中的"鹰派"，不管付出什么代价，决心不使通货膨胀复燃。这种状况使格林斯潘也感到担心，他在一次国会听证会上甚至警告人们：衰退是可能发生的。他说："我不能排除政策失误会导致经济下滑的可能性。"

可是，通货膨胀的压力增大，使公开市场委员会中一些"鸽派"也开始赞成降低利率，认为金融市场的最新迹象表明，通货膨胀可能正在到来。其中，约翰逊从长期债券利率的上升看到了危险信号，而安杰尔则是通过对商品价格的观察得到了相同的结论。他们参加到"鹰派"当中，使反对进一步放松银根的力量占了优势。

于是，在 1990 年上半年，为了抑制通货膨胀，格林斯潘领导的美联储不顾经济疲软的现实，没有采取放松银根的行动。6 月上旬，堪萨斯城联邦储备银行行长古费说，尽管反对紧缩银根的呼声很高，而且出现了信贷困难，美联储仍在"准确地完成反通膨的任务"，并且已经能够做到在控制通货膨胀的同时不造成经济衰退。

布什的经济智囊，担心收紧银根会导致经济萎缩，对美联储面对经济疲软却无所作为的状况再也无法忍耐了。当时，布什政府发现预算赤字比原来估计的要大得多，为了促使美联储早日采取行动，布雷迪、博斯金和预算局长达曼说服布什放弃不增税的誓言，同国会之间达成一项削减联邦赤字的协议，要求增税 1400 亿美元，第一年减少赤字 400 亿美元，以后 5 年共减少赤字 5000 亿美元。这也是格林斯潘的要求。他认为，通货膨胀的根源则是政府财政支出超过收入过多。因此他在财政赤字问题上是坚定的"鹰派"。他曾多次说过如果联邦赤字不减少，利率是不可能下降的。白宫官员这时力促美联储在需要的时候让利率以足够快的速度降下来。

可是，格林斯潘的同事们却仍摆出一副紧缩金融的架势。7 月，公开市场委员会在格林斯潘的说服下，仅仅同意把利率降低 0.25 个百分点，格林斯潘是把它作为缓解日益严重的信贷困境的一种努力。很明显，这样小的步伐对日见衰弱的经济来说只不过是杯水车薪而已。

为此，布雷迪对格林斯潘大为恼火，导致双方关系紧张，一度甚至断绝来往。布什对格林斯潘也很不满，只是他较有涵养，很少公开流露。8 月 2 日，中东爆发了伊拉克入侵科威特的事件，石油价格猛涨，使人们担心 20 世纪 70 年代的那种通货膨胀又会重演。以美国为首的西方国家进行干预，海湾危机爆发，搅得天下大乱，严重冲击了格林斯潘消除通货膨胀的压力、提高经济发展的势头以及实现"软着陆"的如意算盘。

与此同时，美国经济似乎也在走向衰退。由于不知道在这种双重困难的局面中如何引航，美联储没有做任何事情，只是在两个月之后，格林斯潘才试图打破这种无所作为的状态。但是"鹰派"的反叛阻挠了他的努力。

公开市场委员会内的"鹰派"与"鸽派"再次发生争论，焦点在于如何降低利率。"鸽派"要求大大降低利率以刺激经济，"鹰派"认为衰退未必已经发生，决心继续紧缩银根以求防止通货膨胀。格林斯潘这次站在"鸽派"一边，他建议分两次，每次把短期利率削减 0.25 个百分点。但是"鹰派"坚决表示不同意。

经过激烈的争论，格林斯潘被迫妥协。最后的结果是，公开市场委员会只同意把短期利率降低一次，幅度是 0.25 个百分点。不仅如此，它还要求在国会与白宫之间达成一项新的削减赤字协议之后再执行决议，这意味着还要等待 1 个月。

许多人认为这是格林斯潘的一次失败。美国经济出了麻烦，财政杠杆因为国会和白宫的争吵而不起作用，只有金融杠杆可以发挥调控功能。但是恰好在这关键的 4 个星期中，美联储却没有动作，眼看着失业人口在上升，美联储不仅没有采取反衰退的措施，反而因为它的无所作为而使局势走向恶化。

这时，美联储在经济预测方面也不很成功，公开市场委员会对经济衰退没有做出准确的判断，而许多民间经济学家却早已看出经济衰退不可避免。后来货币供应量的数字终于使"鹰派"相信放松银根刻不容缓,他们的立场因而开始松动。

也有人认为,格林斯潘过高地估计了潜在的经济发展势头,在伊拉克入侵科威特后,消费者信心急剧下降时,没有及时地降低利率,结果不得不进入一场经济大衰退及几十年来最为缓慢的经济恢复。

1990年第三季度,美国进入第二次世界大战后第9次经济衰退。格林斯潘和美联储为冷却过热的经济而采取所谓紧缩银根"软着陆"的政策并没有奏效。美国经济按资本市场规律进入扩张晚期,一切矛盾的积累使经济衰退无法避免。

在1987年股市暴跌之后,格林斯潘与美联储实行了放松银根以保证流动资金供应的政策。然而,与1987年和1988年经济扩张相联系的高设备利用率和物资供应紧张,使人们担心通货膨胀的复萌和经济危机的到来。为此,格林斯潘从1988年春又开始实行紧缩的货币政策并持续到1989年春。

这时,许多情况表明经济形势正在由通货膨胀的加速转向经济增长的呆滞。针对这种变化,格林斯潘和美联储开始放松银根。5月,联邦基金利率逐步下降1.5个百分点,其他短期利率也大为下降。

可是,当短期利率在1990年上半年相对稳定之时,由于东欧形势的变化以及与德国统一相联系的预期资本需求的增长,全球利率普遍上升,而美联储货币政策对此无计可施,从而造成美国长期利率波动较大。

由于美国联邦赤字失控,面对经济衰退,财政杠杆几乎难以有所作为,反衰退的担子就全部落在美联储的肩上。然而,海湾战争带来的复杂局面和多种可能性,使格林斯潘和美联储其他成员始终担心通货膨胀复燃,从而在放松银根的决策上十分谨慎,直到1990年12月才把贴现率从7%降到6.5%,1991年春又两次下降0.5%,使贴现率降低到5.5%。

这时,布什政府宣布美国经济进入衰退,同时又预言这次衰退将是温和的和短暂的。而格林斯潘却因防止出现恶性通货膨胀,进一步提高了他在美国金融界的声望。

三、不怕传送坏消息

　　格林斯潘信奉一条在公共机构中的生存法则：自己传送坏消息。他认为传送敏感信息，任何人都不如本人表达得明确。说出即将发生的事情时，看着别人的眼睛非常重要，越直接越好。1988 年 8 月 9 日，星期二早上，美联储理事会成员投票表决通过了提高贴现率 0.5％的决议。之后不久，格林斯潘才得知：同天早上，吉姆·贝克（里根政府财政部长）在全国广播公司的"新闻有约"节目上宣布说没有迹象表明美联储会很快提高利率。

　　极具表演天赋的吉姆·贝克一直都是低利率政策的主张者，他在白宫左右逢源，没有人会忽视他讲话的分量。尤其棘手的是，这位以狡猾著称的政部长不仅对总统里根有极大的影响力，他还是现任副总统乔治·布什的总统竞选总管人，甚至连格林斯潘能到美联储任职都得益于他的提拔。格林斯潘权衡利弊，决定在消息宣布之前尽快走访贝克。

　　周二下午，在财政部的大楼里，格林斯潘试图对吉姆·贝克开门见山。"我知道你一定会不高兴的"，格林斯潘紧盯着贝克的眼睛，"但是我们已经决定，认为有必要提高利率，并且我们将在一个小时之内宣布提高利率。"

　　"你知道吗，"财政部长说，"你击中了我这儿。"他指了指他的腹部。"很抱歉，吉姆。"格林斯潘平静而真诚。贝克暴跳如雷，并开始大叫格林斯潘是个血腥的屠杀者。格林斯潘看穿了贝克的表演，他知道那生气是假装的，他早已透彻地分析过贝克极佳的词语风格。他知道一个字的某种吐字方法或表达方式，将完全可以改变全部的意思。

格林斯潘等待着，他有的是耐心。

贝克的咆哮、狂怒仅持续了 20 秒。他已经认识到这个该死的格林斯潘会改变其决定，他藏起了心里的不快，"我该说什么好呢？"他质问道，他向格林斯潘请教应该如何正确地公开反映这件事。"利率提高，"格林斯潘说，"是使经济长期稳定的基本必要条件，我们不得不这样做。贴现率的提高最能向公众表明我们对通货膨胀的警惕性很高。"

格林斯潘发现，如果想和贝克这样位高权重、善于应变的政客们保持关系，他别无选择，只能亲自传送消息，这样可以博得优势，他是这样忠诚地与他们分享仍为机密的决定，这表明无论如何大家都是自己人。格林斯潘成功了。不久，财政部和白宫发表声明，表达了对此次利率提高的失望，但总体上还是对美联储和格林斯潘给予肯定。白宫发言人认为利率提高理由充分，并且美联储"干得很不错"，使通货膨胀率保持在低水平并掌握在控制之中。对于格林斯潘而言，直面压力仅是责任和信用的开始。

理查德·达曼，财政部副部长，乔治·布什政府中智慧最高的人，他给格林斯潘发了大量的备忘录和传真，指责美联储在货币供应方面的管理失当。他认为，美联储主席在建立和支持维护全国乐观的信用体系中承担着极大的责任，可如今，格林斯潘的固执甚至会影响到布什的再次竞选。

对于达曼几年来的不依不饶，格林斯潘很恼火。在他看来，达曼乐观主义的政治观点愚蠢可笑，然而考虑到达曼对总统和国务卿的影响力，格林斯潘从未按他自己的意愿表现出半点拒绝的意思，反而表现得很乐意继续达曼建议的专题讨论会。格林斯潘的目的很简单，听完那些人的意见，等他们说完，始终保持公开、不与其为敌，但是决定还是由自己来做。

四、格林斯潘："我想不起哪一个重要决策使我自己感到是错误的。"

与白宫的紧张关系还没有缓和下来，1991 年 3 月底，格林斯潘的职权范围问题在公开市场委员会引起争论，几名地区联邦储备银行行长发动了对格林斯潘的进攻。他们抱怨说，联储主席最近常常把他们排斥在金融决策之外。

1990 年 12 月 18 日，公开市场委员会开会，决定指示纽约柜台立即把联邦基金利率降低 0.25 个百分点，并附加一条指令，用隐蔽的行话要求美联储主席在下次会议召开之前采取进一步放松的步伐。

1991 年 1 月 8 日，格林斯潘利用这个权力把联邦基金利率削减了 0.5 个百分点。

来自堪萨斯州的委员向格林斯潘发起了挑衅，"我觉得现在无须采取行动。今天早上各位与会者所表达的几乎都是建立在不确定性基础上的。所以我希望我们在今后的一段时间里保持稳定。"质疑在格林斯潘那里没有产生任何风波，格老仅仅问道："还有其他的建议和问题吧？"格林斯潘甚至没有能解释什么，他只是毫不理会地实施了他的决定。

2 月 1 日，格林斯潘打电话给公开市场委员会的其他委员，通知他们，他打算再把联邦基金利率降低 0.5 个百分点。与此相应，美联储贴现率也降低 0.5 个百分点。这将是自衰退开始以来，美联储所采取的最具进取性的放松银行行动。

为这件事，两个地区的联邦储备银行行长——堪萨斯城的罗杰·格菲和圣路易斯市的托玛斯·梅尔泽向格林斯潘提出了挑战，批评格林斯潘越权，说原来的指令只允许联邦基金利率降低 0.5 个百分点。这个问题由于削减联邦基金利率 0.5 个百分点同削减贴现率 0.5 个百分点相联系而变得更加复杂。联邦基金利率升降多少，是由公开市场委员会 12 位委员决定的，其中包括美联储理事和地区联邦储备银行行长，而贴现率升降多少则是由美联储 7 个理事决定的。他们质问格林斯潘：为何不经过全体委员的投票批准？他们认为美联储主席本人没有权力降低联邦基金利率。其他行长们也有类似看法，这些人要求格林斯潘在下个星期的公开市场委员会上把问题摆到桌面上来。

这些地区联邦储备银行的老总大多是沃尔克的崇拜者，他们认为格林斯潘与白宫关系有些过于亲密了。但是，格林斯潘拒绝让步，他认为尽管美联储规章在这个问题上的界定比较模糊，但的确已授权给美联储主席可以不经过委员会全体会议就采取行动。格林斯潘强调说：权力留给他足够的空间让他做自己应当做的事情。

最后，地区银行的行长们虽然心里不高兴，但还是妥协了。

不过，争论并没有结束，很快在2月5日的公开市场委员会上重新爆发。不得已，格林斯潘只好说他将要求他的工作班子对这个问题进行研究，看看美联储主席在采取行动上究竟有多大权力。后来他的工作班子给委员会写了一份报告，说经过对有关美联储主席临机处置权法律和传统的研究，只能得出一个结论，即有关这个问题的规定含糊不清。

布什政论对于美联储内部的这场争论看得很清楚，采取了相应了对策，一面敦促格林斯潘放松银根，一面对美联储内部的"鹰派"保持压力。这种策略的运用相当巧妙。例如，当三大汽车公司的行政首脑访问华盛顿要求放松银根的时候，政府官员对他们说，著名的汽车零件供应商汤普森·拉莫·伍尔德里奇公司的总部就设在克利夫兰联邦储备银行附近，该行行长是"鹰派"著名人物李·霍斯金斯。如果你们真正关心底特律的经济，为什么不叫该公司的高级官员去拜访霍斯金斯呢？

这时，格林斯潘及其领导下的美联储在反衰退中的表现，引起争论。反对格林斯潘的人说，格林斯潘的作风太民主了，他改变了老美联储的权威主义，同时也使它在紧要关头不那么有战斗力，冗长的辩论会给经济造成严重后果。著名经济学家保罗·萨缪尔森就说过：格林斯潘被人扔到后头去了。他那里有三四个同事，他们是反通货膨胀的狂热者，他不依靠他们。可是，你不能既是一个好人又是一个强有力的领导者。格林斯潘是一个好人。

支持格林斯潘的人则说，格林斯潘在相互冲突的利益集团之间进行平衡的技巧相当高明，在主要问题上他通常能够说服别人按照他的路子办事，虽然有的时候也会遇到困难。

格林斯潘自己则说："我想不起哪一个重要决策使我自己感到是错误的。"这也成了格林斯潘的一句名言。他还说，管理中央银行最好的方法是容忍不同的观点，美联储不能靠行政命令进行有效的工作。如果美联储的行政首脑不能说服他的同事相信他的建议是正确的，他就不可能占上风。

对于大多数美联储官员而言，跟格林斯潘共事都不是十分美好的经历。永远含混模糊、谨小慎微的美联储主席除了能够给人留下行事理智、不温不火、不偏不倚的印象之外，还善于死缠烂打、得寸进尺，以便达到目的。素日的格林斯潘始终保持着平静温和的心态追寻明确期望的结果，他总是迂回曲折地表达预见，很有分寸地使用直接手段，当然还有对政治势力口头上表示服从。或许是出于极度精明的头脑，抑或是对于政治人物心理的精确揣测，艾伦·格林斯潘善于抓住时机，以猝不及防的速度赢得对手的支持。

1991年4月4日《华尔街日报》发表了题为"关于格林斯潘权力之争议如火如荼"的评论，并声称银行总裁们拥有抵抗格林斯潘降低利率的自主权力。接下来的几天，《纽约时报》《华盛顿邮报》相继宣称，格林斯潘的权力已经受到了限制，当他要努力降低利率时，将面对严重的内部竞争。

来自堪萨斯的联储官员安吉尔，素来很尊敬格林斯潘，但此次不同意降低利率，他为格林斯潘的处境感到不安。4月12日，格林斯潘再次召集了一次早间电话会议，继续讨论降低利率。格林斯潘首先对可能的反对意见进行了一番不大不小恭维，"通货膨胀的压力小了，这很可能促成投资，当前我们正在更宽松的政策转变，投资的确是很常见的"。格林斯潘的意思很明显，银行家们的担心他都考虑到了。

接着，格林斯潘谈到了他真正关心的主题，"24 小时之前，坦白说，我也不愿意采取任何行动，但是我们现在的形势不容乐观，如果我们不行动，市场恐怕会遭破坏"。格林斯潘相信市场期望美联储做出一些行动，如果不采取行动的话，将会有丧失股市和证券市场信用的风险。

反对格林斯潘降息的人很吃惊，他们不知道为何几天之间竟然有这么大的变故，格林斯潘用他委派的调查小组的数据来支持他的决定，他试图把大家仍然拉在同一个阵线，"你们可以什么都不做，但是也可以按照我的建议来做，贴现率降低0.5％，联邦储备基金率降低 0.25％"。

安吉尔提出了反对意见，得到了几位银行家官员的附和。但格林斯潘没有对令他陷入窘迫的会议做出总结，也没有要求投票，他暂停了电话会议。此后不到两周的时间，4 月 30 日，格林斯潘又单方面降低利率 0.25％。美联储官员们终于明白，这位主席一旦表明意愿，是不会让步的，不采用他的建议，他就会将问题搁置，下次再讨论，直到通过为止。这次也不例外。

1991 年 5 月，布什政府的经济车轮在正常运行了 18 个月后，突然发现联邦政府的预算赤字已经超过了 1010 亿美元。巨额赤字困扰着布什政府。

从历史原因看，尽管里根执政 8 年给美国带来了相对繁荣，但这种繁荣是建立在债务经济基础上的。在里根第二任期的后期，政府虽已开始注意财政赤字问题，并采取了一些措施，但收效甚微。金融业是债务经济的杠杆，它支持了美国经济 92 个月的扩张，其代价是国债高达 28000 亿美元，年度赤字超过 1500 亿美元，贸易赤字庞大。债务的盲目扩张削弱了金融业的根基，孕育了金融业的危机。同时，失业、吸毒等社会问题更是成堆。

与此同时，信用危机也浮出水面。1991 年 5 月，布什政府的决策者们发现政府大大低估了拯救所必须支付的费用，要完成这项计划必须追加 2 倍的资金，这意味着政府要向国会请求增加拨款。紧接着全国储蓄及信贷机构大批破产，它对美国经济的稳定构成威胁，也把联邦政府推向更难更大的困境。国家不得不拿出 5000 亿美元进行补贴。

格林斯潘的一个武器是避免对抗，他认为对抗只能使对手更强大。对于美联储的多数官员和华盛顿政府而言，格林斯潘似乎是暴风眼的中心，或者是个迟钝的不倒翁，理智的分析和审时度势的冷静是他的面具，他似乎能忽略来自外界的任何压力，任凭狂风海啸，他所做的就是表面永远妥协服从，然后我行我素。

五、目标一致

格林斯潘在与白宫的关系上虽然有些不愉快，但总起来与白宫的目标是一致的，而且能够配合白宫掌握住正确的政策导向。布什政府在 1991 年的总统经济报告中，希望美联储采取更有力的措施推动经济复苏，对此格林斯潘的反应很及时。他断然采取了大幅降低短期利率的措施，而且还降低了美联储的法定准备金标准。鉴于当时的形势，这一做法完全必要，但却遭到一部分人不公正的批评。

海湾战争速战速决以后，美国经济的确出现了某些复苏迹象，1991 年工业生产指数开始回升，失业率逐步下降，这种情况进一步促进了美国朝野的乐观情绪。格林斯潘本人更是乐观，甚至认为经济衰退已经结束。

1991 年 7 月 10 日，格林斯潘美联储主席的任期届满，格林斯潘的谨慎作风深得华尔街金融家的信赖。在他第一届任期即将结束进行民意测验时，华尔街对他的支持率竟高于沃尔克。尽管白宫与美联储之间口角不断，矛盾重重，但为了避免市场的动荡，布什还是提名格林斯潘连任美联储主席。

可是，到同年 10 月一连串的坏消息接踵而来：制造业增长速度放慢，零售市场疲软，银行贷款下降，申请失业补贴的人数猛增，高价耐用商品订货连续两个月下降，住宅销售情况也很不景气。到 11 月 15 日道·琼斯指数暴跌 120 个百分点，引起人们的心理恐慌。贫富差距进一步拉大，富人越来越富，穷人越来越穷。

格林斯潘也有些坐不住了，一反原来的乐观预测，宣布他不能确定目前的经济停滞何时结束，甚至悲观地认为不能排除要到 20 世纪 90 年代后 5 年才有结束的可能。

经济形势的再次逆转，特别是在许多大公司纷纷宣布裁员关厂的计划之后，美国选民对布什政府的不满情绪陡然上升。1991 年 11 月初，布什政府的前司法部长迪克·索恩伯勒清楚地提醒布什总统：美国的经济问题已伤害到美国人的生活，民主党人已经利用经济问题把他描绘为一位不关心国内问题的总统。他能否成功卫冕似乎将主要取决于他能否采取有效手段使美国经济摆脱衰退。

12 月间，随着经济进入不景气，格林斯潘率领美联储决定来一剂狠药，大幅度降低优惠利率到 3.5%，以期刺激经济的增长。

与此同时，布什总统本人也开始关注国内经济，绞尽脑汁提高美国经济发展。布什于 1991 年 11 月突然宣布推迟他原定于月末开始的对亚太四国的出访计划，以集中精力对付国内的棘手问题。接着，他又宣布在他未来的亚太之行中，将不遗余力地谋求打开亚洲市场，为美国人创造新的就业机会。

此后，布什在出访亚洲的过程中，从迫使日本做出允许美国汽车和零配件进入日本市场的让步。日本承诺到 1994 年把进口美国汽车配件的数额从 90 亿美元提高到 190 亿美元，保证日本在美国的汽车厂对当地采购的比例不低于产品价值的 70%，同时每年增加进口美国汽车 20000 辆。

接着，布什在 1992 年的国情咨文中提出了所谓给经济加温，解燃眉之急的刺激经济短期计划和保持经济增长速度并确保美国在世界中地位的长期计划。

布什刺激经济的手段几乎囊括了战后历届政府的传统做法。他偏离新保守主义的不干预主义信仰已可以千里计。这当然并不是布什的初衷，但是为了大选获胜也就不能有所顾忌了。

经过格林斯潘和布什政府这样一番努力，经济的曲线经过一番挣扎，终于在美国总统大选前夕有了上升的势头。

可是这一切对当政者来说为时已晚，在海湾战争中大胜班师、享有崇高声望的布什和共和党大势已去，眼睁睁看着经济复苏的大甜果实，落到了名不见经传的阿肯色州小子克林顿的手上。布什本人及其追随者则认为，20世纪90年代初，格林斯潘未能及时降低利率，才造成经济大萧条——格林斯潘反对通货膨胀"太过狂热"，造成了共和党在1992年总统竞选中的失败。

也有人认为格林斯潘并不应该为布什政府的经济灾难承担多少责任，主要责任应该由布什政府的经济智囊团来承担。

六、克林顿：我可以与格林斯潘共事

在历任美联储主席中，能与白宫建立良好关系的当数格林斯潘，特别是与总统克林顿相处最为密切，对克林顿内阁的影响也最大。

老布什下台之后，民主党人克林顿出任总统。因为格林斯潘是共和党人，所以他觉得白宫新主人不会再选择自己。不过，出乎意料的是，格林斯潘与克林顿的关系相当不错。格林斯潘说，克林顿是一个智商很高的人，但在人品上则未必如此，而且在道德上对自己也比较放松。在工作方面两人合作还是相当默契，两人的关系随意轻松，而美联储和财政部之间的关系也达到了最佳状态。

克林顿在美国历史上的地位，很大程度上要归功于格林斯潘治理经济有方。有人说，1998年克林顿面对性丑闻案能临危不倒，事实上在很大程度上是靠了选民们对繁荣的格林斯潘时代的满意。

1992 年 12 月 3 日，当选总统克林顿要在小石城约见美联储主席艾伦·格林斯潘。由于布什总统刚任命他连任不久，格林斯潘的任期要到 1996 年 3 月才届满。也就是说，他将在克林顿第一任期的大部分时间内，负责监督美元利率的起伏和美国经济的冷热。

正在纽约的格林斯潘立即启程。由于没有直接飞往小石城的班机，格林斯潘花了 5 个小时才到达那里。他对不能使用政府或私人专机前往感到气愤，让他在机场转机时足足等了 1 个小时，冻得两脚直发麻。

为了便于联络私人感情，克林顿决定单独与格林斯潘会面，在两人从波斯尼亚、索马里、俄国的历史，到就业训练及教育等问题，一来一往谈得很投机。

曾经先后服务于尼克松、福特、里根和布什四任共和党总统的格林斯潘，很快发现克林顿是一位风格完全不同的总统，他很喜欢。两个人的谈话持续了两个半小时。

格林斯潘向克林顿介绍了他的经济理念，循循善诱地解释说，决定经济增长与否的关键，在于长期利率的高低。长期利率的下降对经济的刺激作用，远远超过联邦政府可能采取的任何刺激措施。如果金融界对政府政策和经济前景有信心，长期利率会趋于下降，企业投资和个人消费就会增加，经济也将随之走向繁荣。反之，如果财政赤字失控，金融界担心通货膨胀，对政府的信任减少，长期利率就会上升，经济必然走下坡路。

格林斯潘原来没打算留下来用餐的，不过最后还是顺理成章地和克林顿共进了午餐。当选总统对这次谈话也很满意，他充满自信地告诉副总统戈尔："我可以与格林斯潘共事。"他赞扬格林斯潘熟悉情况，精通业务，稳重可靠，超越政治。

格林斯潘对这次会晤很满意。事后他私下说过这样的话：克林顿知识渊博，对经济问题的了解超过他曾经为之工作的四任总统。过去美国两党之间存在意识形态鸿沟，现在双方有了共识。克林顿的经济计划实际上同福特总统 1976 年提出的经济计划相似。同民主党的克林顿打交道，比同共和党的布什打交道相对容易。

奉行国内经济优先的克林顿一上来就领教了格林斯潘及其所领导的美联储的影响之大。大选刚结束，12月14日，克林顿让人组织了一次高级经济会议，全国主要经济人士都参加了。

会议一开始，总统经济顾问委员会副主席艾伦·布林德提出三个既能减少赤字又能防止经济紧缩的方案：第一，交易商可以在长期利率走低的时期进行债券买卖，消费者和生意人贷款所付的利息减少，可支出金额也就增加。第二，美联储如能降低短期利率，通常可以导致长期利率下降。第三，增加外国采购美国货物的数量，会促进美国经济繁荣。也就是说，只有仰赖美联储和债券市场的全力配合，才能减少删减赤字的成本。

"这不就是上个月格林斯潘所谈的观点吗？"克林顿一听，脸色大变，一副不相信的样子，喃喃自语地问道："你是要告诉我，政策的成功以及未来我是否能连任的关键，在于美联储和那一群证券商？"

布林德点了点头，没有说话。在他看来，克林顿这个时刻已经感觉到他的命运将掌握在美联储主席格林斯潘和债券市场的手中。

在克林顿的第一任期间内的早些时候，他们的关系是冷淡的。在1994年至1995年期间，格林斯潘调整了7次利率，以抑制通货膨胀压力和减缓美元汇率下跌的趋势。但却成为1994年民主党在中期选举中遭受惨败的一个重要原因。克林顿因此对格林斯潘不满。1996年在格林斯潘任期届满时迟迟不提名他连任。民主党国会议员对格林斯潘更是怀恨在心，在克林顿提名他连任之后还多方拖延参议院的批准过程，使他当上了4个月"代理"主席之后才正式连任。

不过紧接着经济的"软着陆"使格林斯潘得以连任，这也是克林顿连任总统的重要原因。鉴于这种情况，克林顿自然很欣赏和喜欢格林斯潘。总统的一个高级助手说："总统认识到格林斯潘是一个能力非凡的人物。"

　　许多个星期三的早晨，格林斯潘都和财政部长罗伯特·鲁宾、代理部长劳伦斯.H.萨默斯共进早餐，他们在一起愉快地谈论经济方面的问题。

　　来自华尔街的鲁宾从来都是高度评价格林斯潘的。格林斯潘也承认，他和管理部门的关系一直不错，这没有什么值得惊讶的。

　　当克林顿第一次向国会发表讲演时，格林斯潘居然坐在总统的位置上，挨着总统夫人希拉里，这不仅让议员们感到担心，也在华尔街引起了恐慌，他们担心共同的原因是格林斯潘被收买了，美联储从而会失去它的公正性。但作为一个在华盛顿混迹多年的精明人来说，格林斯潘不会做出让自己难堪的事，甚至他不会让公众轻易抓住他的辫子。

　　这种担心很快就成为多余，因为，在格林斯潘调控下，美国的经济很快就从衰退中走了出来，并不断进入新的繁荣时期——一直持续了9个年头的经济增长期。

　　后来，克林顿和他的同事终于认识到，与美联储冲突绝非好事，因此确立了"不与美联储冲突"的信条，所以善待格林斯潘和他领导的美联储。而格林斯潘也报之以李，尽可能地与克林顿班子配合，双方关系越来

格林斯潘与克林顿

越亲密。克林顿称他和格林斯潘就像是美国著名剧作家尼尔·西蒙笔下的"奇异的一对"（The Odd Couple）。他称赞说："我认为他一直干得不错。"而格林斯潘简直成了"克林顿的经济顾问"。

　　克林顿能顺利地连任总统，很大程度上是益于格林斯潘的成功。克林顿也毫不

掩饰他对格林斯潘的感激之情，他对记者们说："美联储能有艾伦这样的人是美国经济的大幸。"的确，在一个经济持续增长的周期里，当总统就会轻松得多，也顺利得多。哪怕这位总统遭到一些丑闻的攻击，也不会让公众觉得有多丢脸，只要他能为公众不断带来经济方面的实惠就行了。

克林顿在谈到与格林斯潘的私人关系时说：

"我很满意我们之间的关系。我在一年中尽量抽时间与格林斯潘见几次面。因为我需要了解关于经济方面大量的数据。这个他能办到。他总是做得很出色，并且在这方面他有一套令人感兴趣的独到见解。"

"我们一直在维护美联储的独立性。尽管我们有着迥异的社会背景，但美联储清楚，我们对于控制财政赤字的态度是严肃的、一致的。"

"美联储已经在经济增长的同时，遏制了通货膨胀的扩大。而我们的经济政策已有了战略性的转移，即从滴入式经济，移向投资——削减——增长式经济。所有这些步骤都在进行。"

当然，也有不少人提到：在美国是美联储主席的权力大，还是总统的权力大？

以货币指导的财政政策开始胜过政府指导的财政政策。由于中央银行是独立的，基本上不受日常的政治压力，因此它们可以迅速做出反应，调整利率和货币供应量以刺激或限制经济增长。但是这种独立引出了一个老问题：随着中央银行控制的增加，它们会尽责吗？芝加哥北方信托公司的保罗·卡斯里乐说，货币政策现在是"支配力量"。它是"现有的最重要的起稳定作用或者破坏作用的政策"。

美国是经济管理发生变化的典型。克林顿常常把良好的经济形势归功于他的政府。他在民意测验中得到高分从某种程度上反映了经济的活跃。

但是，在多数经济学家看来，格林斯潘对经济的作用远远超过克林顿或者国会里的任何人。美国事业研究所的经济学家艾伦·梅尔策说："多数国家过去常常谈论货币和财政政策，但是财政政策政府的税收和开支是固定的。"

七、"三人拯救世界委员会"

随着克林顿上台，格林斯潘与财政部长的关系也得到了改善，他与克林顿的两任财政部长本特森、鲁宾都建立了密切的私人关系。格林斯潘说，他很喜欢他与克林顿以及与财政部长本特森之间真诚、友好的私人关系，大家常常一起打网球，一边打球，一边谈论金融政策及金融理论。

据说，格林斯潘与罗伯特·鲁宾和财政部副部长劳伦斯·萨默斯组成了"三人拯救世界委员会"，一起制定出避免经济灾难的政策并创造出世界金融稳定而导致美国空前的繁荣。

每周三早上，他们三人一起吃早餐，三位财经顶尖好手脑力激荡，对全球经济政治情势构思绝佳的对策。

美国有人评论说，这个三人小组负责"使投资者极度兴奋或抱有幻想而在这个过程中感到高兴"。

有篇报道说："为了帮助解除不完善市场之谜，这个委员会花费 6 年时间进行试验。"

这三个人的共同点是依靠严密的分析，而不是依靠政治手腕。美国《时代》周刊评论说："他们勤于思考，而且对像《艾丽丝漫游奇境记》一样展现在他们面前的新经济秩序具有不可遏制的好奇心。"

格林斯潘说："在善于分析的人身上，自尊自重依靠的是分析，而不是结论。"

这个"委员会"在讨论问题的时候始终一致认为，反抗全球市场是徒劳无益的。经济大崩溃的阴影已帮助三个人兜售一项以市场为驱动力的政策，美国《时代》周刊称之为"现实经济学"，这种政策一方面促进美国空前的经济增长，另一方面也在经济上给许多发展中国家带来痛苦。

这个委员会认为，国际货币基金组织是个斗争的工具，尤其是因为它努力要扫

美国财政部长鲁宾与格林斯潘在国会上交谈。

清导致目前混乱的弊端，并使投资者比较容易返回发展中国家的市场。

格林斯潘与克林顿政府财政部长鲁宾的关系，可以用"惺惺相惜"一词来表达。鲁宾在出任财政部长之前，是克林顿总统的国家经济委员会主席，1997 年被《时代》周刊评为"全美国最具影响力的 25 个人"之一，是参与白宫的重要决策者。鲁宾对格林斯潘十分尊重。

有人说，格林斯潘不受总统更迭的影响，"山转水转石不转"，总统四年一换，他却连任数届，那边走马灯，这边不倒翁。这是因为他坚持反对通货膨胀的立场，"令华尔街感到满意"；而有了他自己对经济趋势高人一筹的眼光，有了华尔街的拥护和信任（这是最关键的），即使白宫对他的货币政策时有不满，也没法不请他来当这个主席！

当然，事情并不像乍一看那么简单。

冠冕堂皇的外交辞令人人都会说，可这些都是表面现象。美联储与克林顿内阁，比与布什内阁相处更为融洽，这确实不假；可是要说在克林顿时代，美联储没有受到一点来自白宫的政治压力，那也绝不是事实。

1998 年 6 月，美国各媒体报道："财经界两位大佬格林斯潘与鲁宾，6 月 17 日在国会山上针锋相对"，使他们在金融改革问题上的分歧公开化。听证的内容，是关于混合银行、保险和其他金融服务的新型集团的合适结构问题，格林斯潘和鲁宾在参议院银行委员会的听证会上各持己见。

格林斯潘支持在众议院通过一项议案，把非传统的银行活动置于"由银行控股的附属公司"中；而鲁宾则认为，金融服务公司，应该被允许选择银行控股的公司，或者选择把其他金融业组织成"银行直属子公司"。

两人各有依据，互不相让。格林斯潘认为，银行精明地知道在内部经营非传统业务的"特殊好处"；而鲁宾则认为，许多银行的管理层偏好后一种机构，而较小的社区银行，担心控股公司结构会带来额外成本。

格林斯潘警告说，子公司的结构可能扩大由纳税人资金支持的银行受保险存款的"安全网"；而鲁宾不以为然，建议参议院银行委员会就此事征求法律顾问的意见。他说，不管子公司的亏损有多大，它对银行本身的影响，不会比控股公司更大。

他们的争执，使参议院银行委员会主席达马托大为惊讶。他说："想到两位世界顶尖的专家在这个领域不能走到一起达成妥协，这实在是不能接受的！"

众议院通过送参议院的这项议案，据称是一项非常重要的议案，用鲁宾的话说，这项法案通过后，将在很长一段时间内事实上成为金融业的"宪法"。正因为如此，鲁宾暗示克林顿政府不介意不能很快通过："我认为，它是重要的，但不是紧急的。我认为关键是努力使它正确。"

媒体分析，尽管他们所争论的焦点相当专门化，一般局外人不容易弄清楚究竟谁是谁非，但是从鲁宾的言论及众议院提出的改革议案，将使财政部丧失制定银行法规的权力这一点来看，双方争论的实质是，在很大程度上，这是美联储与财政部的权限之争，众议院的法案使美联储在美国银行和金融业的监管中，承担更主要的角色，而财政部的作用将相对被削弱。

格林斯潘的目标，是保护美联储达到货币稳定的长期目标的能力；而克林顿以及他在国会山的盟友们的目标，却是保持利率尽可能长久、尽可能低。

只是，与布什时代不同的是，除了经济复苏这个因素，克林顿在对美联储施压的时候，比他的前任更巧妙、更圆滑一些而已，他在操纵货币政策方面，手段最为聪明。克林顿赢得竞选，靠的就是美元坚挺的形象，他知道赢得格林斯潘的心有多重要。

有人曾预言，如果格林斯潘能幸运地把经济繁荣的局面保持到 2000 年 7 月的话，他将在美国历史上创下一个时间最长的经济繁荣的纪录。这超过了由传奇人物威廉·麦克斯利在 1961—1969 年间创下的纪录。这个目标格林斯潘达到了。

由于与克林顿政府关系融洽，格林斯潘的工作进行得很顺利。白宫方面对美联储政策总是欣然接受。财政部长鲁宾与副手商量是否发行浮动的保值债券时说："我们需要请教格林斯潘一个技术问题，因为他对市场很熟悉，并且他有良好的判断力。"

格林斯潘最关心的问题，是证实他关于生产力和理论是否正确。他预计，在将来 12 个月内的数据将显示给他一个明显的结果。从长远来看，他坚信，当这个世界进入 21 世纪之时，新经济的基础将逐步扎根，更多的旧的经济规则，将失去其意义。那时，将需要一个注重实践的中央银行来处理新的经济形势。

2000 年，新千年开始后的第 4 天，克林顿总统选择再次任命格林斯潘为美联储主席。克林顿继续任命格老理由是，格林斯潘在过去十二年半的联储局主席生涯中，充分展现了三大特长，即专业技术、精密分析能力，以及不失传统的常识判断。

这项任命 2 月初获得参议院通过，格林斯潘届满时已经 77 岁，他创造了两项纪录：一项是美国史上最年长的美联储主席；二是美联储设立 86 年来任期最久的主席。克林顿的这项决定，不仅立即获得国会两党领袖的支持，也受到经济、金融界以及主要传媒的一致欢迎。当然，克林顿的提名也是对格林斯潘长期以来主导美国货币政策的肯定。不少人认为，美国经济的长期增长在很大程度上归功于格林斯潘的利率政策，某种程度上他已超越党派，成为美国经济舵手。

八、格林斯潘的社交技巧

格林斯潘身上有些耐人寻味的特点。他的眼神清澈透亮而词语却暧昧不明，他的生活内向谨慎但政治手段相当老道，他极端依赖数据而又笃信直觉判断，热衷世俗社交而内心厌恶私利，外表顺从冷静内在却精通世故人情。也许正是这些看似相反但却婉转和谐的特点，使他成为这个年代里引人探究的少数人物之一。

美联储主席参加华盛顿的各种社交活动：派对、私人午宴和晚宴、网球赛、私人之间的闲聊等等。格林斯潘不会介意他曾经给人留下攀附权贵的印象。他发现在私下场合里更容易表达自己的观点，他愿意立即打电话、安排晚餐或者私人聚会，这种姿态让格林斯潘与政治界的任何人都建立了良好关系，总让人以为他是站在自己一边的。

对于在利率上跟自己有不同意见的人，格林斯潘喜欢说，"打电话过来，我们就可以谈了。"或者"你我为什么不经常安排一些交谈呢？"

格林斯潘经常做的事情是，逐个去游说跟他有相反意见的人，当然最好是私人宴会的形式。早年的社交锻炼如今让他在华盛顿和华尔街的政治斡旋中越来越得心应手。虽然不能说每次开会之前格林斯潘都已经揣了满袋的赞成票，但至少他会知道有几张反对票。

格林斯潘为美联储制定的共同哲学就是"保持一致"。如果有人偏离了这个准则，格林斯潘会不遗余力地说教："我们应尽量密切彼此的关系，我认为如果这样的一个能量巨大的团体被认为处于分裂状态，那将是悲剧性的。"格林斯潘通过一致性的宣言把产生分歧的理事们圈在一条船上，接下来他就会激发他们这个团体的内在优越感，"如果我们这个委员会到了处于分裂状态或被认为处于分裂状态的话，那么没有任何一个政府或者部门能代替我们。我们作为一个团体高瞻远瞩，试图找到融合分歧的方法是极其重要的。"理所当然，他主持会议常常用到"我认为我们……""以我们的判断……"这样的字眼。

如果内部的主要分歧原因产生于自己，格林斯潘最强有力的劝说无疑来自他调查所得的数据，这些数据通常能派上用场，如果委员会仍不能达成一致意见，格林斯潘就会扔掉他冷静自制的面具，他会公然倾诉他的感情："告诉你们吧，我很不安，0.5％让我感觉有些不安，哦，不，是非常不安。"一般来说，美联储理事们不忍心让他们的头儿成为一个不安的主席。格林斯潘会进一步表达他的意愿，非常强烈地，当然也仅是声音高一些而已，"我衷心希望我们不要那样做"或者"我在这个主席的位子上已经做了××年，我希望我有权利决定……"

小心翼翼的言语和目标明确的行动增添了格林斯潘权威的力量，他不仅能在私下沟通里取得战果，更善于在公众场合的多种关系间转换自己的角色，他通晓领导权威的任何一种应用：确立共同信仰，联合多方的权力话语，寻求情感支持。必要的时候，他能非常精确地扮演弱者的姿态从而引起听众的内疚，直至利用主席权威在公众场合对持反对意见的人巧妙施压。

第四章

'97 亚洲金融危机中的诡谋

Greenspan
King of the Financial Empire

　　格林斯潘一直严密注视着亚洲金融危机的变化发展，广泛搜集着大量数据，分析其规律和动向。但是事实上，美国对东南亚经济危机一直作壁上观，只支持国际货币基金组织出面干预，而且要附加为美国攫取最大利益的许多条件。

一、悲剧性预言：华尔街股市超常规的"牛气"，完全是一片虚假的繁荣

　　"10 月份是玩股票最危险的月份。"这是 19 世纪美国最著名的作家之一马克·吐温留给后人的经验之谈。

　　1997 年一进入 10 月份，当美国股民正祈祷不要来个 10 年一轮回股票大崩盘时，27 日，一只不祥之鹰盘旋在摩天大楼鳞次栉比的全球股市的神经中枢纽约华尔街上空。

　　1997 年前后，美元升值，日元贬值，与美元挂钩的泰国货币泰铢也升值了，泰国产品卖不出去，国际收支不平衡，只好靠借短期外债来平衡。此时，如果泰国的出口能继续旺盛起来，问题还不大，但是大量外国短期资本涌进泰国，主要是用于投资房地产，因此，随着泰币的升值，出口却越来越小，贸易逆差越来越大。很多外国投资者发现，再过一两年泰国国际收支就会支大于收，泰国货币要贬值了。国际金融投机家乔治·索罗斯等人，利用亚洲许多国家金融本系及监管体系不健全的漏洞，投入巨额资金兴风作浪，狂炒股市。在这种情况下，流入泰国货币的资金

格林斯潘和鲁宾背靠的是庞大的美元帝国。

偷偷地撤出泰国，泰国中央银行为了平衡外汇收支，只好用自己的外汇储备投向市场，但是泰国的储备只有四五百亿美元，怎么能堵得上千亿美元的漏洞？后来泰国的中央银行宣布，泰铢和美元不固定挂钩了，自由浮动，1997年7月2日，泰铢大幅度贬值，泰国货币危机爆发。

泰国货币危机像瘟疫一样迅速影响到马来西亚、印度尼西亚等东南亚国家。货币危机导致银行大量货款收不回来，纷纷倒闭，造成了金融危机。

为了防止外国资金的抽逃，各国政府纷纷提高利率，这造成了工商业收不到货款，企业破产、停产，工人失业增加，老百姓便指责政府搞裙带关系，搞独裁政治，从而又造成了政治危机，印度尼西亚总统苏哈托下台，马来西亚的政局也不稳。

从货币危机发展到金融危机，从金融危机发展到经济危机，从经济危机一直延伸到政治的动荡，东南亚国家遭受了惨重的损失。

金融全球化使得东南亚危机迅速影响到其他国家，因为世界经济全球化使生产、供应形成了一个互动的链条。由于经济萧条，国际上石油、橡胶等商品的需求量小了，而石油输出国由于油价下降，危机也来了。

先是泰铢在几天之内直线狂跌，随后这场无妄之灾连续横扫马来西亚、印度尼西亚、菲律宾等国家，中国香港、中国台湾地区也受波及。

货币危机席卷东南亚，一场金融震荡由远而近，正向全球蔓延。

如果说，不少投资人到了 10 月就战战兢兢，而星期一总是让人难以放心，这两者加在一起，10 月份的星期一，就更让人心惊肉跳。1997 年 10 月 27 日，正是 10 月最后一个星期一，就在这一天，纽约股市风云突变。

10 月 27 日这一天，厄运开始降临到了华尔街，股市开盘不久，华尔街的信心很快就被股民们焦躁的情绪打破，股票指数犹如脱缰的野马，狂泄不止。许多股民在飞坠的指数面前丧失了理智，疯狂地抛出手中的股票。交易被迫提前半小时结束。此时，道·琼斯 30 种工业股票指数下挫 554.26 点，创下有史以来最大单日跌点纪录。高达 6000.4 亿美元的股票市值在一日之间化为乌有。

华尔街股市狂跌的消息立即引起全球股市更大的震荡。第二天，中国香港股市恒生指数狂跌 1400 余点，创有史以来最大单日跌幅，中国香港许多亿万富豪也在一夜之间损失财产近半；日本东京股市也以最低价收盘；而韩国在这次股灾中遭受了致命打击，全国经济处于崩溃的边缘，从此变得一蹶不振。西欧股市本周第一个交易日继续出现了大跌行情，几种主要股指收盘的跌幅均在 2.5％以上。

这使人们想起 10 年前那场席卷全球的大股灾，也是发生在 10 月的一个星期一。在那一天，由于美元贸易逆差急剧增加，最终无法承受，美元汇价下跌了约 10％，导致全美股市大崩盘，道·琼斯 30 种工业股票指数下跌 508 点，跌幅达 22.6％，等于平均每位投资者几乎要失去 1/5 强的财产。恐怖使人们失去了理智，许多股民的精神因遭受这突如其来的打击而彻底崩溃，有人跳楼，有人发疯，整个股市笼罩在愁云惨雾之中。

10 年后，"黑色星期一"幽灵再次出现了。

就在几个月前，一些人还在鼓吹华尔街永远不败的神话。

人们看到，在全球金融体系日趋一体化的过程中，没有哪个地方能成为永久的"安全岛"。东南亚的金融风波，最终也影响到了华尔街。

股市飓风横扫华尔街，把华尔街多年营造的不败神话和辉煌业绩吹打得七零八落，交易所里乃至街头到处是股民们恐惧的瞳孔和信心的碎片。电脑程序自动限制交易系统两次中断并没有换得片刻的冷静，反倒使理智变得更为脆弱，华尔街发疯了。

这次大股灾使美国民众大受其害。在美国，约有 1/3 的人是股民，股票占每个家庭资产的 40％以上，我们相信华尔街的剧烈波动使他们深受其害。

在绝对数字上赔得最多的当然是那些亿万富翁。当微软公司董事长比尔·盖茨还沉浸在乔迁之喜中时，股灾给他迎头泼了一盆冷水。不久前他刚刚搬进建造了 7 年之久、耗资 6000 多万美元的湖滨豪华宅邸"科技未来屋"，和他的妻子梅林达及 1 岁的女儿珍尼弗尽享人间奢华。在那个有水下音乐装置的"L"形游泳池里，盖茨却受到股灾的洗礼，损失 17.6 亿美元，成为美国亿万富翁里损失最多的一个。

其他的亿万富翁同样遭受重创，百货巨子沃尔玛家族损失 16.4 亿美元，投资家沃伦·巴菲特损失 7.76 亿美元，甲骨文软件公司总裁埃里森损失 6.69 亿美元，德尔电脑公司总裁菲尔·奈特损失了 2.69 亿美元。就连大投机家索罗斯的基金管理会，在 10 月 27 日的市场暴跌中也损失掉 20 亿美元。其中他最引以为豪的量子基金暴跌 8.9％，损失近 10 亿美元。

那些上了美国 500 家大企业排行榜、又在东南亚有利益关系的美国公司，利润也下降了 5％，受害匪浅。

自 10 月 26 日晚，一种不祥之兆弥漫在白宫，克林顿没有料到美利坚这个全球金融避风港也会掀起滔天巨浪。克林顿的助手们正密切注视着中国香港股票市场的风云变幻，他们忧心忡忡，电话铃不断地鼓噪着。

得知华尔街发生股灾的坏消息后，克林顿在白宫坐立不安，像一只惊弓之鸟，他急忙求助于格林斯潘和鲁宾来稳定美国人的情绪。

鲁宾和美联储主席格林斯潘再次召开了电话会议，对美国经济形势把脉，寻求对策。

令人痛苦的辩论整整持续了一天，在华尔街历史上最坏的一天过去之后，鲁宾终于向公众发出了简短而勉强的信息：华尔街并不是美国经济。美国经济状态是好的，近几年来一直如此，低通货膨胀和低失业率的前景也是明显的。

也就是说，虽然股市大跌，美国经济仍岿然不动。这一点非常重要。

10 月 28 日，克林顿亲自出马重申了这个信息。他根据格林斯潘提供的数据说，他坚信美国经济会岿然不动，"美国依然充满活力，现在是一代人以来最好的经济年代"。

格林斯潘却始终保持沉默，他生怕一句话讲不对，又给股市火上加油。

早在 1996 年 10 月上旬，格林斯潘就警告美国的投资者说，由于上一年经济发展而造成的劳动力短缺已经威胁到国内经济。它就像把经济放到一条不能负荷的履带上一样，是很危险的。近几个月来，格林斯潘一直认为华尔街的股市太高了，这是不正常的。就在华尔街崩盘的前几天，格林斯潘再次提醒民众，华尔街股市超出常规的"牛气"，完全是一片虚假的繁荣。

二、施放烟幕弹

许多分析家总结了这次股灾席卷全球的经验教训，认为当今世界已变成了一个"地球村"，不再有独立的"安全地带"。欧美鼓吹的资本主义的"黄金时代"，也无非如此脆弱；索罗斯之流在股票或有价证券上的投机活动越来越猖獗，使股市已变成风险极高的交易市场；各国政策的不稳定性为市场自掘坟墓；雄心勃勃的日本仍无力拯救亚洲的经济危机和领导那里的经济稳定。

殊不知，华尔街"黑色星期一"正是缘于格林斯潘的一番讲话。

随着亚洲金融风暴不断的蔓延，1997年10月中旬，格林斯潘在参议院预算委员会做证时，发表了一通不仅让华尔街感到震惊而且也让全世界的证券业迷惑不解的讲话。他说，美国经济已开始感受到由于席卷亚洲的金融风暴而带来的强烈冲击。他表示，在这场浪潮结束之前，美国经济发展将明显放慢速度。

这是格林斯潘3个月以来第一次在国会上露面，他向参议院预算委员会委婉地表示："凭我们的经验，美国经济也仅仅是受到亚洲经济危机的轻风拂面般的形式上的冲击。"

但格林斯潘又强调说："在这场风暴结束之前，亚洲范围内货币大幅度贬值将对整个美国经济造成影响，即使我们降低出口，从而增加进口商品引起市场上更加激烈的竞争。"

所有一切情况都表明，美国经济活力的增长，因最近快速而具有活力的政策而趋于平稳。

经济学家评价格林斯潘的言论，说这证实了美联储没有增长利率的计划。

同时，这里也没有紧缩政策的机会。因为，至少亚洲经济衰退足以消除通货膨胀的威胁。并且只有在年度中期的某个时候才有增大利率降低的可能性。

为了答复参议员的疑问，格林斯潘表示，他相信，到目前为止的亚洲经济混乱，将不会造成美国人大规模的失业。但与此同时他又警告说："对我们而言，迅速意识到相当不稳定的亚洲经济形势是多么的重要——它将比适度的经济冲击意义更加深远。"

格林斯潘说：值得相信，金融危机对美国经济并非有害。经济增长速度缓慢不仅足以抵挡通货膨胀，而且甚至不会威胁到近7年的经济增长。几个月前，格林斯潘宣称美国经济"也许是百年仅能出现一两次的繁荣景象"。

格林斯潘表示："在关键时刻，适度的经济增长是有益的。我们应该看到在亚洲经济陷入绝境的同时，进口商品降价的可能性。它给了在通货膨胀压力下的美国经济一个喘息的机会。"

格林斯潘举例说明了通货膨胀和太快的通货紧缩给美国经济所带来的风险。

他说："劳动力短缺将迫使薪水迅速上涨，而这一行为必将导致商业界更快地提高商品价格。这种由于紧缩劳动力市场而造成的风险，并不是低额进口价格能够永远压制住的。"

"本以为我们的经济将保持长期的繁荣，然而，连续不断的亚洲经济危机使我们应停下来，仔细思考。"格林斯潘说，"因而，我们必须警惕过高的通货膨胀与财政赤字不稳定影响的重新出现和某些商品价格的下降，将造成过分的通货紧缩现象。"

格林斯潘在对参议院调查小组发表评论时指出，1997 年面临着进退两难的事情，即用计划好的预算盈余额做什么的问题。克林顿总统想用这部分额外的钱支持社会福利事业。而同时，他也想用这部分资金去建学校，使孩子们获得更加体贴入微的照顾。共和党则想削减税收。

这位中央银行总裁警告说："我们还不能承诺能够最终实现预期的盈余。"

格林斯潘表示："除非逐步将社会福利信贷基金置于社会重要的地位，否则，当这一新生的一代到了退休的年龄时，财政预算将必然面临巨大而又长期的财政赤字。利用预算盈余建议的提出，并不预示着维护财政计划的前景有好的前途，因此，千万不要因为近期看好的财政预算报告放松了我们的警惕性。"

由于决策层和金融界的压力，参议院显然欢迎格林斯潘的这通讲话。

但是，华尔街并不欢迎他这样做。

当格林斯潘那篇避重就轻的讲话公开后，华尔街道·琼斯工业平均指数就马上跃升了125点，然后就开始衰退。

格林斯潘的讲话在全世界范围内开始被分析时，市场就开始恶化了。华尔街的证券经纪人已预感到新一轮的衰退和紧缩又要开始了。到10月27日这天，华尔街道·琼斯指数狂跌554点。华尔街的大亨们对格林斯潘的言行异常地愤怒，他们说，这位经济教皇、一个仅次于总统的有权有势的大人物，把人们当成了白痴而玩弄于股掌之间。昨天，他把你送上了天堂，今天，他就把你送入了地狱。那些在华尔街投资的大家，一夜之间就损失了几十亿美元，重新沦为穷人的投资者比比皆是。

攻击格林斯潘的言论和货币政策的文章不断出现，大有把他打回老家去的声势。当然，格林斯潘并不认为他的政策出现了差错，他反而认为华尔街的股票指数过高，是一种虚假的繁荣，但暴跌之后不会出现经济崩溃之势。

三、拯救墨西哥金融危机的英雄

而格林斯潘等美国经济高官对泰国危机和墨西哥危机大相径庭的态度，同样遭到批评。

1994年底至1995年初，墨西哥爆发了"龙舌兰酒效应"的金融危机。1994年，墨西哥为了遏制日益凶猛的通货膨胀，实行了稳定汇率的政策，即利用外资的流入来支持本已非常虚弱的本国货币——比索。可是，以高利率吸纳过多的外资，使外贸赤字严重恶化，使整个经济过分依赖外资；实际汇率逐步持续上升，损害了其出口商品的竞争力。到年底，墨西哥外资流入减缓，外汇储备大量减少。外国投资者察觉了这一情况，迅速把投资于股票证券的资金撤回本国，造成资本持续外流达30亿美元。

12月20日，开始执政仅20天的塞迪略政府不得不宣布让新比索贬值15.3%。

外国投资者更加恐慌，资本外流更加凶猛，12月22日，外汇储备几近枯竭，几天之内新比索下跌了40％，外汇储备12月19日还有110亿美元，22日只剩60亿美元了。

此后，危机开始影响不少国家的货币市场和股票市场的稳定，造成不少国家股市行情下跌，引起各国投资者的恐慌。特别是拉美地区，阿根廷和巴西等国也采取系统汇率制，墨西哥危机很快也蔓延到这些国家，股市一路下跌。

墨西哥金融危机使格林斯潘感到非常不安。墨西哥是美国的第三大贸易伙伴，如果墨西哥的金融危机不能够得到有效遏制，则美国在墨西哥的销售额在1995年将减少100亿美元，使贸易赤字本来十分高涨的美国外贸形势雪上加霜。同时，稳定的墨西哥比索，有利于北美自由贸易区的稳定。美国政府公布的一份报告指出，北美自由贸易协定对美国的经济扩张起了积极作用。这项协定对美国的进口、收入、投资和出口所带来的就业岗位都起到了积极作用。正在建设的北美自由贸易区和墨西哥金融稳定对美国经济至关重要。

因此，格林斯潘要求克林顿政府立即向墨西哥政府提供美元援助。克林顿政府从美联储340亿美元外汇稳定基金中提取200亿美元，作为贷款和贷款保证迅速援助墨西哥政府，以挽救比价一泻千里的比索。

此后，美国政府动员加拿大等墨西哥的其他贸易伙伴国以及国际货币基金组织向墨西哥提供紧急援助，美国为主的500亿美元的国际资本成功地稳定了墨西哥的经济。1995年3月底，墨西哥金融市场终于稳定下来。

格林斯潘和美国财政部长鲁宾成为拯救墨西哥金融危机的英雄。

日后，格林斯潘又对墨西哥金融危机作了认真分析总结。他认为，墨西哥货币危机爆发留下的教训值得重视。他指出：墨西哥新比索与美元的汇价主要是由外国短期资本的大量涌入来支撑的，一旦外资流入速度减缓，或者在外资不能被利用来提高国内生产率以促进出口，并且因实际汇率持续过高又损害了出口商品竞争力，

题为"格林斯潘救市"的一幅漫画

从而造成在国际收支经常项目大量赤字的情况下，引发外资大规模恐慌性撤逃时，汇价的大幅度剧烈调整就在所难免；最终不得不宣布让新比索自由浮动，并给经济带来沉重打击。

从墨西哥政府利用外资的政策中可以看到，墨西哥政府对于爆发这样的货币危机缺乏足够的认识和防范。大量的外资用来资助消费，在涌入的外资中又有相当部分是组合性证券投资，并且与主要相关的各国中央银行之间也无任何实质性的合作措施，以应对流动资金流向的问题。否则一旦危机引发，只能望洋兴叹，不堪一击。

墨西哥加入北美自由贸易区后，其主要贸易伙伴是美国等少数国家。与富裕的邻国进行自由贸易，给墨西哥带来了空前的贸易危机，从而使墨西哥的外汇储备枯竭。自由贸易的结果只是美国低技术产业进入墨西哥廉价劳动力市场，墨西哥的出口产品仍然是过去那些为替代进口而生产的产品。对该国的产业升级毫无帮助。反思墨西哥的教训，如果发展中国家按西方发达国家的要求加入世贸组织，会产生何种后果可想而知。

自 20 世纪 80 年代末 90 年代初以来，"新兴市场"成为国际资金青睐的目标，外资也一度成为墨西哥经济发展的主要动力。但外国投资的目的是牟取利益。大量美资涌入墨西哥后，随着 1994 年美国 6 次加息，以美元计价的资金成本大幅上升，墨西哥的外债负担也陡然增加。另据有关资料显示，1993 年墨西哥接收的 30 亿美元的外来投资中，约 80％投资在有价证券方面，直接投资仅占 20％。投资资金投向的不平衡更造成经济结构失衡，一旦出现利率和汇率风险，外资大量流失，经济就会崩溃。因此，发展中国家在引进外资问题上应以稳妥为原则，要注重产业结构的平衡发展，要利用外资而不要被外资所利用。

格林斯潘认为，墨西哥金融危机的产生与墨西哥政府金融调控失当有很大关系。墨西哥实行将本国货币贬值和自由浮动的政策，不仅未能阻止资本外流，反而使以外币计价的债务负担不断加重。鉴于此，发展中国家有必要经常保持较为充足的外汇储备，在本国货币迈向自由兑换的过程中，逐步完善国家银行对金融体系的调控手段和机制，包括公开市场业务和再贴现等。此外，墨西哥金融危机也揭示了希望利用证券市场来吸引外资以促进本国经济发展的功效极为有限，发展中国家在进一步扩大对外开放的同时，要格外注重外资的构成和流向，同时注意建立本国的金融稳定力量，以减轻大规模外资投机活动可能带来的冲击。

而泰国金融危机爆发后，格林斯潘却没有采取相应的行动，多是口头上表示关切，最多作些理论上的分析。他对泰国金融危机看得非常清楚，认为这场危机给人的教训之一是"应给汇率以适当的灵活性，外资不应疲用以过久地支持本国货币的汇率"。

他认为，在资本流动比较自由开放的情况下，货币政策本身往往不够有效。因为高利率会吸引大量短期性资本的流入，助长通货膨胀。紧缩性的财政政策，如削减政府开支、补贴和政策性贷款对控制通货膨胀会更有效力。

用外资来资助消费是无法持久的。在东亚各国，外资流入大部分被用于投资，这样能提高生产率，增加出口和日后偿还外债的能力。

外国组合性证券投资远比直接投资者的稳定性差。前者指外国投资者在证券市场上的股票、债券投资，这种投资的投机性高，外国机构投资者一旦有风吹草动就会转移资金。因此，相对来讲，吸引外国直接投资有更多的优越性。因为直接投资大多是投资于实业，其目标是争取在较长时期内获取较高的回报率，或较高的市场占有率，投机性较小，稳定性较高。

早在 1997 年 6 月，格林斯潘在《华尔街日报》发表文章称，泰国不是墨西哥，但是无论如何仍要保持警惕。他解释说："对这个问题我们的确是认真看待的。我们对个别国家表示关切，也对可能开始出现从一个市场蔓延到另一个市场的某种现象感到不安。"

格林斯潘说，如果用"泰国铢"代替"墨西哥比索"，这样看起来好像世界金融市场危机在 1997 年夏季又出现了。但是历史不会重演。1997 年的泰国不是 1994 年的墨西哥。时代不同了，政府、投资商和国际金融专家吸取了以往一些教训。这仍可能是一场金融恐慌的第一幕，但是如果是这种情况，这场戏的情节将与上次不同。

按照这一公开的理由，格林斯潘、鲁宾没有急于抛头露面。实际上，克林顿政府和以格林斯潘为代表的美国金融界对风向和风波的根源看得很准。因此，美国除口头呼吁和原则承诺提供帮助外，一直不愿直接和具体卷入，只希望让国际货币基金组织出面，对一些国家和地区实施援救计划。

1997 年 7 月底，当泰国财政部长宣布泰国将向国际货币基金组织谈判获得备用信贷的问题后，美国政府立即表示欢迎。美国担心泰国的危机可能波及其他新兴的市场经济国家，从而影响美国出口，另外受美国控制的国际货币基金组织向受援国提供援助也是有条件的，即按照美国的模式进行经济和金融改革。因此，美国政府乐于泰国向国际货币基金组织求援，美国财政部副部长萨默斯说，泰国与国际货币基金组织展开对话是建设性的一步，美国将密切注意其进展。不过，在国际货币基金组织援助泰国的过程中，美国并没有出什么力。

四、格林斯潘：亚洲金融风暴对美国是一种"有利冲击"

格林斯潘认为，东南亚出现的动荡，部分原因应归咎于道·琼斯指数星期一下降了创纪录的 554 点，而这种动荡又使美国经济由于削减对该地区的出口而保持持续增长。他站在美联储那间神圣的大厅发表评论，认为这是一件好事。

这位负责维护美国经济健康发展的金融君主，看来对这场大动荡感到高兴，就好像森林管理员向人们解释一场破坏性大火能为种植新树清理出空地一样。

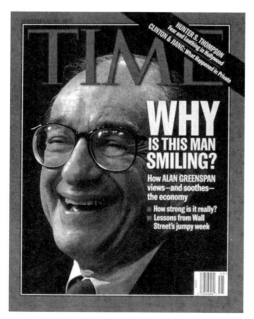

1997 年 10 月 10 日《时代周刊》的封面，格林斯潘成为封面人物。

不可否认，格林斯潘的判断是建立在对事实进行严谨分析的理性基础上的，但是，他的这个判断却在告诉人们这样一个信息：亚洲金融风暴对美国经济可能是一种"有利冲击"，也就是说，美国的幸福是建立在他国的痛苦之上的，最简单的逻辑是，美国主导的金融全球化、经济全球一体化、国际炒家的袭击，从外部促成了东南亚金融危机的爆发，而后美元大量回流美国，抬高美国股市，使美国股民大发横财，而 10 月 27 日华尔街大崩盘只不过是一个小插曲，总的趋势对美国是有利的。

1997 年 10 月 29 日，格林斯潘在国会联合经济委员会听证会上做证时说，最近股市的动荡对经济可能是一种有利的冲击。他几乎排除了近期美国提高主要利率的可能性，认为对美国经济的主要威胁仍然是通货膨胀而不是通货紧缩。这正是他认为亚洲金融危机对美国"有利"的一个原因。

他一直认为对美国经济长达 6 年半的增长的主要威胁仍然是通货膨胀，而不是通货紧缩。他担心过快的经济增长会带来通货膨胀。这次股票下跌，多少使通货膨胀的压力释放了一部分。他说："今天的经济……一直以不能持久的速度吸收未使用的劳动力。近几天市场的纯收缩应延长我们已有 6 年半的经济扩张。"

他在庆幸美国通货膨胀率"低并且甚至在下降"同时，警告说："我认为目前（对经济扩张）最大的威胁是出现通货膨胀。"没有迹象表明美联储限制性的货币政策给普通美国人造成财富损失。

他重申：如果紧张的劳动力市场使工资提高的压力增大，通货膨胀率上升，美联储就要干预。

他的分析受到投资者的欢迎，30 年期国库券的价格上升了整整 1 个点，收益率则从 6.29％降到 6.21％。德国摩根——格伦费尔公司的首席经济学家埃德·亚德尼说："股票下跌似乎使格林斯潘多少松了一口气，因为这可能使经济增长速度放慢，美联储可能不必提高利率。"

直到 1998 年 2 月，格林斯潘仍然认为，亚洲金融风暴将会把美国的经济成长速度减缓到 2％—2.7％，因此对通货膨胀的威胁也将会减轻。也就是说，亚洲的经济噩耗可以转化为美国的经济福音。

格林斯潘所说的对美国"有利"的另一个表现是，这次大崩盘是一次破坏性测试，美国股市经受住了这一测试，从而表明美国经济和美国金融体制是完善和稳固的。他的结论是：美国的经济是"了不起的"，"现在的情况还没有完全失控"。

格林斯潘说："如果金融市场价格下跌不再持续下去，完全可以设想，几年之后，我们回过头来看看这次事件时，会认为它是有益的，就像我们现在认为 1987 年的股市暴跌是有益的一样。"不能不承认，格林斯潘对金融领域辩证关系看得比较准。从 1987 年的"黑色星期一"，到 1997 年的"黑色星期一"，这 10 年中，美国国内市场的价值增大了 3 倍以上。

他说："美国的股票价格必须加以调整。"

不过，也有令格林斯潘"感到不安的"，这场危机在很大程度上从一国波及另一国，国内金融体制健全是市场稳定的关键。他说："最近亚洲的经历有力地说明，国内银行系统在金融市场方面的健全是很重要的。"他还说，美国愿意在财政上提供临时的支持，以帮助受这次波动影响的国家。

五、未雨绸缪：亚洲金融危机将从三个渠道影响美国经济

尽管对美国经济发展前景充满自信，但做事向来谨慎的格林斯潘不能无视亚洲金融危机对美国造成的现实的和潜在性的影响。他说，亚洲金融危机及由此引起的世界性金融动荡说明，当今世界经济和各国金融体系的相互影响越来越大。这场危机没有给美国的经济造成困难，但其影响并非"微不足道"，它将可能导致美国出口增长受到抑制。

格林斯潘分析指出，这场亚洲金融危机可能通过三大渠道伤害美国，并且暗示也将伤害欧洲。

第一条渠道是"金融接触传染"。他认为，对新形成的市场丧失了信心已发展成为所有新兴国家——不仅仅是亚洲的新兴国家，而且还有拉丁美洲和东欧的新兴国家的金融问题。

虽然格林斯潘永远不会这么说，但是光是这些新崛起的股票市场的暴跌是不会使得美联储这么心烦意乱的。格林斯潘几乎在一年前就指出，股市由于"不合理逻辑的繁荣"而受损，"而且没有哪个股市的繁荣比马来西亚和中国香港那种定价过高和充满投机活动的股市更加不合逻辑了"。如果新兴股市的损失使华尔街头脑多少能清醒起来，美联储可能会是相当满意的。

亚洲金融危机产生影响的第二条渠道是影响世界贸易，从而对美国和欧洲的经济增长产生影响。

格林斯潘认为，这个影响可能是相当轻的，这并不是因为这些国家不重要，而是因为美国的决策人对亚洲危机作出的反应很可能是使利率保持在低水平，比他们要保持的利率还低。虽然格林斯潘强调指出，处于这场危机核心的国家购买的只是美国出口的一小部分，他还说，随着信心的丧失波及到拉丁美洲和其他新兴的地区，美国贸易所受的损失将会变得更加严重。当格林斯潘说，亚洲危机对美国经济的影响将"不是微不足道的"或者说美国出口的增长"势必会减弱"的时候，他说的可能是显而易见的事实，但是他也是在证实，美联储在制定美国货币政策时将充分考虑这些通货紧缩的影响。

格林斯潘指出，亚洲金融危机对全球影响的第三大渠道就是日本的经济极其虚弱。日本现在已进入经济停滞的第六个年头，它的金融市场所受的损失，比亚洲其他地区所受的损失严重。日本的股票和房地产价格目前依然只不过是 8 年前达到高峰时期的 40％。

随着金融危机从中国香港发展到汉城和东京，日本的银行像 1995 年一样再次失去清偿能力。但是这一次保险公司和股票经纪人也濒临绝境。

格林斯潘说，日本政府对所有这些问题采取的对策，是许诺更大程度地"取消管制"。但是取消管制不可能解决需求管理方面的问题，尽管这么做是受欢迎的。现在只有一个可靠的办法能使日本经济脱离绝境，这个办法就是采用凯恩斯的需求刺激处方，同时立即减税。

有了适度的金融刺激，对日本经济的信心就会恢复，它的经济就会迅速回升。这种回升将足以抵消韩国、马来西亚和中国香港的问题使世界经济承受的所有损失。但是不实行经济刺激，亚洲的金融危机给日本带来的损失，可能会与 1929 年华尔街股市暴跌给美国带来的损失不相上下。

直到 1998 年 2 月底，格林斯潘仍然认为发生金融危机传染的危险并未消除，应彻底改革国际金融体制以对付金融危机。

格林斯潘在美联储组织的报告会上发表演说，尖锐批评亚洲各国政府奉行的政策。他认为，目前这场危机不会是最后的危机，必须改革国际金融体制。

格林斯潘概略地描绘了国际金融体制的告急形势，他认为，国际货币基金组织已没有能力充当世界金融警察。为了能够更多地对付诸如亚洲金融危机之类的危机，国际金融体制需要进行"彻底改革"。

格林斯潘以喜欢悲观而闻名。这一次，他表现得特别悲观。在他看来，金融危机传染的危险并没有消除。

尽管如此，格林斯潘对亚洲金融危机的态度仍然没有改变。

六、走向一线唱主角

但是，进入 12 月份以后，人们突然发现格林斯潘对韩国金融危机兴趣大增，甚至有些坐不住了。

进入 10 月下旬，这场发源于东南亚的金融风暴，开始向北刮来。作为世界第 2 大经济体的日本和世界第 11 大经济体的韩国也被卷入这场风暴。

10 月下旬，东京股市开始暴跌，11 月初，原本已经十分脆弱的韩元迅速贬值。

11 月 20 日，贬到 1139 韩元兑 1 美元，贬值幅达 22.12％，外汇储备只剩 200 亿美元。韩元重挫，将亚洲货币再度拖下水。为了提高竞争力，几乎所有亚洲货币再度陷入新一轮的贬值竞赛，亚洲货币市场上乱起了第二波金融风暴。

正处在危机风口上的韩国经济已岌岌可危，急需外界援助。但由于国际货币基金组织提供援助时通常要附带极为苛刻的经济改革条件，同时也让受援方感到没有"面子"。所以，韩国官员在非正式场合明显暗示，希望美国能够提供金融协助，以免去国际货币基金组织这帖苦药。

几个月来，由于对美国人不信任，韩国政府一直拒绝承认存在问题，甚至拒绝向美国官员们解释政府还剩下多少外汇储备。格林斯潘和国际货币基金组织谈判人员共同竭力要求汉城讲明它的外汇储备状况，格林斯潘告诫韩国财政经济院次官："如果你不想告诉我，那好吧。但是，你总得告诉一个人。"

经过再三研究后，格林斯潘提出由国际货币基金组织提供一项总金额为 570 亿美元的"一揽子贷款计划"。作为交换条件，韩国同意开放它的金融市场，降低贸易壁垒，调整它的银行结构。考虑到国会可能做出的反应，格林斯潘只表示愿意提供一小笔贷款，但是不到万不得已，不予提供。克林顿政府认为亚洲市场只是"出了小故障"。可是，亚洲市场却是故障连连。韩国股市在短暂上升后再次出现暴跌。到 12 月中旬，每天有 10 多亿美元的资金流出韩国。

1997 年 11 月 13 日，当金融危机有蔓延到韩国和日本之势时，格林斯潘和美国财政部副部长萨克斯急匆匆地赶到国会，就亚洲金融危机可能对美国经济的影响向众议院银行委员会做证，准备向议员们解释为什么发生危机，怎么才能制止危机。

世界各地的金融市场正焦急地等待美国财政和金融当局发出的信息。但是，这两人默默地在国会山坐了 1 个小时，众议院银行委员会的成员则向他们讲述了印度尼西亚侵犯人权和使用美国纳税人的钱去帮助窃取美国就业机会的国家摆脱困境是何等的愚蠢等等。

当格林斯潘终于找到了机会发言时，他们请求该委员会成员把增加美国对国际货币基金组织提供资金，作为抑制亚洲金融危机感染、蔓延的最佳方法。

格林斯潘试图解释亚洲经济危机产生的原因。他认为，这次危机产生的重要原因在于外国投资大量流入，流入这些国家中的投资款项，超过了可以在适度的风险下有利可图地加以利用的数额。他以格林斯潘式的语言解释说：

"尽管亚洲国家的经济在许多重要方面各不相同，但是他们在最近几年——有些国家是在最近几十年中的引人注目的经济增长和已经出现的问题或多或少同它们当中的几乎所有国家有关。"

格林斯潘与国会议员们一起简单地回顾了第二次世界大战结束以来的世界经济形势，其结论是：总的来说，第二次世界大战结束以后不久，东南亚地区低水平的通货膨胀、开放的经济政策同高储蓄率和高投资率结合在一起，促进了一个持久的经济迅速增长时期。在一些国家，这个时期是从 20 世纪 60 年代和 70 年代开始的，到 20 世纪 80 年代，这个地区大多数国家的经济是在强劲扩张的。外国的净资本流入增加了。但是直到最近几年之前，增加的幅度相对来说不大。据世界银行估计，1990 年，长期债务、外国的直接投资和股票的购买量向亚太地区的净流入量大约只有 250 亿美元；但是到 1996 年迅速增加到 1100 多亿美元。

而支持这种资本迅速扩张的重要推动力，来自 20 世纪 90 年代全球股票市场的暴涨。随着这种暴涨取得进展，许多工业化国家的投资者发现，他们自己的投资更大量地集中在发达世界公司最近价格比较高的证券上，而在许多例子中，这些证券的收益率已经下降到被认为同在新兴国家，特别是在亚洲的新兴国家中的收益潜力相比已无竞争力的水平。而作为结果出现的多样化，引起向这些国家中的资本流入大幅度增加。在很大程度上，这些资本来自美国和西欧的投资者，也有相当大的数额来自日本，更多的是由于追求更高的收益率，而不是追求那个国家不断上涨的股票价格和资本收益。1995 年年中，日元不断上涨也鼓励来自日本的直接投资流入量大幅度增加。事后看来，很显然，流入这些国家中的投资款项超过了可以在适度的风险下有利可图地加以利用的数额。

那些低通货膨胀、经济迅速增长和许多投资投入到房地产部门，私营部门都把重点放在惹人注目的建筑项目上，造成资产大量流动。在这种情况下，出现这种问题是不可避免的。当然，这种情况在美国有时也并不陌生。这些房地产转过来最后又成了国内金融系统大量资产的附属担保品。在许多情况下，那些金融系统不够强大，陷入了信贷标准不严、监督制度软弱无力和资本不充足等问题之中。

此外，在大多数情况下，这些国家的货币是同美元紧密挂钩的，而美元比价自1995 年年中以来大幅度回升，特别是同日元相比大幅度回升，这使得它们的出口不那么有竞争力。此外，在有些情况下，1996 年半导体供过于求抑制了出口的增长，对负债多的企业产生了更大的压力。

然而，总的来说，国内生产总值的增长率只是略有上升。在实际汇率不断提高的刺激下，进口量持续增加，造成该地区一些国家的国际收支经常项目出现难以忍受的逆差。另外，由于汇率看来与美元牢牢地联系在一起，美元和日元的利率低于这些国家的国内货币利率，进入这些国家的资本特别是短期资本增多，其中相当大一部分被最终借贷者以外币标值。这就给通过出口赚取外汇的公司增加了额外的压力。

可是，由于外国投资者放慢了对亚洲地区的资本输入速度，固定汇率制度面临的压力越来越大，而且，国内企业日益寻求将国内货币兑换成外币，或者延长把出口赚取的外汇兑换为本国货币的时间。人们感到未来投资风险会发生变化，导致亚洲各股市往往是先出现下跌或行情不佳，然后紧接着出现暴跌。

格林斯潘谈到经济快速增长必然付出的代价。他说："也许，亚洲各地的经济所经历的惊人快速增长，必然会有一段时间减缓或陷于停顿。但没有理由认为，在这些仍能从追赶现代技术发展中获益的国家里，就不能有很长一段时期的高于平均速度的经济增长。然而，迅速发展的自由市场经济偶尔也可能会遇到困难，因为在任何经济迅猛发展的地方投资出现失误是必然的。私营资本流入可能暂时会变成资本流出。在这种情况下，应当允许公司拖欠款项，私营投资者应当承担损失，而政府的政策应当改变方针，转而重视从宏观经济和结构方面为新的经济大发展奠定基础。必须让新的增长机遇出现。"

紧接着，他得出了一个对西方最后贷款者极为有利的结论。他说，在提供任何国际金融援助时，我们必须注意，应尽量不要让各国觉得好像国际金融机构随时准备为主权国家的外债或其国内破产企业提供担保。如果给各国留下了这种印象，则可能导致投资混乱并最终导致世界金融体系失衡。因为最近亚洲的情况就突出显示了国内银行系统和其他相关金融机构稳定的重要性。虽然目前的动荡对国际金融体系具有重大影响，但要不是长期房地产贷款突出了国内金融体系中的资产到期与负债到期之间往往不相称的话，最近一系列危机大概本可以得到更好地控制。于是，让我们想起了几次无人为我们惋惜的储贷危机。

格林斯潘强调指出，对亚洲的经济决策者们来说，这是些艰难的日子。他们必须抵挡国内寻求摆脱世界贸易和金融体系各种压力。这些国家的当局正在努力——有的是在国际货币基金组织和世界银行的大力帮助下——使国家的金融体系和经济稳定下来。

格林斯潘提醒在座的议员们：虽然对亚洲一些货币造成影响的金融混乱并没有威胁到美国的繁荣，但我们必须与这些国家的领导人和国际金融界密切合作，确保这些国家的经济形势稳定下来。鼓励这些国家进行适当的政策调整并在必要的地方提供临时性金融援助，这也符合世界其他国家的利益。

他正告国会议员们，认真总结亚洲金融危机的教训，对于亚洲和美国乃至整个世界的经济都是有好处的。他说："最近世界金融业中出现的新情况突出说明了各国金融市场之间的相互影响越来越大。国际金融系统以技术为基础的基本结构，已经使得我们能够从实质上提高资本流动和支付系统的效率。然而，效率的提高也增强了金融系统非常迅速地把全球一个地区的问题传到另一个地区的能力。毫无疑问，从亚洲最近的经历中有许多教训值得汲取。这些教训可以用来改善国际金融系统的工作和加强它对国际贸易的支持。国际贸易已经大大提高了全世界人民的生活水平。"

格林斯潘真正关心的，还是亚洲金融危机对美国经济可能造成的影响。他说：最近亚洲金融市场发生的大动荡还没有给美国的经济造成困难。这一危机对美国经济的直接影响"不大"，但并非是"微不足道"的。

他说："时至今日，这些事态对美国经济的直接影响一直都不大，但可以预料其影响不容忽视。美国对泰国、菲律宾、印度尼西亚和马来西亚（这四个国家最先受到影响）的出口额约占美国 1996 年出口总额的 4％。而美国出口总额中的另外 12％是对新加坡、韩国、中国香港和中国台湾地区（这些地方的经济最近也受到了影响）的出口。这样，我们的出口增长很可能会受到抑制，因为我们的出口增长取决于该地区经济增长减缓的程度，而该地区经济增长速度必然会放慢。总的来说在我们对海外直接投资总额和海外企业收益总额中所占比例，小于在我们出口总额中所占的比例。然而，这个份额已够大的了，足可以预料在未来时期美国在这些国家的海外附属公司的收益会有所减少。另外，日本这样在同亚洲其他国家和地区展开更广泛经济竞争的国家对美国实际的经济也有着间接的影响。"

格林斯潘警告美国政府，必须认真对待世界经济和金融体系里的相互依赖关系。他说：

"在过去几个月中特别令人不安的就是所谓蔓延性影响，即一国经济疲软扩散到其他国家。不管正确与否，投资者们觉察到了类似的弱点。甚至像中国香港这样有着巨大国际基金储备、进口收支平衡和金融体系相当强健的地方，经济也经受了巨大的压力。拉丁美洲的资产值波动是否受到了亚洲金融危机的蔓延性影响，还是受美国金融市场情况的影响，抑或是受当地一些其他原因的影响，这是可以争论的。无论答案是什么——答案很可能是上述所有原因都有，这种现象都生动地说明了现在的世界经济和金融体系里的相互依赖关系。"

可是，格林斯潘的请求无人理睬：国会把向国际货币基金组织提供新资金的问题从年度拨款案中去掉，然后宣布休会两个月。

七、迟到的药方

1997 年 12 月 2 日，国际货币基金组织总裁米歇尔·康德苏发表声明，宣布国际货币基金组织向韩国提供条件苛刻的 550 亿美元的一揽子援助计划。世界银行行长沃尔芬森也宣布计划向韩国提供价值 100 亿美元的结构调整贷款。美国保证向韩国提供 50 亿美元临时援助，但强调援助是有条件的，即韩国必须全面采纳国际货币基金组织所提出的财政和货币及金融的严厉改革方案，包括贸易和资本流动的自由化，以及韩国大公司即所谓财阀经营方式的转变。

就在这一天，格林斯潘来到纽约经济俱乐部发表讲话，与克林顿政府合作上演了一出双簧戏。格林斯潘在讲话中开出了解救亚洲金融危机的药方，他认为，只要亚洲加快银行改革速度，"危机就会过去"。

格林斯潘说："是的，对亚洲许多国家的银行系统的潜在威胁，和对它们的邻国和其他贸易伙伴造成的潜在有害影响，本来是应该更早发现并加以解决的。"

格林斯潘强调，只要亚洲地区的政府对它们陷入麻烦的银行系统实行改革，这个地区受到重创的金融市场就能恢复繁荣。银行系统陷入困境是这次金融动荡的最终根源。

格林斯潘强调说，尽管调整可能是艰难的，但是对银行系统实行改革将会对全世界都有好处。在亚洲许多国家，银行系统是建立在"受政治驱使的贷款"基础之上的。

他预言："在实行改革之后，各国的经济肯定将会更加强大，国际经济和金融系统也将会更加强劲和效率更高。"

格林斯潘还指出，如果提供了援助而没有同时实行银行系统的改革，那么"将不如不提供援助，因为提供援助将会助长人们产生永远依靠别人的帮助来摆脱困境的期望"。

格林斯潘为解决亚洲金融问题开出的处方是：培训负责贷款的办事员和管理员，以便更加准确地评估风险，以及实行对银行和公司进行公开的金融报道的明确规定，以使问题能够及早被发现。

格林斯潘说，亚洲许多国家目前的银行结构"必然导致投资过度和所有类似的努力似乎都容易发生的错误"，比如无利可图的（经济）扩张和拖欠贷款等。

格林斯潘为索罗斯等人冲击东南亚金融业辩解说：技术上的发展使得全球投资者们能够迅速从问题加剧的国家撤走巨额资金。但是，"责任在于这个地区的经济政策，而不在于'掠夺性的货币投机商'，我们习惯于把抽逃的资金说成是'热钱'。但是，我们很快便承认，这并不是说这些钱是'热的'，而是说这些钱逃离的地方是热点。"

他说，虽然新兴国家的银行系统"情况很糟"，但是"大多数发达国家"的银行系统"看来是坚固的，这是合情合理的"。

直至 1998 年 3 月，格林斯潘仍然在为索罗斯等人辩解，坚持认为大量的财富浪费是导致偏差的原因。在 20 世纪 90 年代初期，大量的外资涌入亚洲国家，但这些外资没能找到合适的投资机会。"国家统制经济造成的失调"是导致出现这场危机的主要原因。

他指出："在脆弱的金融环境下，由于规章制度不严格，储户和债权人的权益保障条款很含糊，所以在好几个国家（特别是在印度尼西亚）出现了金融混乱形势。"

　　格林斯潘坚持认为，国际货币基金组织已不能控制局面了。这个组织还会起一种"重要的稳定作用"，但它的财力同国际货币体系的迅速发展形势已不相称了。他说："迅速发展的金融市场能很快地、比以前更深刻地惩罚各国政府的政策失误。"高技术已被用于金融领域，这就要求人们"大大加强透明度"。

　　格林斯潘说，有人认为"东南亚市场形势会像西方市场形势一样"，这是一种错误的看法。这是间接主张国际货币基金组织增加资本。他在思考这样一个问题：我们是否已为避免下一次危机作好了准备？应该重新考虑和改变现行金融体制，银行之间的短期借贷是现行金融体制的"弱点"。

八、没有免费的晚餐

　　就在格林斯潘发表上述这番讲话后的第二天，国际货币基金组织（IMF）和韩国正式签署援助协议，援助总额高达 550 亿美元，但援助条件也非常苛刻，包括：落实严厉的稳定经济计划，废除当初使韩国发展成为"经济之虎"的重要经济体制和做法，包括整顿金融、紧缩对大财团贷款、降低经济增长率等多项配合措施。这一计划的签订，几乎等于向国际上承认韩国整个经济体系的崩溃和自主权的丧失。这个要求，就是格林斯潘为美国制定的。

　　进入 12 月中旬，在韩国经济摇摇欲坠和印度尼西亚总统苏哈托健康问题的双重打击下，亚洲货币又纷纷中箭落马，韩国成了世界瞩目的金融风暴中心。12 月10 日，韩国外汇市场开市仅 40 分钟，韩元汇率就从 1432 元兑 1 美元，下跌了 1日不超过 10% 的下限，以 1565 韩元兑 1 美元报收。11 日市场更是恐慌，刚开市 4分钟，就贬至 1719.8 韩元兑 1 美元。在不足 1 个月内，韩国经济便陷入极度窘境，繁荣的泡沫突然被刺破。

1997年12月18日，华盛顿宪法大街杰斐逊饭店。

这天傍晚时分，在饭店的一间密室里，格林斯潘与美国财政部长鲁宾，以及他们的高级助手们齐聚一堂，一边餐叙，一边制定处理韩国信用危机的新对策。

几个月来，格林斯潘对这场危机估计不足，不愿拿美国纳税人的钱用作紧急援助，以帮助韩国以及世界上向韩国提供贷款的大金融机构。原因是以往美国和韩国在牛肉、汽车出口问题上有过冲突，所以美国坐视韩国经济崩溃，再联合日本，运用其在国际货币基金组织董事会的权力，迫使韩国开放国内市场，尤其是要迫使提高股票持有上限。以前，韩国持股限制是，外国人拥有韩国企业股票不得超过7％，外国公司则限于26％。此时，为了吸引外资，并鼓励合并收购，韩国政府已应允外国人或公司可以持有50％的股份。韩国工商界则担心，此口一开，将会使韩国企业大量被收购，就像墨西哥金融危机过后，美国买下墨西哥将近40％的企业。

现在，韩国经济已经崩溃，时机已经成熟，于是就在离圣诞节还有几天的时候，美国政府在徘徊几个月后，才从幕后慢慢变为带头人，改变主意，首次表示愿意提供紧急援助，要求各银行推迟它们货款的偿还期限，敦促韩国新的领导人金大中抓住机遇，改变韩国的行事方式。

东南亚金融危机，起初对美国的影响并不大。美国的主要贸易对象是拉丁美洲，与亚洲的贸易不是太多，所以它开始对东南亚金融危机并不很关心。后来因为东南亚金融危机对俄罗斯和日本都造成影响，也使美国经济下降了0.5个百分点，这时美国才重视起来。

美国在日本和韩国的风险尤其高，其中任何一国银行业的崩溃都会导致大量资金撤出美国，而且还可能殃及股市的上涨行情。

美国最担心的是日本。作为世界上最主要的投资大国，日本在美国的债券拥有量多达2300多亿美元，同时美国与日本在经济和金融方面有着千丝万缕的联系，如果日本政府顶不住国内压力，最后又过度保护本国企业，继续采取"以出口带动经济"的策略向外扩张，让日元进一步贬值，那将对美国的出口尤其是汽车、电脑芯片等产品的出口极为不利，这样，日本官方保护主义将进一步导致美国一些行业的萧条和企业的关闭。

12月18日这一天，日本股市一夜之间下跌了近6％，纽约道·琼斯工业股票平均指数下降了100多点。就在这天早上，格林斯潘得知韩国的外汇储备只剩下不足100亿美元，韩国经济距离崩溃大约还有10天。

几个小时后，国际货币基金组织总裁米歇尔·康德苏致函格林斯潘，请求他准备再提供一笔资金。

到了晚上，杰斐逊饭店这间密室里的电话响个不停，汉城和东京的最新消息不断传来。饭桌上的格林斯潘认为任凭这种局势失控是不负责的行为，他越来越强烈地感到美国必须"加大行动力度"。这意味着，美国将向汉城提供数周前作为"第三道防线"答应20亿美元的直接贷款。

就在这同一天，金大中当选为韩国新总统。在整个饭局中，格林斯潘一直与白宫保持联系。当天晚上，美国总统克林顿要打电话给新当选的韩国总统表示祝贺，他们就在饭桌上讨论总统的这个电话该如何措辞。格林斯潘设计的方案是，克林顿对金大中说，机会难得，容不得再出现半点差错。为确保万无一失，当场决定参加饭局的财政部官员戴维·利普顿两天后前往汉城打探金大中的意向，同时帮助进行订立条约的谈判。

第二天，格林斯潘和国际货币基金组织的官员继续工作一整天，制定了一揽子援助计划：国际货币基金组织准备向韩国贷款20亿美元，美、日、德和其他国家再提供80亿美元贷款。作为交换条件，韩国将制定法律，向外国人开放他们的金融市场，关闭破产的银行，对其他银行予以监督。

格林斯潘立即行动。12月21日，在早上的一次电话会议上，格林斯潘要求七国集团的其他 6 位财政部副部长确保他们最大的商业银行给予帮助，推迟韩国贷款的偿还期限。

12 月 23 日，格林斯潘来到国会山，向国会领导人通报了这项计划的情况。

24 日，格林斯潘来到曼哈顿，会见了 6 家大银行的老板，敦促推迟他们向汉城提供的贷款的偿还期限。与此同时，在格林斯潘和鲁宾的安排下，法兰克福、伦敦、巴黎和东京也召开了类似会议。随着圣诞节的临近，格林斯潘和鲁宾乘坐飞机飞来飞去，到各种各样的滑雪场和加勒比海滨胜地寻找美国的那些"掌握全球的命运的人"。

不过不少舆论指出，美国和 IFM 利用亚洲需要援助和金融市场相对虚弱的特点，试图扩大它在这个地区的政治、思想意识和价值观方面的影响，并且把这些都融入提供援助的条件中去。

美国人认为，亚洲金融危机证明了美国式金融体制的优越性。在鲁宾和格林斯潘的推动下，国际货币基金组织迫使韩国接受了一套金融全面结构改革方案。实行这种改革，意味着摒弃日本式金融体制，是用美式资本主义取而代之的开始。银行的作用将被削弱，股票和证券市场的作用将被加强。交叉持股同优先融资之间"长期"保持的密切关系，将不复存在。他们说："金融市场的作用仅仅是给经济增长的车轮加油，它们本身就是经济增长的车轮。金融体制决定谁能获胜，谁不能获得资金，这就决定了谁能够生存下去。"美国金融体制具有两个特点不同于大多数其他资本主义国家的体制。第一是无情的金融市场取代银行成为美国公司资金的主要来源，在亚洲大多数国家，银行仍旧是"提供资金的中心"，美国银行的全部货款总额，为这个国家国内生产总值的 50％。第二是股东十分活跃。

1998 年 2 月 16 日，美国《财富》杂志发表题为《亚洲的灾难》的文章，批评格林斯潘在处理这场亚洲金融危机上缺少必要的能力。文章说："在通常的银行危机中，这种交织在一起的问题可以通过主管银行系统结构改革和调整资本结构的最后货款人得到解决。但是在一个以美元为本位的世界上，亚洲的最后货款人是艾伦·格林斯潘，而当这位联邦储备委员会主席相当明确地暗示，虽然他在考虑美国短期利率的适当水平时会把来自亚洲的任何通货紧缩压力也考虑进去，但是他并没有领导这场解救亚洲银行行动的能力。"

第五章

'98 金融大拯救

Greenspan

King of the Financial Empire

　　面对不断蔓延的亚洲金融风暴，作为美国中央银行的总裁、美元帝国的霸主，格林斯潘首先着眼于这场风暴对美国经济产生什么冲击，以美国经济的成长为标准来区分好坏。这是我们研究美国这位传奇人物的基本政治立场。从这一点出发，对于格林斯潘在亚洲金融危机期间的所言所语、所作所为便看得一清二楚。

一、夏日的"熊市"，格林斯潘高唱反调

　　《时代周刊》1998 年 9 月 14 日期的封面故事，是题为"今夏的熊市"的特别报道。这一封面专题报道的通版题图，十分耐人寻味：左页上是一个沉甸甸的铅制地球，拉出一只沉甸甸的脚印，锁在右页上一条穿着星条旗裤子的腿上。

　　这是幅描述世界经济受亚洲金融危机影响的漫画：从东南亚到东亚，到俄罗斯，到美国……全球的金融危机，亚洲、俄罗斯和拉美的经济增长放慢，已经使西方工业七大国都受到冲击，许多分析家将 1999 年欧洲经济增长的预测调低，其中德国银行将德国国内生产总值增长预测，从先前的 3.1％调低至 2.6％。

　　美国《新闻周刊》认为，这种连锁关系是一种迄今绝大部分经济学家从未预测到的衰退模式，并且一步步大军压境，逼向了美国。人们期望美联储大幅度降低利率，以防发生全球性灾难。

　　这是 1998 年世界经济和美国经济给老格林斯潘出的一道解决起来很不轻松的

大难题。

格林斯潘成功的秘诀之一，就是经常能够正确预测经济、金融发展趋势，从而事先制定相应的对策。当亚洲金融危机的后果逐步显现时，一向具有先见之明的格林斯潘，却显得更为谨慎，甚至有些困惑不解。他知道，如果美联储的决策稍有失误，就有可能酿成大灾大难。

1997 年夏天，东南亚金融危机爆发后，不断向世界各地蔓延。进入 1998 年，亚洲金融风暴的恶果显现得越来越广泛，俄罗斯、南美都受到严重冲击，中国香港数度遭到国际大炒家索罗斯的狙击，不仅地处亚洲的中国深受影响，就连远离亚洲的欧洲大陆也感到这种经济地震的强大冲击波。

相形之下，美国金融、经济形势显得风平浪静，一枝独秀。持续 8 年的经济增长势头不减。

但是，一时的稳定并不能说明亚洲金融危机不会对美国产生负面作用。经济，作为一个受多方面因素综合制约的体系，究竟将

格林斯潘成功的秘诀之一，就是经常能够正确预测经济、金融发展趋势，从而事先制定相应的对策。

何者看成一段时间内的主要制约阻碍因素，常常人言言殊。但是越来越多的人，将眼睛盯住了这场被视作第二次世界大战后的最严重经济危机、战后对全球经济最大的一次金融冲击，与 1929 年世界性大萧条相比，它的深度、广度，都远远超出人们原来的预料。

于是，格林斯潘不得不提醒他的美国同胞：注意防范亚洲金融危机的冲击。

1998 年 1 月，格林斯潘在美国国会上对国会参议员做证时，曾预言："席卷

亚洲的金融风暴对美国的影响，在 1998 年春天结束前它将会变得显著起来。那时，我们的出口减慢，并且进口面对竞争。"格林斯潘在对全球经济特别是金融形势进行分析后，谨慎地指出：发展中国家的金融困难以及混乱的蔓延，会在一定程度上对美国构成威胁。

格林斯潘同时指出：东南亚是美国全球第四大贸易伙伴，公元 2000 年时，将会提升至第三位，美国有 70 万个就业机会直接与东南亚的双边贸易有关系。有鉴于此，美国与东南亚国家的贸易，已日益占重要的地位。无论是以美国或东南亚国家的观点看待问题，彼此唇齿相依，货币市场的任何剧烈的波动，都对大家毫无益处。

进入夏季，亚洲各国金融危机愈演愈烈，日本的泡沫经济相继破灭，不可收拾。更为严峻的是，金融危机已经波及俄罗斯和南美。

1998 年 5 月 22 日，为了给克林顿政府多争取 180 亿元的经费投入国际货币基金，格林斯潘和鲁宾两人一起出席众议院农业委员会的会议。格林斯潘发表演讲时说："美联储目前所关切的问题和 2 月份时是一样的。尽管亚洲的危机现象已经有所改善，但是现在还不能预知以后的结果。"

他坚持认为，全世界的经济局势，迄今并没有受到亚洲经济风暴太大的负面影响，但是，如果再发生一次类似的经济危机，将会对整体经济造成"负面效应"。

格林斯潘字斟句酌地说，亚洲经济危机"对美国和其他工业国家的影响层面不大"，但是他同时警告大家不要过于乐观："我们现在才刚刚感受到它所带来的影响。"

鲁宾对格林斯潘的警告表示赞同。他说，亚洲的经济危机虽然目前已经大部分被控制住，但是它对美国经济的直接影响才刚开始。1998 年度美国出口额剧减了230 亿美元就是一例。他说："在未来的数个月内，情况恐怕还会持续恶化。"

但是，由于担心自己的言论稍有不慎会使华尔街雪上加霜，所以格林斯潘对这场金融危机对美国将产生何种影响时，讲话还是保守得多。

他的视线仍然集中在通货膨胀上，他一反前一阶段坚持要公众对通货膨胀放宽心、固执地不肯提高利率的立场，一再提醒人们注意"通货膨胀"这个头号大敌。话里话外，都透着手已经放在水龙头上，要随时拧紧、提高利率的架势。

在经济衰退的阴影越来越浓的关头，格林斯潘为什么不仅不降低利率，反而暗示可能提高利率？

格林斯潘认为，随着经济的不断发展，"市场更成熟了"。他说，人们认识到，发展中国家是多种多样的，"其中一个打喷嚏并不意味着其他的就会感冒"。这场金融动荡之所以没有引起广泛的恐惧气氛，一个重要原因是人们仍然认为，动荡仅局限于直接受影响的国家。

格林斯潘对美国经济有一个基本判断：他相信现在美国的经济是半个世纪以来最好的时期，他也相信他的货币政策没出什么问题，一切都运转自如。1998 年 6 月10 日，他到国会做证时说，根据他的观察，美国当前强劲经济成长与低通货膨胀率，实为他过去近半个世纪所见过的最佳表现，而且美国经济"尽管有迹象显示受到亚洲的拖累，但今年仍维持强劲，同时通货膨胀也持续低位"。他援引经济学家的话说，"美国当前连续第 8 年的景气增长期，极可能打破纪录地持续到公元 2000 年而不坠"。

格林斯潘列举了他所认为的美国经济处于第二次世界大战之后最好状况的几个表现：

1. 经济景气持续发展：自 1990 年以来，美国步入连续第 8 年景气循环扩张期，1997 年以国内生产总额（GDP）增幅为代表的经济增长率，达到 3.8%，不仅是 10年来最佳纪录，和加拿大并列七大工业国之冠，1998 年第一季度经济增长率更高达4.8%。这么强劲的走势，频频出乎经济学家的预料。

2. 物价逆势走低：美国近几年经济最惊人之处，在于经济维持强劲扩张之际，物价还能控制得宜。1997 年消费者物价涨幅仅 2.3%，低于 1996 年的 2.9%；1998年前 4 个月物价又上扬 0.2%，以过去 2 个月的记录来看，物价增幅仅 1.4%，这是33 年来第二个低的纪录。

3. 失业率下降，创新低：美国 1997 年失业率平均仅为 4.9 %。经济学家们一再辩论美国充分就业可能引发工资上扬，进而推高物价；但一年多来事实却显示，失业率与通货膨胀率这两个传统经济学理论上绝难两全的指标，在美国却奇迹般的同时走低。统计显示，1998 年四五月份美国失业率仅 4.3 %，创下 1970 年之后 28 年来的最低纪录。

4. 美国联邦政府预算 20 年来首见盈余：正如克林顿所说，美国 1998 年是自阿姆斯特朗 1969 年登上月球以来，联邦政府收支第一次由赤字转黑，4 月份联邦政府收支结余 1250 亿美元，更创下美国建国 200 多年来单月最高结余。

过去美国 5 任总统都在为"寅支卯粮"伤神，如今个人所得与企业盈余增加，使国库收入日增，美国人终于可以告别下一代背负债务的历史，共和党领导的国会甚至已积极推动减税计划，要将结余"还给人民"，以刺激更多民间经济活动。

5. 华尔街股市连续第四年创新高：股市的表现要看长期，而非一两星期的波动。过去 3 年来，道·琼斯工业指数涨幅累计达 82 %，创下美国股市开市百年来任何 3 年的最大涨幅。1998 年夏天，美国股市又由 1997 年底的 7900 点，登上 9000 点历史关卡，"万点大关将指日可待"。经济学家估计，自 1994 年以来，美国股市连年飙涨，为消费市场提高购买力，民间消费的强劲带动内需市场扩大，成为美国这几年经济增长的主要动力。

格林斯潘还信心十足地说，美国 1997 年的经济产值首次突破 8 万亿美元，已冲淡亚洲金融风暴对全球经济的创伤。经济学家们认为，美国内需市场的扩张足以抵抗亚洲金融风暴的伤害，适当的货币政策与政府、国会携手平衡联邦预算，则进一步奠定美国经济稳健迈向下一世纪的基石，美国人不仅正享受近 50 年来的最佳经济成果，而且，"除非出现重大战乱或国际变局，这种好景极有可能持续下去"。

正是出于这种判断，格林斯潘对美国经济形势表示乐观。即使到了 1998 年 7 月，亚洲金融危机已经持续一年，他仍然是这种态度。

格林斯潘一直认为，美国经济运行中，通货膨胀抬头的威胁，要超过亚洲金融危机带来的全球性冲击。格林斯潘这个"模糊语言大师"，进入 1998 年，就加倍模糊得让人难以捉摸。但这一次，他坚持不懈与通货膨胀作战的态度十分明确。

7月11日，在参议院银行委员会听证会上，格林斯潘虽然警告说，亚洲的危机"可能会进一步加剧，并且波及面会更广"，但他同时强调：从美国经济的热度看，美联储的"头号大敌"，仍是通货膨胀加剧的危险，因为美国国内市场的劳动力紧缺情况依旧。

格林斯潘充分地认识到了高新科技对促进经济增长的重要意义。但他同时也认为，技术增长的潜力，或许是无限的，但劳工增长的数量，却是有限的。按照现在的经济增长速度，渐渐地就会出现劳动力紧缺。物以稀为贵，人也以稀为贵——劳动力紧缺了，也就会使工资上扬，从而导致物价上涨。

格林斯潘在确定货币政策时，必须时刻考虑这一现实。因此他希望美国经济的增长能够适当放慢速度，如果经济增长的幅度过快，不能自行控制在安全的范围之内，美联储就有必要采取提高利率的行动，防止经济过热。

所以，尽管美联储受着日益增加的压力，要求它降低利率，减轻股市中逐渐增强的恐慌。但是，直到 8 月底，格林斯潘仍不肯宣布亚洲金融危机对美国的负面作用有多大。

可是，到这年的 9 月，这场从泰国等国开始的风暴，对世界其他国家和地区的影响更加明显，危机范围逐渐扩大，其触角伸向了拉丁美洲和前苏联集团，尤其是俄罗斯卢布严重贬值，金融恐惧情绪在蔓延，"货币化为废纸""大难临头""担心下跌""全球性的补交保证金通知"等字眼充斥新闻报刊；美国大型投资机构，如对冲基金、投资银行、商业银行以及跨国公司，都因国外投资受到重创获利大大减少。

特别令美国投资者担心的是，世界性危机已经危及中南美国家，逃避金融风险的行为继续扰乱资产价格，有可能对美国造成更沉重的打击。另外，一些基金在中国香港、俄罗斯搞投机炒作损失惨重，有的损失达数 10 亿美元，表明美国金融体系也存在很大漏洞。

上述诸多不利因素，造成美国股市下跌，人气指数下降。

8 月 27 日，道·琼斯工业股票平均价格指数下跌 357 点，让人心惊肉跳。

8 月 31 日，道·琼斯工业股票平均价格指数下跌 512.61 点，跌幅达 6.37%，跌幅是有史以来的第二位。这是近 10 年来最糟糕的情况之一。道·琼斯工业股票平均指数已经从 1998 年 7 月 17 日的 9337.97 点这一最高点下降了 13.77%。这是自 1990 年 10 月"牛市"开始以来遭受的最大挫折。而美国股票市场是今后世界的资金流动能否稳定的关键。

与此同时，世界其他金融市场也出现了同样令人不安的情况。日本股市一周之内下降了 9%，降到了 12 年来的最低点。德国的股市下降了 5.1%。从东欧到拉丁美洲等新兴市场的股市也纷纷下挫。

8 月 31 日，财政部长鲁宾从阿拉斯加州度假归来之后，便直奔财政部他的办公室，召开记者招待会，以求安抚股市。他告诫人们不要惊慌失措，因为"经济的基本情况很好"，"经济增长、低失业率、低通货膨胀的前景仍然很好"。

同一天，正在莫斯科访问的克林顿也指出，美国经济是建立在坚实的基础之上的，尽管股票市场最近遭到令人吃惊的损失。他说：在俄罗斯、日本和其他主要工业国遭受经济和金融困难的时候，市场人士惊惶不安，这是不足为奇的。"我们相信我们根本的经济政策是健全的。"财政部副部长萨默斯在随后举行的记者招待会上说，克林顿政府确信，它应该恪守它现行的经济战略，这一战略是部分地以促进美国商品的更多出口为基础的。

人们担心，在点击一下鼠标的情况下，金钱和资本便可以在全球各地流动起来的这样一个时代，在经济全球一体化的趋势中，即使像美国这样的世界超级强国，也无法独善其身，最终不可能幸免于世界其他地区所发生的经济灾难。经济繁荣已持续 8 个年头的美国经济，也被罩上了正向全世界扩大的经济危机的阴影。美国会不会成为 1997 年 7 月从泰国开始蔓延的金融风暴中倒下的最后一张多米诺骨牌，这一点备受世人瞩目。

有人警告格林斯潘说，如果美联储不降低利率，美国可能会很容易陷入经济衰退。越来越多的人担心，资产价值的急剧变化恐怕不仅会给当局带来痛苦，而且会引起全球性恐慌，因此期望美联储大幅度降低利率，以防发生全球性灾难。

但是，格林斯潘和他的美联储同事们认为，还不到采取行动的时候。他们认为，周边国家金融危机对美国股市产生影响是正常的，美国股市仍然是"不合理的兴旺"。统计数据表明，美国经济增长强劲和失业率较低。除非华尔街股市出现大量抛售现象，否则不会很快采取行动。

二、美国不可能成为绿洲：降低利率的信号

1998 年 9 月 4 日，格林斯潘飞到了美国西海岸，来到加利福尼亚州立大学柏克莱分校发表讲话，题为《到底有没有新经济？——人类心理学对市场的效应》。

格林斯潘仍然有些羞怯和拘谨，说话不紧不慢，尽量不动声色，一点不带戏剧性，尽管如此，他的讲话还是引起不小的震动。他一改几个月来的口风，向听众警告说，全球的金融动荡，会拖慢美国经济增长，美国中央银行现在对国外的金融混乱深感忧虑，如果这些问题依然存在，可能降低美国的利率。

人们发现，世界金融形势的愁云惨雾终于促使格林斯潘再次改变观念。他终于承认最大的威胁，已是从东南亚逐渐向全球扩散的经济衰退，而美国也已不可能置身世界金融危机事外了。

他说："当全球（经济）正承受很大压力之际，美国不可能成为不受影响的'繁盛的绿洲'。"也就是说，美国经济不能在全球危机面前继续保持增长。中央银行现在对这些危机就像对传统的敌人——通货膨胀——一样感到忧虑。

格林斯潘透露，在前一个月美联储公开市场委员会讨论利率的会议上，曾评估了美国经济形势，认为美国经济现在是受"两面夹击"：既有因经济过热而出现通货膨胀的威胁，同时也有因世界金融动荡而造成经济放缓的威胁，两者不相上下。他表示，联邦开放市场委员会在下一次讨论利率的会议上，"将要小心地评估自8月份会议以来一连串事件的影响"。

他警告，全球金融动荡和华尔街股市的涨落，可能对美国经济造成不良影响，暗示他既愿意提高利率，也愿意降低利率。

这种态度和2个月之前比起来，简直是天壤之别！

在过去几个月来，美联储多数委员认为，美国经济已有"过热势头"，为了抑制通货膨胀，应该提高利率，再把水龙头紧一紧了。只有格林斯潘坚持认为不必因担心通货膨胀而反应过度。不过众人基于对格林斯潘分析的信任，才同意暂时不提高利率，再观望一阵。虽然没有增加利率，但一直保持倾向于收紧银根的政策。当时，格林斯潘告诫说，劳动力市场供不应求和消费品需求旺盛，可能使通货膨胀加剧。这次讲话，却是一个重大转折，等于向全球发出预告：联邦储备委员会将会向下调整利率，不是拧紧水龙头，而是要拧松水龙头了。有人预言，即使美联储不降低利率，也会改为采取偏向宽松的银根政策。

不过那时，即使格林斯潘本人，对经济形势分析的着眼点，也是放在美国国内的。当时他明确说过，"通货膨胀的威胁超过经济衰退的威胁"。但是这一次，他却说是"两者不相上下"。

"熊市"的定义一般是道·琼斯工业股票平均指数这类的重要股票指数下跌20％以上。"牛市"回落是下跌10％—15％，然后止跌。普遍的"熊市"通常是由经济衰退、对通货膨胀的担心和利率上升造成的。战后以来的多数"熊市"中，利率上升不是在"熊市"快出现的时候，就是在"熊市"期间股市上升的时候。虽然许多"熊市"有一些共同点，但是没有两个是由同样的力量造成的。

有人认为，格林斯潘讲这番话，既是有意放风，又力图减少冲击：他没有在国会做证时讲，也没有在纽约这个金融中心讲，而是在数千里外加州大学柏克莱分校的讲坛上讲。但是只要是他发表看法，人们怎么会不注意？

股市上无风还有三尺浪，何况格林斯潘开了口？格林斯潘一番话，立即引起市场分析人士警觉，从东京到纽约的投资者已使股票价格飞速上涨。人们普遍认为，格林斯潘这是在施放试探气球，以便为美联储即将降低利率铺路。分析人士说，连月来，格林斯潘一再公开表示，担忧美国经济有过热的迹象。

格林斯潘的讲话也成了新闻媒体关注的焦点。他们评论说：美联储主席在加州大学柏克莱分校的这次演说，实际上含蓄地承认了亚洲、俄罗斯、拉丁美洲及许多发展中国家的经济危机对美国经济增长构成的威胁，比以往美国所承认的要大；今后美联储在决策中，对全球性经济问题的考虑，将会占据更重要的比重。也就是说，

漫画解读：人们正在猜测美联储主席格林斯潘的暗示，利率会不会有大的变化。

今后格林斯潘在制定和调整货币政策的时候，将会把国际性因素对美国的影响一并考虑进去。

美联社评论说："美联储主席艾伦·格林斯潘这个具有关键意义的人物已明确表示，他是靠得住的。格林斯潘发出了明确的信号：为了避免美国出现经济衰退，如果需要的话，美国央行将降低利率。"

此时正在华盛顿出席拉丁美洲财政部长会议的巴西财政部长华兰，顺势公开要求美国联储会降低利率，以"协助饱受经济衰退困扰的地区复苏"，最近巴西爆发的金融风暴已经将这个南美大国经济打得溃不成军。华兰还说，拉美其他国家财政部长，也有类似的要求。

美国有舆论评论说，格林斯潘讲话引起股市波动，表明全球需要金融领导。有评论说："由于格林斯潘实际上讲了那么一点点话，大多数人期望他马上做那么一点点事和不管，他做什么事都对美国国外产生那么一点点影响，投资者的反应是特别明显的。"有人甚至称这是"第一次有一个政府政策部门似乎在灾难发生之前就密切注视着灾难"。

"如果全球的投资者随心所欲，想怎么样干就怎么样干，那么格林斯潘将领导一家全球中央银行，而不仅仅领导美国中央银行。"

尽管美联储的权力有限，但是金融市场对格林斯潘的讲话作出了如此热情的反应，这个事实说明全世界的投资者和普通公民在这样一个危险世界上多么渴望寻找经济领导。但是，必须注意，美联储降低或提升利率，目的只是保护美国的经济增长，而不是补救全球的经济损失。

然而，美联储是美国的美联储，最关注的是美国国内经济，即便考虑全球问题，着眼点和立足点仍然是美国的利益，格林斯潘可并不想让美联储充当"全球的中央银行"，也不会去听拉美财政部长们的指挥。

美联储一位官员说："我们当然关心国际的发展，但是美国对国际安定能做的最大贡献，就是创造并且支持稳定的美元汇率。"

而人们希望的却是降低利率，听了这种话，当然是不会觉得解渴的。

三、只见打雷，不见下雨

危机越逼越近，人人都相信格林斯潘会降低利率，人人也期待他降低利率，就像他在1987年美国股市大崩盘之后所做的。这段时间他露面讲话的机会特别频繁，格林斯潘出现在哪里，哪里就是媒体关注的焦点，大家都要从他的话里话外来分析有没有弦外之音。

然而，格林斯潘迟迟没有行动。他不断地打雷，却迟迟不下雨。9月4日加州讲话后，格林斯潘虽给市场打了预防针，但并没有立即采取行动。

投资界、媒体等都向格林斯潘反复游说，软磨硬压，力促他调低利率。只是格林斯潘一贯不向压力低头，只管按照他对那些复杂数据研究的结果我行我素，采取他自认为最佳的政策。你再心急如火，再翘首以盼，还是摸不清格林斯潘的葫芦里究竟卖的什么药。而且，格林斯潘有时也希望他的讲话本身就能起到促进或抑制市场的效果。

9月14日，也就是独立检察官斯塔尔的总统性绯闻长篇调查报告公诸天下的第三天，被弹劾危机弄得焦头烂额的克林顿，打起精神来到纽约，参加外交关系协会的研讨会。

克林顿在会上发表了演说——这是美国政府几个月来首次针对蔓延开来的亚洲金融风暴公开表明自己的立场，其口径被人们广泛解读为配合格林斯潘10天之前的演说。

克林顿宣称，目前的全球经济危机，是"半个世纪以来全世界面临的最严重的金融挑战"。他说，过去30年来，美国和其他工业国家的主要威胁是通货膨胀，如今最大的威胁，却是逐渐扩散的经济衰退。七大工业国的当务之急，是刺激经济成长。

克林顿还提出了一项联合对付日益扩散的全球性金融危机的6点计划，呼吁七大工业国以及15个新兴市场国家的财政部长、中央银行行长，近期内在美国首都华盛顿开会，以制定解决金融危机的全球长期规划。

同时，他明确表示，不会要求美联储降低利率，而是"尊重美联储独立判断而做出的决定"。

克林顿与格林斯潘彼此呼应，等于为美国调低利率打开了大门。总统和联储主席，少见地密切合拍。从格林斯潘到克林顿，异口同声地公开表示，要与各国一道合力解决全球性金融危机。华尔街闻言士气大振，三大指数应声上扬。

9月16日，是格林斯潘预定出席众议院听证会的日子。由于人们猜测他会宣布降低利率，此前3天股市的开市日，道·琼斯工业指数都一路扬升，总共上升400多点。但这一天，纽约股市"牛市"之前窄幅下落，市场观望气氛浓厚。

当天下午1时，格林斯潘和美国财政部长鲁宾一起来到国会山，出席众议院银行委员会听证会，成为市场关注的焦点。投资者盯紧格林斯潘的演讲，希望他这次能够明明白白宣布调低利率。

可是，在这天的发言中，格林斯潘仍然没有许诺美联储将采取降低利率的行动，令热烈期盼的股市像挨了一瓢冷水。他的讲话，排除了西方七国集团为减少亚洲金融危机对全球经济的不良影响而联合采取降低利率措施的可能性。

格林斯潘说，美国的经济发展仍然强健，但由于全球通货紧缩的力量，使得原料价格下降，这股力量也逐渐侵蚀到美国经济，股价下跌导致资产收缩。

这番话，调低利率的意思已经呼之欲出了。但在会后的问答中，记者再追问格林斯潘，他仍然不松口，明确表示：目前并没有所谓"联合调降利率"的行动。

格林斯潘还表示，主要工业国现在还没有一致降低利率计划，七大工业国尚不具备采取联合降低利率措施的条件。

不过，格林斯潘和鲁宾再度向人心惶惶的市场作出保证，他们说，在日渐扩大的全球金融危机中，美国及其主要盟国正积极努力，谋求解决办法。格林斯潘表示，美国政府将与其他国家的金融官员保持密切联系。

格林斯潘认为，目前全球面临的最大危机是通货紧缩，而主要工业国家有必要通过健全的国际金融体系，将金融援助转移给受到金融风暴打击的各个国家，对饱受金融风暴之苦的新兴市场国家进行援助。不过，这种援助行动必须在严格的条件之下进行，并且对国际资金的借贷进行严密的监控。

鲁宾也在为格林斯潘敲边鼓，说全球的金融危机正逐渐威胁到美国经济，他要求国会对一直把得死死的援助国际货币基金组织的资金，开禁松绑。

格林斯潘此言一出，全球股市都出现明显跌势，先是日本的日经指数跌穿14500 点的水平，然后欧洲股市也在开市不久普遍大跌。

四、焦虑的国会

格林斯潘一直没有采取行动，国会里有些人坐不住了。9 月 23 日上午，一些参议员提出动议，要参议院通过提案，"要求美联储尽快降低利率"。经过一番讨论，最后参议院付诸表决，这项"催促提案"以 71 票比 27 票被否决了。但是一些参议员仍然不死心，埋怨说，希望在美国"被金融风暴淋得全身湿透之前，赶快调降利率"。

当天，格林斯潘又应邀在参议院预算委员会上发表讲话，感受到参议院的气氛，他的口气又有了进一步松动。他还是先给参议员们一颗"定心丸"，分析形势说，目前美国"仍然是全球最强的经济体，而且在未来 6 个月也将如此"。他认为，虽然获利有点缩水，但失业率仍低，需求与增长也相当稳健。

格林斯潘警告参议院预算委员会说，亚洲金融风暴的"乌云"逐渐逼近美国，雨点随时都会打下来。他表示，全球的决策者也必须对全球经济不安加深的警讯采取行动。他向国会议员保证，美联储一直对问题的严重性保持密切关注，并未如同某些人所指责的那样掉以轻心地低估。

格林斯潘明确指出，国外经济情势的恶化以及其内需市场的萎缩，可能使得美国经济增长减缓。"很可能会加强限制亚洲最近事态发展对美国经济产生的影响"。

格林斯潘的讲话立即被分析家解读为美联储要降低利率的更进一步信号。路透社报道说，格林斯潘"就未来货币政策的坦率言辞，因可能发生整体性的危机而显得更为严厉，因为这种整体性的危机造成美国控制范围以外的影响"。

华尔街等全球股市均闻声上扬，道·琼斯工业股票指数上升 200 多点。饱受金融危机煎熬的巴西总统，立即对格林斯潘认识到了全球经济的危险程度表示欢迎，认为美国降低利率将有助于稳定全球市场。

华尔街证券商预言家们各显神通，发表自己的看法。有的说，美国利率已经超过两年半都维持在 5.5％ 的水准，很多人预料这次可能会降到 4.5％ 的水准左右。美林证券公司首席经济学家史坦伯格，甚至预测美联储可能将联邦公债利率向下调降到 5.25％ 的水准。而罗密斯·巴尼公司的经济学家则认为，格林斯潘暗示经济增长减缓的忧虑已经大于通货膨胀，说不定要拿些更有魄力的大手笔出来。北方证券公司的卡瑟罗表示："降低利率不但可以拯救美国，也可以拯救全世界！"

在格林斯潘的讲话之后，市场人士大受鼓舞，从更广泛的层面，津津乐道降低利率带来的好处，认为短期利率如果调降，美国的经济将可望受惠，受到国外经济情势动荡的冲击可望减低，消费者获得资金以及企业从事扩张、投资新设备的成本都可以降低。降低利率的效应，也可以增加对东南亚国家进口的需求，加速亚洲各国的经济复苏。较低的利率还可以使美元兑日元的汇率不再那么强势，增加美国商品出口的竞争力。

持不同观点的人也有，摩根史坦利的首席分析师就表示，格林斯潘只是"开了一扇门"，利率不见得在下个星期就马上调降，市场目前不宜把所有的希望都寄托在这上面。

五、权衡又权衡，斟酌又斟酌

9月23日，格林斯潘在向参议院预算委员会做证时，说："我确实认为，我们有必要将现存的不稳定性立即带到稳定的水平上，以避免危机扩散，影响扩大，给我们大家造成很严重的问题。"

他补充说：无论美国或欧洲，在这日益严重的金融压力下，均不能保住"繁荣的绿洲"。

格林斯潘一直不肯明明白白地吐口说出"降低利率"这四个字。

说话尖刻的媒体埋怨，格林斯潘简直好像一个"并不高明的推理小说作家"，有意制造悬念，卖关子吊足读者的胃口；然而由于剧情拖沓，铺垫过久，迟迟不肯解开谜底，弄得大家都快倒胃口了。

格林斯潘听到这种话，只是一笑置之。他并不是有意要唱反调，跟大家的期盼过不去；他也并非抓着拟好了的脚本，胸有成竹慢悠悠地与大家逗着玩。他一向非常慎重，这个时候更是权衡了又权衡，斟酌了又斟酌，他夜以继日地在数据、资讯的乱麻中苦苦寻觅头绪——调降利率，也得做到"有理，有利，有节"。

在舆论已经有点冷场之际，9月29日，大家终于盼来了渴望已久的消息。

公开市场委员会成员进行了认真磋商之后，美联储作出决定，将利率微降0.25

"魔术师"格林斯潘

个百分点，也就是从 5.5％，降到 5.25％，"以缓解全球金融危机对美国经济成长的负面影响"和避免国内信贷陷入困境。

美联储在其市场公开委员会举行的例会之后发表了简短声明：

"此举是为了缓和外国经济日益疲软和国内金融情况调节性较差可能对美国经济增长产生的影响。"

这是自 1996 年 1 月以来，美联储第一次降低利率。

审慎的格林斯潘，只是稍稍拧松了一点货币的水龙头，或者说，他以前在经济发展的快车上一直左顾右盼，脚一直放在刹车上，这次终于确信车速有可能会过慢，便下决心，改为轻轻地踩了一下经济发展的油门。

这一次降低利率，幅度不大，当天股市有所上扬，但很快又呈现颓势，随后几天也一直欲振乏力。这对美国经济和世界经济来说，起不了太有效的作用。有人不满地说："问题已经如此严重，格林斯潘只把手松这么一点点，简直是杯水车薪！"他们说，降低幅度应该明显一些，才能更有力地表明美联储关心的不仅是美国经济，而且还有境况不佳的全球经济。

但是，这台庞大的机器终于启动了。不过舆论认为，这次降低利率，与其说是实质性的，不如说是象征性的：可以把这次"千呼万唤始出来"减息的决心，看做是格林斯潘为解决经济衰退所付的"头款"。

《华尔街日报》一篇文章评论说："这说明他（格林斯潘）注意到了问题的严重性。美联储将努力扮演好自己的角色，这就是：确保整个金融体系不致全部的崩溃。"

格林斯潘一直尽量避免减息，因为美国的经济数据显示，工资上升的压力很大，一旦减息，工资成本冒升，通胀又将重临。今天美国的通胀率低，完全是美元汇率偏高所造成的。美元强势使进口日用消费品价格下跌，抵消了美国租金和工资的上升。过去一年，美国物价指数仅微升1.6％，假如减息半厘，美国的弱点立即暴露出来，美元转弱，进口价格看涨，物价明显上升，工资增加也不受到控制。何况，美元走势与世界资金很可能会流向欧洲。

格林斯潘一直拒绝西方七大工业国协调同时减息的建议，自然有他自己的算盘。他看到，"长期资本"基金投机俄罗斯亏损引发的浪潮正在扩大，华尔街的许多公司和银行仍然在已经出现不良情况的债券的其他投资上大量押宝。拉美有3个国家的货币汇率持续下跌，国际主要原料价格明显下滑，说明金融经济危机的雨点已打到了美国身上，只是暴雨尚未来临而已。美国显然没有正确估计全球金融和经济危机对美国的影响，许多银行家已预测有更多美国对冲基金会出事，银行收紧信贷不可避免。为了减轻银行呆坏账上升而出现周转不灵，手头紧张的困难，美联储减息是唯一出路。因为美国银行放出了大量按揭贷款，未来18个月，借债人可以偿还1万亿美元贷款，若按揭利率从七厘半降至六厘半，置业人士可以省下100亿美元，他们通常是提出还款。这对银行增加资金周转大有好处。特别是美联储已发现了多个对冲基金不搞"对冲"，而是一面倒地向新兴市场和金融衍生工具狙击，而不相信资金流向债券市场，造成了基金危机，美联储已指令各银行加大力度拯救这些基金，否则会演变银行坏账危机。在这种情况下，设法减息，让按揭贷款加快流回银行系统是当务之急。

六、金融高空杂技

　　为了给美国经济这条航船掌舵，格林斯潘就像高空踩钢丝的杂技演员，要左右平衡，防止美国经济从高空摔下。

　　格林斯潘分析，全球经济衰退的前景已经出现，如果美元利息太高，只会迫使亚洲、拉丁美洲、俄罗斯要把利率订得更高，才能稳住汇率，防止炒家冲击。但是，这种利率架构，必然引发全球经济衰退。如果美国减息步伐过快，美元回软，通胀重临，当全球其他地区经济恢复时，美国明年便面对通胀和工资上升压力，变成要加息压抑，经济增长回落。9 月 29 日减息 1/4 厘，说明格林斯潘采取的是"踩着石头过河"的策略，也反映了美国并不愿为刺激世界经济作出任何承担。

　　美联储减息力度不足，引起各方非议。很多人说，美元利息要下降一厘，才可望对亚洲、拉丁美洲的经济困境有纾缓作用。但更多人说，减息是不够的，美国必须采取财政扩张措施，贷款给亚洲、拉丁美洲，作为起动资金，并且要鼓励美国私人企业到亚洲、拉丁美洲收购企业，刺激经济复苏，不要让资金一面倒流向美国债市。

　　果然，有一就有二。第二次降低利率，在半个月后接踵而至。而且这一次，格林斯潘一反只有在公开市场委员会讨论利率的例会上才宣布调整利率的惯例，在并非会议期间的 10 月 15 日，又一次宣布将利率再降低 0.5%，这次降低的幅度比上一次大了一倍。分析家们认为，美联储此举表明格林斯潘决心防患于未然，使美国经济避免陷入衰退。

　　虽然不少专家早就作过预测，认为美联储会连续降低利率，但是这次决策如此之快和降幅如此之大，还是让华尔街喜出望外。道·琼斯工业指数闻讯飙升，10 月

15 日一天就狂升了 330 点，为历史上一天之内上升幅度之第三。

格林斯潘为什么在 16 天前降低 0.25％的利率后，很快宣布大幅度调低利率？格林斯潘和美联储通常宁愿一次将利率降低 0.25％，他们不愿一开始就大幅度降低利率而吓坏惶惶不安的投资者和放款人。因为他们的目标是要使市场平静下来，而不是要以降低利率来改变商业行为或消费者的行为，所以谁都不知道需要在多大幅度上降低利率才能达到这个目的。

同时，这也正是反映了格林斯潘谨慎从事的风格。在采取第一次行动后，金融市场仍然动荡不定，以便使有信用的公司能够重新销售新股票和新债券。大通曼哈顿银行的首席经济师约翰·利普斯基说："美联储的行动有益无害。"他说，美联储这种做法等于承认它是迫于世界市场上资金枯竭而采取这一行动的。同时也是承认美国出现了经济减速。在此前一天，华尔街纷纷传说，一定是某一个具体的难题，例如某一家银行即将倒闭，促使格林斯潘采取行动。实际上，格林斯潘此番举动，是由于市场混乱和向大公司提供信贷的工作越来越被打乱所引起的广泛的忧虑。

国际社会批评美国在这次危机中怀有不可告人的目的。俄罗斯金融专家指出，金融和经济危机使亚洲国家对燃料和原料的需求急剧减少，使"初级产品"的世界价格大幅下降，低价格加强了美国经济的竞争力。此外，亚洲危机还增加了对美元的需要，并加强了美元作为世界结算单位的地位。

竞争对手的困境，使得美国人有机会插手以前禁止染指的该地区的事务。1998年 6 月 12 日，日元大幅贬值之后，美国人出来帮忙了：美联储大量购进日元，使日元汇率趋于稳定，暂时平息了日本金融市场的风波。但这种干预附加了一些强硬的要求，其中主要是必须准许美国金融机构购买日本银行和保险公司的大量股份。美国人的算盘是：首先在亚洲方面实施"先发制人的打击"，先对小国和周边国家进行打击，然后对因周边金融环境不利而被削弱的亚洲主要大国——日本和中国进行打击。然后，计划将"战斗行动"推进到西欧，以中断金融一体进程并使欧盟的经济支柱——德国发生动摇。最后，美国准备提供"援助"，但这种援助将使"接受施舍的国家"在很大程度上依附于"慈善家"。但是，由于中国坚决捍卫本国利益的立场，亚洲和欧洲密切的经济关系使美国插手困难，所以美国的战略未能实现。

美国的目标是想通过危机彻底掠夺东南亚远高于其他地区的全部经济成果，在金融方面统治世界。本质上受制于美国的国际货币基金组织的建议，在任何时候都不过是为了保护美国财政的一张处方而已。这张处方只是强调紧缩财政和抑制通货膨胀。比如，美国对东南亚国家的主张，最后都变成了打着国际货币基金组织招牌的"国际社会"的权威观点。美国总是把有利于自己的体制说成是全球标准，并想将它强加给别人。

日本一些学者批评美国利用亚洲危机实施统治世界的金融战略。说在世界发展中地区，东南亚的国民经济基本条件是最好的。美国挑选在东南亚实施其统治市场战略的原因，首先是美国想通过这种手段达到统治世界的目的，其次是目前美国经济存在严重危机，美国的股票市场上股价过高，其实这正好从反面证实了美国的经济处境危险。美国比任何国家都更了解自己国家的经济存在的问题，美元贬值和股价下跌，是现在美国最害怕的事情，为掩盖这一点，美国政府将不择手段。

七、防止经济衰退

以格林斯潘之学识、经验，发生于世纪末的这一系列新趋势新动向，也不能不使他感到前所未有的棘手。格林斯潘的特点是，在做出决策之前极为谨慎小心，收集各方面的意见和资讯，形成一套方案，确信到了"该出手"之际，他就连续出手，坚定而又果断。

格林斯潘经过长时间的跟踪研究发现，长期增长的美国经济可能走向停滞或下降，使美国经济进入一个新阶段，为此，他已开始采取措施，力图防止形势恶化。

10 月 7 日，他警告说，全球金融市场的信用紧缩，已经隐然成形，"势必影响美国经济前景"。他在这次谈话中再次暗示：美联储还可能继续调降利率。

格林斯潘讲话之后，美国《新闻周刊》10 月 12 日这一期的特别报道说："美国经济突然之间发现比任何人以为的都要弱。习惯势力仍在说，我们不会被全球经济危机拖垮。可别太相信这话。"

特别报道介绍，对股票市场的下滑——道·琼斯指数从 7 月份冲上的最高峰9000 多点，已下滑 17%——有两种解释：

第一种解释是，投资人被一连串他们几乎不明白的事件吓慌了，这些事件，是指从俄国卢布 8 月中旬的崩溃，到 9 月底长期资本市场对冲基金的濒于破产等等；

另一种解释是，市场正在发出信号，一个"真正的经济转折点"就要到来：美国"在 7 年多的健康发展之后，正在走向极大的放慢步伐，或者甚至是萧条时期"。

而这两种解释哪一种正确？文章作者口气沮丧："对不起，看上去很像要萧条了。"

为使美国避免经济衰退，《新闻周刊》向格林斯潘提出了三个建议：进一步调降短期利率；重新恢复投资人从事国际投资的信心，做到这一点的前提是，稳定各国币值；设法使日本恢复经济增长以推动亚洲其他地区复苏，因为日本经济的规模，是韩国、中国香港、新加坡和泰国总和的 1 倍还多。日本一天不从亚洲国家进口，亚洲国家就得依赖美国进口，可美国市场的消化能力总有一个限度。如果这三点迟迟无法推动，则美国可能就成为"全球金融风暴的最后一张多米诺骨牌"了。

连续两次降低利率，不过是格林斯潘防止经济衰退全套方案中的几招，美联储还会继续出台新的措施。

他很清楚，自己所管的是美国货币的"水龙头"，而美国又是全球经济的"龙头"。在经济动荡的起落中煎熬的华尔街和美国民众、全球民众，都对这个戴着黑框眼镜的瘦老头拭目以待。

1998 年 11 月 17 日，格林斯潘和美联储再次决定降低利率 0.5 个百分点，并同时降低联邦借贷利率和优惠利率。这意味着，广大消费者和小型企业借贷的代价减小。媒体称赞说："经常被批评走在曲线后面的格林斯潘"，"现在走在曲线前面了"。这表明格林斯潘及其领导的美联储，"愿意在麻烦到来之前，就开始扣动扳机，而不是等到潜在难题出现以后"。

尽管格林斯潘连续三次降低利率，以稳定美国市场，并防止 1999 年美国经济进一步衰退。通货保持平稳、利率持续下降是支撑美国经济繁荣的主要原因，但一些金融专家认为这不能从根本上改善全球的金融状况，无助于消除全球低落的情绪，因为投资者当前最担心的是失去本金，因而对利率的高低已无动于衷。在这种情况下，财政政策在刺激需求并由此恢复商业信心方面，往往比货币政策有效得多，主要的目标应是刺激需求并由此恢复商业信心。因此，最有效的做法是，利用美国和其他发达国家政府的高信誉来筹集基金，以便为私营商业活动的有效运作提供资金，并重新调整全球范围的金融中介机构的资本结构。

前美国联邦储备委员会理事、美国事业研究所金融专家劳伦斯·林赛指出：从全球范围看，美国联邦储备委员会正发现自己身处中央银行家受制于人的噩梦之中，降低利率也许能够帮助确保非通胀性的经济增长和稳固银行系统，但是，助长美国股票市场的虚假繁荣所带来的全球影响更成问题，如果世界经济形势继续恶化，美国经济和美国的银行系统都不会长期繁荣。美联储没有适当的方法解决我们的全球问题。经济复苏需要一种不同的财政政策和不那么集中于满足特殊利益要求的贸易政策，目前的关键是重新发动全球需求的引擎。

林赛建议美联储必须把货币政策的注意力转向贴现窗口，而不是一味钉住联邦基金利率。美联储力求弥补的金融损失当中，有很大一部分是由于越来越担心对手方面的风险造成的。也就是说，市场参与者已经开始怀疑，他们与之打交道的其他参与者，是否真能弥补可能出现的损失。结果造成最近几周数千亿美元的金融市场交易被取消。现代的对等模式是，按高于联邦基金的利率通过贴现窗口进行借贷，如果美联储能公开表示愿成为作为最后手段的慷慨借贷者，那将是明智之举，它应鼓励会员银行通过贴现窗口借贷所需的款项。但是，美联储的非正式主张一直认为，把贴现窗口借贷作为惩罚性利率的替代是不光彩的。

另外，格林斯潘还十分重视告诫股民要普及金融知识和金融技术教育。全美国有1.25亿以上人口持有股票，股票市场财富效应在促进经济强劲发展中一直是一个重要因素。对格林斯潘来说，如何保住股民财富不是他作为美联储主席的具体任务，但是根据他的经验，他认为有必要提醒股民学会在不利的市道中规避风险的方法。"9·11"事件之后，格林斯潘向美国人说：借助经济衰退的机会，有必要要求国民进行金融知识技术的教育。金融市场愈是发达愈应该普及金融知识和金融技术教育，以便投资者正确认识市场变化、合理运用各种金融衍生工具，这有利于将金融危机影响降到最小地步、加快市场走出困境。

第六章

阴谋还是阳谋：援助对冲基金

Greenspan
King of the Financial Empire

格林斯潘 1998 年 9 月 20 日的讲话也受到各国分析家的密切关注。欧洲的经济专家和舆论指出，美联储主席的讲话最值得一提的是，他强调金融业存在极大隐患的威胁，格林斯潘强调了美国金融稳定与安全、防止金融事故的问题。

他在参议院预算委员会上大声疾呼："我确实认为，我们有必要将美国现存的不稳定性立即带到稳定的水平上，以避免金融风暴的危机扩散，影响扩大，对美国造成更大的打击。"

这透露出格林斯潘的一个主要担心：美国经济领域存在发生金融事故的危险——某家大银行或者一家负债严重的基金突然恶性倒闭，就像英国的霸菱银行，日本的大和银行、山一证券，以及这样的事件对全球市场及经济体造成的影响。美联储发出清晰信号：要不惜一切代价避免发生对资产价值带来严峻后果的整体性危机！

分析家们立即联想到美联储对美国最大的对冲基金之一——长期资本管理公司（LTCM）35 亿美元的拯救计划。这正巧是几乎同时发生的事，被援引为极度担忧美国银行受影响的明证。总部设在美国康涅狄格州格林威治的长期资本管理公司，在债券市场投资失利，资产值由 1998 年初近 50 亿美元，锐减至 9 月初的约 5 亿美元。

一、魔鬼基金——对冲基金

对冲基金（Hedge Fund），即替投资者对冲投资风险的基金，又称避险基金或套利基金。这是一种为富人搞的基本上不受监管的投资基金，其主要特征是，运用资金的杠杆放大效应，大量地借贷和透支，并利用期货和期权等金融衍生工具以及对相关联的不同股票实行买空卖空和风险对冲，使其投资风险与预期的投资收益成倍增加，并在一定程度上可规避和化解证券投资风险。

自从 1952 年美国人琼斯建立世界第一家对冲基金以来，经过几十年的演变发展，对冲基金已失去了其初始的风险对冲内涵，并演变成为一种依靠最新投资理论和复杂多变的国际金融市场，充分利用种类繁多的金融衍生工具的杠杆效应，承担高风险并追求高收益的全新投资模式。

对冲基金是私人合伙制，不要求它们公布交易战略。它们只能向金融机构和富有的个人筹资，从理论上讲，这些老练的投资者清楚它们的风险高于平均水平。

对冲基金分为低风险基金、高风险对冲基金和疯狂对冲基金。高风险对冲基金经常以高于资本 2—5 倍的借贷款进行投机交易，而且既在全球股票市场上进行长买短卖，也在全球债券、货币和商品期货等市场上进行各种大规模投机交易。疯狂对冲基金甚至敢于以高于本身资本 10 倍甚至几十倍的借款在国际金融市场上进行炒作。

对冲基金具有投资效应的高度杠杆性。典型的对冲基金往往利用银行信用，对极高的杠杆借贷在其原始基金量的基础上几倍，甚至几十倍地扩大投资资金，从而达到最大限度地获取回报的目的。对冲基金证券资产的高流动性，使得对冲基金可以利用基金资产方便地进行抵押贷款。一个资本金只有 1 亿美元的对冲基金，可以通过反复抵押其证券资产，贷出高达几十亿美元的资金。同样，也恰恰因为杠杆效应，对冲基金在操作不当时，亦面临超额损失的巨大风险。

美国的大型对冲基金，除长期资本管理基金外，还有索罗斯的量子基金、奥马加基金等，前一种属"疯狂对冲基金"，后两种属高风险对冲基金。

对冲基金的动作方式也很奇特，它可以在世界任何城市设立，然后通过在一个岛国注册，再到纽约或其他金融中心找一些较为细小、开放的经济体系中造市。他们造市的方法可以说是全方位的，首先准备大笔当地货币，然后在汇市沽出，再在证券市场上兴风作浪，大造谣言，使这个经济体系处于一片混乱之中，拿到钱后装进口袋便一走了之，完全不顾当地投资者的死活。为了避开美国的高税收和美国证券交易委员会的监管，在美国市场上进行操作的对冲基金，一般在巴哈马、百慕大等一些税收低、管制松散的地区进行离岸注册，并仅限于向美国境外的投资者募集资金。

对冲基金在西方工业国家没有太大的反应。它们的经济体积庞大，对冲基金也有在华尔街、伦敦入市，但其体制和当地的正常运作的基金不相上下，不会对当地造成很大的冲击，所以没有这些切肤之痛。

对美国富有的投资者来说，对冲基金是一把双刃剑，有利也有弊。在此之前，美国大多数人尤其是大投资家们大多认为对冲基金利多弊少，因而出现了少见的对冲基金热。在 1990 年 1 月至 1998 年 8 月间，美国对冲基金每年的平均投资回报率约 17％，一些经营较好的对冲基金每年的投资回报率高达 30％—50％。20 世纪90 年代以来，随着对冲基金的大发展，基金经营者的投机心理越来越强，冒险性也越来越大。华尔街不少金融专家认为，从国家金融市场的发展看，对冲基金增添了金融品种的多样化，为少数特别富有的投资者提供了特殊的投资机会，并在一定程度上减少了证券市场的浮动性。

对冲基金 1：21 的杠杆投资方式，也给美国金融埋下了定时炸弹。它们片面地追求资产膨胀，实际是大搞泡沫经济：当亚洲、俄罗斯、拉丁美洲被"狙击"干净之后，金融风暴也冲击到了美国，美国的出口大幅下降，经济放缓，美股下滑，美元变疲弱。

更惨的是，过分膨胀的对冲基金自己也告失控，大水冲向龙王庙，开始转向美国股市和债市，互相"狙击"：当利息开支巨大，达不到获利目标，或稍为看错市，立即出现连锁反应，造成对冲基金资产大贬值，银行放出的贷款变成烂账，形成信贷收缩浪潮，对冲基金立即纷纷陷入债务危机，投资者也纷纷赎回基金，造成基金危机。为此，格林斯潘惊呼："近数周，随着全球资金的转移，美国面对的风险更加引起关注，亦令人担心相关连锁反应，将对美国经济构成负面影响。"

美国国内，对于对冲基金的发展一直存在争议。争议的焦点是，美联储是否要对对冲基金实行严格管理。美国国会有些议员坚决反对对冲基金，但美国的金融主管当局似乎总是对这种基金网开一面。迄今对冲基金是不受美国金融主管当局监控和管理的。1992 年出现对冲基金大亏损后，美国金融界和国会都有人强烈要求当局加大对这种基金的监管力度，以防止其过度投机和在吸引投资者时的欺诈行为。美国国会的大多数议员和美国金融主管部门都明确地支持对冲基金的发展，反对加强对其监管，格林斯潘便是对冲基金的护卫者。美国许多大银行、证券公司和经纪公司的老板，也都坚决反对加强监管力度。

二、"梦幻组合"玩火自焚

长期资本管理基金（简称长资基金），是由约翰·梅里韦瑟（John Mcriwether）创办的一家对冲基金，成立于 1994 年初，10 个投资者共集资 1 亿美元，然后再向外间集资 11 亿美元。同年年底，已具有 20 亿美元规模。此基金向银行大量贷款，买入的证券价值高达 1225 亿美元，专家称可发挥对冲基金杠杆作用总值 12500 亿美元。

数十亿美元资金，可以左右上万亿美元以上的经济，这是美国自由金融体系之下发明的。正当国际上很多专家异口同声主张设法管制对冲基金之际，格林斯潘等人却力称："大可不必。"就在长资基金出事前，他还在国会陈言，说贷款给对冲基金的银行机构，已"有效地"管制对冲基金。没想到，格林斯潘的话犹在耳边之际，长资基金面临倒闭的危险。被称为美国金融泰斗的格林斯潘，可能相当难为情。

长资基金由 14 名"金融精灵"经管，为首的是美国重量级金融机构、华尔街赫赫有名的所罗门兄弟公司原副总裁约翰·梅里韦瑟，其主要合伙人包括：

大卫·穆斯林（David Mullins），曾任美国财政部副部长和美联储副主席，前哈佛大学教授，1994 年弃政从商，与梅里韦瑟一起创办这家对冲基金。

罗森·菲尔德（Rosen field），所罗门兄弟公司债券部原主管，前哈佛大学教授。

罗伯特·梅顿（Robert Merton）和迈伦·斯科尔斯（Myron Choles），前者为哈佛大学教授，后者为斯坦福大学教授，两人因在金融财务学领域建树卓越成就而共享 1997 年诺贝尔经济学奖。

这五位美国金融巨头共管长资基金，被称为金融界的"梦幻组合"，他们与格林斯潘都是老相识。

这些人借助显赫的名声和权势，以及与美国金融主管当局和华尔街金融大亨们的广泛而又密切的关系，轻而易举地筹集了几十亿美元的启动资金。美国大通曼哈顿银行、著名的证券商美林公司、J.P. 摩根公司等大银行和大证券公司的老板，不仅慷慨地给长期投资公司提供巨额银行贷款，而且还把个人的大量资产搭进去，他们无不期望通过这家由"金融精灵"组成的对冲基金大发横财。它几乎可以不受限制地接近华尔街大银行的金库，在关键时刻可以压倒国内外金融市场上的所有竞争者。

该公司不仅在全球各地金融市场上撒网，而且投机炒卖的规模大到骇人听闻的地步。它的投资范围几乎无所不包，从股票、外汇、黄金白银等贵重金属，到债券、期货、期权以及其他的金融衍生交易品。由两位获得诺贝尔奖的经济学大师坐镇，利用大型计算机，预测各种债券和金融衍生工具的风险及回报，制定最佳投资策略。

这家成立于 1992 年的公司，在短短的 6 年时间里，走向暴富。在 1994 年至 1997 年的 3 年多时间里，投资者的回报率增长了 280%，这种增幅，美国股市即使是在持续"牛市"的年代，也需要 10 年时间才能达到。如此之高的投资回报率，不可能不对投资者产生巨大诱惑。

为了防止对手仿效它的战略或者估计它下一步的行动，梅里韦瑟的对冲基金比大多数对冲基金更保密。它的投资哲学是把宝押在这样一种理论上：各种不同证券价格间的传统关系中出现的小偏差最终会恢复正常。比如，公司债券的利率通常比相应的国库券高 1 个百分点，反映了向公司货款的较高风险。如果它们之间的差距超过 1 个百分点，梅里韦瑟的班子可能认定它们的关系最终会恢复正常。这时，由诺贝尔经济奖获得者迈伦·斯科尔斯和罗伯特·梅顿领导的计算小组给具有高速运算能力的计算机编程，让它们把握无数类似的获利机会。

这实际上是一种高风险赌博，而且赌注极大，风险也极大。有人评论说，这个基金就像轮盘赌徒，把宝押在红色上，每次轮盘停到黑色上就把赌注增加一倍。有 1000 美元的赌徒可能输，有 10 亿美元的赌徒最终会拥有赌场，因为从数学计算上可以肯定，轮盘最终会停在红色上，但你必须有足够的筹码待到那个时刻的出现。

"长资基金"之倒闭，正是因为没有受到任何管制约束，在国际上炒作衍生工具损失巨大所致。美国金融学术界强烈主张管制对冲基金。股市运作受联交所约束，期货则有期交所管制，但 4000 个对冲基金，数千亿美元每天在全球横冲直撞，不受任何管制，实在难以想象。

1997 年亚洲金融危机爆发前后，长资基金凭着 48 亿美元的资产，一而再再而三地将期权合约作为担保，搞多重借贷，使其撬动的证券金额高达近千亿美元。为了牟取暴利，有时它敢做高出自身资本几十倍甚至上百倍的投机交易。然而，他们最精确的计算公式，却没能将俄罗斯不偿还美国联邦政府债券的政治风险匡算进去，以致落得个濒临破产的境地。1998 年夏天，俄罗斯金融市场崩溃时，该公司因错误地估计卢布不会贬值，大量购进卢布，冲击俄罗斯汇市，结果一下子亏损近 10 亿美元。

8 月初，由于俄罗斯的金融市场和其他新兴市场越来越动荡，投资者寻求保险的国库券，使国库券的价格上涨而其他多数债券的价格都下跌了。可惜，梅里韦瑟的公司对这一结果的预测恰恰相反，结果大受损失。

在 8 月 15 日前后，梅里韦瑟警告他的投资者和交易伙伴，可能出现严重后果，可是大家认为尚有 37 亿美元的资本，完全能够经受住可能到来的暴风雨。

8 月 21 日，暴风雨真的来了，担惊受怕的商人抛售公司债券，抢购美国国库券，使国库券的利率降到 20 年来的最低点，长资基金回天乏力，整个 8 月份，他们的 37 亿美元资本减少了 40％。投入了 800 多亿美元去进行高风险国际交易遭到失败。

长资基金的冒险惊动了金融管理部门。9 月初，华尔街金融警报系统中的一个重要部分启动了，结算经纪公司贝尔·斯特恩斯公司加强了对长资基金交易活动的审查。

紧接着，华尔街警报系统的另一个部分也启动了，格林斯潘领导的下属单位、监视华尔街服务的重要商业银行、纽约联邦储备银行询问梅里韦瑟监管的机构有多少钱。

9 月 18 日，长资基金受到日益恶化的股票投资的意外打击，不得不借钱给它买那些股票的经纪公司更多附属担保。一个令人非常不安的问题发展成一场全面危机，经管长资基金的"金融精灵"很快成立了一个"核心小组"商讨对策。

长资基金也四处请求其他基金注资，以图渡过难关，包括向索罗斯的量子基金求援，但索罗斯考虑过长资基金的财政情况之后，拒绝给予长资基金注资。按照自由市场规则，如果没有银行拯救，也没有基金注资，长资基金应尊重市场的价值法则，静待清盘或破产，上帝也救不了它。

三、无奈出下策

长资基金的投资失败，令华尔街金融家们忧心如焚，各个如惊弓之鸟。他们担心，如果长资基金倒闭，那会引起一阵还不起债务和经营亏损的旋风，于是大家便游说格林斯潘领导的联邦储备银行出面干预。

9月20日，正当格林斯潘在参议院预算委员会作证时，纽约联邦储备银行行长正与美林公司、摩根—斯坦利公司和旅游者集团的执行总裁们，研究对长资基金紧急援助计划。

9月21日晚7点，一辆辆油光发亮的黑色轿车停在联邦储备银行总部大楼下。华尔街的金融巨头被请到美联储。

格斯林潘和美联储敦促这些大公司，借给这笔风险基金35亿美元，以便推迟其结算日期。

而这是格林斯潘和美国政府长期以来一直批评日本和其他亚洲银行从事的那种安排方式。但是，这种蠢事现在却发生在美国。

美联储通过纽约联邦储备地区银行出面，协调15家美国著名银行及金融机构，组织银行团对这家公司给予了36.25亿美元以应急。

9月25日，华尔街又宣布接管和拯救这家对冲基金。据估计，如果长资基金在15家美国和瑞士大银行和证券公司的联合救援下仍不能避免破产，将至少留下800亿美元的坏账，有关金融机构可能需要四五年时间才能将其清理完毕。

格林斯潘和美联储的这一举动虽然帮助长资基金幸免于难，脱离了凶险的倒闭危机旋涡，然而也引来众多批评。批评者认为，美国一向标榜"市场自由开放"的政策，并且也积极向海外，尤其是惨遭金融风暴蹂躏的亚洲诸国推销此观念，而美联储现在却出手干预，这不是"只许州官放火，不许百姓点灯"吗？

早在9月16日，格林斯潘还在美国众议院银行委员会的听证会上，指责香港特区政府近来动用外汇买股票强力拉抬港股，与炒家们展开了一场规模空前的"金融大血战"的做法，认为香港特区政府这样做的后果，将严重损害金融管理局长期以来建立的卓越信用，很不聪明。

格林斯潘不是信誓旦旦尊重自由市场，相信银行机构和信贷者的天然关系，即银行负责风险监管，有风险时便停止借贷，防止借贷者滥用信贷，防止资不抵债吗？为什么他却出尔反尔，自食其言，运用行动力量，强迫商业银行向一家没有还债能力的即将破产的基金注资呢？理由只有一个：如果不拯救长资基金，将会引起倒骨牌效应，有很多美国对冲基金与长资基金采取同样的投资策略，在俄罗斯债券严重失手，而且抛空了日元，但日元即大幅上升。如果长资基金倒了，美国大银行借出的 1000 亿美元贷款立即成为烂账，银行股将会急剧下跌，大银行将会收缩给对冲基金的投资，股市将会陷入更深的亏损危机，美国国内人民投资于对冲基金，将血本无回。所以，美联储为了美国的整体利益，只好救市托市。

除长资基金外，量子基金、老虎基金和奥马加基金等大型的对冲基金也都投机不利，出现了严重亏损，其中老虎基金约损失 23 亿美元，量子基金损失 10 多亿美元，奥马加基金也损失近 10 亿美元。据统计，由于在亚洲和俄罗斯等地投机炒作中遭受惨败，美国有 100 多家对冲基金严重亏损。

这些大型对冲基金的大亏损，引起美联储和美国金融界、特别是许多大银行的极度不安，有人警告说，目前全球金融市场岌岌可危，如果美国市场发生崩溃，最有可能的火种将是对冲基金的破产和金融衍生产品价格的动荡不安。

格林斯潘对对冲基金实施监管的效果受到质疑。国会议员质疑这家基金如何设法向纳税人保险的银行借到如此巨额的钱，以及是谁在监管类似自命不凡的基金。

9 月 29 日，格林斯潘主持召开联储会议，讨论了纽约联储地区银行促成收购长资基金一事，认为这一措施是非有不可，"如果在金融市场已一片动荡的情况下，突然对空清盘，会导致全球范围内进一步的金融错位，而这又会波及许多国家，其中也包括美国”。

两天后，格林斯潘与纽约联邦储备银行总裁威·麦克当诺夫联袂到众议院银行委员会作证，就长期资本管理公司几乎倒闭的原因及后果作证，为美联储几天前出面拯救面临破产危机的长资基金的行动进行辩护。

格林斯潘表示，联储官员参与了挽救该基金的谈判，以防出现全球混乱的可能性。

他认为，这一举动虽属罕见，却“非常必要”，因为这家公司若是倒闭，势必对全球金融市场与经济造成极大伤害，导致市场资金流动陷入混乱。所以面对当前波动已十分剧烈的全球金融市场，必须快速化解长资基金所带来的威胁。他强调说，拯救长资基金，是为避免全球市场混乱与美国经济受挫。他说：联邦储备银行出面组织对长资基金的援救，完全是迫不得已，“金融市场玩家已被最近的全球事件弄得人心惶惶，如果长期资本管理公司倒闭触发市场停顿，将使许多金融市场被套牢，给许多市场的参与者，包括那些非直接参与该公司投资的人造成实质性的损害，进而伤害到包括许多国家的经济，包括我们美国的经济。”

他同时也针对说他出尔反尔的抨击解释说，美联储出面，“并不代表政府出资来拯救长资基金”，因为事实上美联储“没有使用公共资金”来援助长资基金，也没有提出要揾注政府资金的建议。

麦克当诺夫附和说，如果任由长资基金倒闭，将会引发金融市场出现剧烈的价格变化，而对美国经济造成后果不堪设想的威胁，美联储实在是迫不得已。

他们承认，部分保护该基金的拥有人存在“道德危险”。

专家们告诫说：“格林斯潘和世界上的其他金融管理人员，必须对已经严重扰乱世界各国经济的对冲资金和其他短期贷款制定控制办法。”

为此，格林斯潘和他的同事们开始把注意力转向预防发生不测事故。

格林斯潘没有解释的另一个原因，是因为美国的当政者很大程度上受到美国富翁们的幕后牵制和控制，不愿开罪这些热衷于进行大投机的富翁。而美国金融界的大亨们大多也加入了对冲基金的行列，希望利用目前国际金融市场的有利时机进行大炒卖，从中牟取暴利。

更有甚者，有的评论说，许多大型对冲基金，就是由政府操纵对对手进行金融破坏的工具。美联储唯一可能做的，是提醒对冲基金的投资者和银行的放贷者，今后在出钱时减少一些盲目性。

美国长资基金面临破产，美联储授意插手干预一事，向全世界表明：美国官方也会干预自由金融体系。在海外兴风作浪、专门刮取发展中国家财富的对冲基金，已经危害美国经济的稳定，投资者对它也失去了信任，对对冲基金的高风险意识有了切肤之痛。有人说："既然诺贝尔奖获得者都会输钱，任何人都会输的。"1999年2月2日，长资基金的合伙人之一、诺贝尔经济学奖获得者斯科尔斯宣布退出公司，返回斯坦福大学重操旧业。

格林斯潘清醒地认识到，此举也许避免了一次迫在眉睫的全球金融崩溃，然而"救急不救穷"，格林斯潘心里有数；救得了一次，救不了两次。在众多人士的强烈呼吁下，他决定采取措施加强对对冲基金的监管。1999年2月2日，美联储致信美国主要商业银行，如JP摩根、花旗、大通银行等，并附上一本新的贷款指南，要求这些银行收紧对对冲基金的信贷控制，并改善银行风险测量模型。指南未指名地批评这些商业银行的贷款制度过于宽松、在审批贷款时过分依赖于个人信誉、风险管理模型存在严重问题、过分看重获利而忽略了信贷风险等，尤其是对对冲基金杠杆化的资金风险没有予以足够重视。

第七章

新经济，还是泡沫经济？

Greenspan

King of the Financial Empire

美国经济在 20 世纪 90 年代以后出现了前所未有的好势头，经济持续十余年的稳定增长。美联储多次降低利率，股市仍然"牛气"冲天，低通胀，低失业率，为此引发了是新经济还是泡沫经济的争论，而格林斯潘有其独到见解。

一、老格林斯潘的新思路

过去几十年来，美联储主席的首要任务，都是抑制通货膨胀。10 多年来，格林斯潘主要注意力也在于把通货膨胀遏制在最低限度。他一向小心，对价格问题出言极为谨慎，他把价格稳定称为一个健康经济的基本的先决条件。在消灭通货膨胀使命上的成功，甚至使他达到偶像的地位。

但是，随着新技术革命的逐步深入，随着高新技术的飞速发展，进入 20 世纪 90 年代后，美国经济出现了前所未有的好势头：经济连续数年保持增长，美元坚挺，股市攀升，低通胀，低失业率，美国债券备受青睐。1997 年，美国经济增长率高达 3.8％，为 11 年来的最高；失业率只有 4.9％，为 24 年来的最低；通货膨胀率仅为 1.7％，降到 35 年来的最低点。一路高歌的高科技进步使美国经济如虎添翼。美国经济发展已经超过了由传统的预测模式和规则所约定的"时速限制"，出现了在工业时代看不到的一些新成分。

美国经济界一些专家把这种现象称为"新经济"，并认为这是缘于"冷战"结束后高科技产业的迅猛发展，带动了本国劳动生产率的提高。

在这样一种不论是经济本身，还是经济所面临的威胁，都在以使人眼花缭乱的速度变化着的形势下，人们开始怀疑格林斯潘还能不能同样成功地制定相应的政策。

有一个时期，格林斯潘坚持认为，自从被里根任命为美联储主席，10多年来，他的价值观的核心并没有改变，表示如果经济成长"真的过快"，他会急下狠手，迅速提高利率的。并且他一直多少有些疑惑，认为在世界各地经济压力、金融风险越来越大的情况下，美国竟能守在一块繁荣的绿洲上，这简直是令人难以置信的。最不同寻常的就是，与传统的经济理论智慧和以之为基础的经济模式相反，通货膨胀在商业大发展之中却降得如此之低。

然而，也许真是时代不同了，也许是受条条框框的约束和影响较小，而受经验数据的影响更大，格林斯潘及时将视线转向这一问题，花费大量时间去研究这些尚难以定论的新现象，诸如：技术的进步与应用如何对经济产生着影响？技术与更强大的市场相结合可能会带来怎样的繁荣，或是带来全球性的大破坏？进而逐渐改变以往的看法，对当今的经济有了新的认识。

1997年8月，是格林斯潘担任美联储主席10周年的日子。在此之际，他发现自己的立场确实发生了180度的大转弯，思想产生了重大转变，从一个体现工业化时代经济思想的坚定保守派，变成了一个高科技新经济的倡导者了。甚至认为高技术带来的经济，本身就是抵御通货膨胀的"天然卫士"。格林斯潘开始将美国经济高速发展首先归功了技术因素，称之为"四两拨千斤。"

格林斯潘发问：科技爆炸是一个世纪出现一到两次的改变经济运作旧秩序的现象吗？也就是说，高新技术是经济的新特点。这个问题，出自一位集中体现了严谨经济分析的美国中央银行主管之口，其意义非同小可。

格林斯潘在对待经济发展与治理通货膨胀问题上，天平开始向发展经济倾斜，对通货膨胀采取"冷处理"。

　　1999 年 1 月 21 日这天，格林斯潘来到国会山，坐在他常坐的位置上，在众议院筹款委员会听证会上侃侃而谈。他首先概括了当前美国的经济处境：尽管前进的道路上存在着种种危险，但是迄今，美国的国内需求和随之出现的就业与产出仍然保持坚挺的势头。

　　他认为，美国经济正在以与过去经济周期迥然不同的方式运作，美国企业界在技术方面的高额投资可能使生产率大大提高，失业率下降，但又不会诱发通货膨胀。他还认为，在很大程度上，现在对经济活动做出即时反应的金融市场，在刺激或抑制经济增长方面，已取代了美联储的传统职能，这就将中央银行推到只作为仲裁人的令人艳羡不已的地位，它只需轻轻地调高或拉低利率，以敦促市场正常工作。

　　从主观上讲，此时的美国没有人可以在成就和威望方面望格林斯潘之项背，因为他能够率领美联储公开市场委员会进入一个以前从未涉猎过的新领域，即超出过去美联储规定的警戒线，而允许出现更高的增长速度和更低的失业率。

格林斯潘的肖像画。自 20 世纪 60 年代以来，格林斯潘实际上是美国经济的掌舵人。

　　美国经济正经历 20 世纪 60 年代以来的高峰期，格林斯潘是美国经济的掌舵人。这位 71 岁的纽约人经历也是不同凡响的。毕竟，他当了 30 年坚定的工业经济学家。而且在美联储的最初几年，格林斯潘是以中央银行家的面目出现的，他紧缩银根控制政府的庞大开支，抑制通货膨胀。

从格林斯潘与几十位朋友、美联储同事以及华盛顿观察家的谈话中，可以更多地了解他非同寻常的一面。这位美联储老板越来越愿意论证他的新观点，即美国经济正在以与过去经济周期迥然不同的方式运作，通货膨胀的风险已经越来越小。

当年他摆出一副最坚定的共和党人的架势，不遗余力地反对民主党由政府大把掏钱的社会福利政策。而现在格林斯潘甚至还表现出较温和的一面，私下里谈论低失业率给社会带来的一些好处，即整整一代人——以前不可能就业的工人，现在可以一生靠掌握技术吃饭。有人回忆说："1994 年，当他谈什么工人的不安全感问题的时候，公开市场委员会里的很多人都觉得他神经有毛病了。"

此外，格林斯潘还成功地大幅度削减预算，几十年来他一直拥护削减预算。在没有得到预算庞大的政府开支额外刺激的情况下，美联储能够承受 20 世纪 80 年代至 90 年代初巨额赤字期间所实施的放宽银根政策所带来的压力。格林斯潘不无得意地说，虽然他的目标没有变，但是美国经济却已是今非昔比了。他倡导削减赤字倡导了数十年，现在削减赤字已经不必费太大劲了。

对于年过七旬、领导着美国经济走过了一段自 20 世纪 60 年代算起最好的时光的老纽约客格林斯潘来说，这样的转变实在不同凡响。毕竟，这位爱恩·兰德的信徒，当了 30 年的工业化经济吹鼓手。刚到美联储的时候，他可是以把钱把得紧而著称的，一点通货膨胀的空子也不给留。

从一个对付通货膨胀的坚决主战的"鹰派"，到新经济秩序的积极倡导者的转变，这对制定货币政策，不能不产生极大的影响。如果在过去，经济发展如此之热，美联储主席早已领导一班人马，忙着为防止通货膨胀的加剧而拧紧"水龙头"、大踩刹车了。可是在过去 3 年里，美联储几乎没有对利率做任何改动，仅仅只在 1997年 3 月，小幅度地提高过一次利率。有人评论说，这种"无为而治"，正是一种"治"：应该不动时就不动，这才是一种恰到好处的难得的造诣。

1996 年 1 月，美联储不少委员觉得经济已经有点烫手，通货膨胀的威胁已经迫在眉睫，必须提高利率。而格林斯潘的看法恰恰相反，打算再次降低利率，支持经济的"软着陆"，又一次成了少数派。经过一番交换意见，尽管心里有些不痛快，大家还是同意了格林斯潘降低利率的主张。后来的事实说明，格林斯潘是对的。

1996年7月、9月和1997年5月，经济发展的势头更猛，也更使人担心通货膨胀一朝引发，美联储很多委员都摩拳擦掌，几次忍不住发出呼吁要把利率提高0.5个百分点，但格林斯潘几度说服同事：通货膨胀蔓延开来的威胁并不确实存在。大家听从了格林斯潘关于"冷处理"的意见，决定等待更多的数据之后再行动。

只是在1997年3月25日，格林斯潘决定将利率略微提升一下，幅度为0.25个百分点，这是作为一个"保险政策"，以防他对经济走向缓慢这一预测万一有误，通货膨胀不期而至。

1998年4月，格林斯潘再婚，这是格林斯潘夫妇的合影。

像往常一样，格林斯潘有任何动静，都会产生连锁效应，并很快传到股市上。这次正赶上是他4月份再婚这一终身大事的前夕，于是华尔街一些人半开玩笑地当真盛传，格林斯潘宣布提高利率，是担心那些炒家趁着他去度蜜月，把股票炒到天上去！

1998年同样如此。根据常识，每当美联储公开市场委员会5月20日开会时，利率是必定上升的。当17位央行的银行家们在美联储会议室巨型红木桌旁坐下之际，美国经济正以近4%的速度增长，失业率低于5%。过去5年来，5%的失业率是分界线，低于这个水平就几乎可以肯定会诱发通货膨胀。

果不其然，与会的银行家似乎都倾向于大

幅度提高利率。但是在稍事休会之后，在与会者决定是否要提高利率之际，美联储主席格林斯潘行使了一个讲话的特权。他在桌首用坚定而又低沉的声音说不必提高利率，他说美国经济出现增长速度放慢的迹象。他向各位同行说，更重要的是，对新技术年复一年的大量投资终于开始得到回报，生产率取得大幅增长。在进行最后表决时，大家又一次被格林斯潘说服，几乎一致同意不增加利率。

美联储公开市场委员会7月2日又召开了一次会议，结果表明这一决定绝不会是一时的心血来潮。由于1个多月来的迹象再次表明经济增长速度放慢，也没有出现通货膨胀的压力，所以格林斯潘的提议在这一天又获得通过；但是此时没有看到6月份的就业报告，因为第二天才正式公布。美联储公开市场委员会同意保持利率不变。

在有关新经济问题上，克林顿总统与格林斯潘的观点大致是相同的。他在1997年7月2日接受《商业周刊》采访时说："我相信，在不发生通货膨胀的情况下，经济可能会超乎我们以前的想象，取得更稳定和更快速的增长。"

每年都要同格林斯潘见几次面的保守派经济学者朱迪·谢尔顿说："他乐于接受我们已经进入一个新经济时代的现实。他对市场经济的有机本质笃信不疑。"

格林斯潘的新观点在新旧同事中引起争议，他们对放弃过去行之有效的经济模式感到犹豫不决。其中一些人认为，即使以今天的经济为例，如果失业率下降到临界水平以下，通货膨胀也容易呈加速度增长。失业率临界水平是在5.2%—5.5%之间徘徊。美联储其他一些官员则怀疑生产率收益是否像格林斯潘所认为的那么巨大。

当然，格林斯潘也认为，美联储大概需要花10年时间，才能充分了解正在进行中的经济变化，但他同时越来越确信对高新科技的巨大商业性投资，已使经济在通货膨胀威胁比较少的条件下，成长得更快，持续得更久。格林斯潘也担心，美联储采取任何宽松做法都可能会导致迅速出现新一轮的涨价。如果经济成长"真的过快"，他是会急下狠手，迅速提高利率的。

格林斯潘认为，激烈的全球竞争限制了美国工资的增长，也限制了高成本公司的生存能力。美国企业界在计算机及其他节省劳动力的技术方面的高额投资可能在使生产率大大超出所衡量的水平，这可以使失业率下降，而又不会诱发通货膨胀。虽然美国企业界或许放慢裁员步伐，但是格林斯潘仍然认为裁员留下的余震可能会略微多持续一段时间，因为工人还是把工作保障看得比增加工资更重要。

二、阐发美国经济奇迹的原因

为什么美国会出现这种持续高增长、低通胀、低失业率的经济奇迹呢？这是一个令世界各国政治家和经济学家关注的奇特经济现象。

世界各国的许多经济学家都对此进行了深入研究。日本明治大学教授、富士综合研究所客座理事高木胜认为，美国长期保持经济繁荣的主要原因包括：

1. 汇率方面，即美元一直独自呈上升态势，美元的实际汇率也确实在上升；

2. 美国进口商品价格下降，与廉价的进口商品进行竞争，使美国国内的同一产品和相关产品的价格下降；

3. 国际商品的疲软；

4. 美联储的金融政策，迄今一直采取包括每天调节金融政策在内的戒备通货膨胀的姿态，结果有助于抑制通货膨胀；

5. 原来的放宽限制措施产生了效果；

6. 劳动生产率的提高。

格林斯潘对此进行了深刻研究，并不断发表有关这方面的文章，试图探讨其中的奥秘。1998年8月31日，格林斯潘通过《商业周刊》发表文章，对此初步作了总结。在 1999 年春天几次到国会做证时，格林斯潘多次向国会议员进行解释。概括起来主要有以下三个方面：

首先，高新技术的大量投资，促进生产力的大大提高。

格林斯潘认为，美国在电脑和其他节省劳动力的新技术上的大量投资，正在极大地提高生产率，使得失业率虽然下降却没有引起通货膨胀。美国商业机器公司（IBM）、美国电报电话公司（AT&T）、微软公司（Microsoft）、英特尔公司（Intel）乃至近年的雅虎（Yahoo），由于抓住了技术创新这一关键环节，显示出极猛的发展势头，使美国经济的发展，相对于几个对手国家和地区，具有了无可争议的优势：俄罗斯自然不在话下，而德国、日本这些在20世纪70年代末盛极一时的自由经济国家，也被远远甩在后面。

由于受到高科技的猛烈推动，美国的产业结构、投资方向、企业重组都发生了很深刻的变化。夕阳行业加速下坠，朝阳行业加速飞升。打开这几年的报纸，几乎每天都有企业兼并的消息，金融、汽车、电子、通讯、大众传播……除了同行业兼并，还有跨行业兼并。与之相伴的，还有大批裁员，人们感到了竞争越来越激烈，越来越无情。

格林斯潘认为，高新技术革命给美国经济带来了新的活力，使它的经济发展周期延长。高新技术还改变了经济运转方式。高新技术允许商家更迅速地调整库存，缩短新进货的设备投放使用的周期，使通常伴随衰退而来的不平衡被减弱了。他说："自1993年以来，资本投资——尤其在高技术设备方面——大大加快了速度，这大概反映了企业自身的一种认识，即这些新兴技术协同作用的适用，将会给新投资的收益率带来巨大的增加。"

他经常引用两位斯坦福大学经济学家保罗·戴维（Paul David）和内森·罗森伯格（Nathan Rosenberg）的著作，并借用他们的观点说，新的技术被商业界完全地吸收和利用往往需要几十年时间。例如，利用蒸汽动力工厂，敌不过电力发展带来的优势；而只有当新的工厂都使用电力为动力的时候，它们的产量才会提高。

"我们在现代环境里可以看到的是很多重要的技术，有些甚至很成熟，它们互相促进，最终产生出具有极大意义的新机会。"

他说，如果技术开始转化为生产能力了，便可以解释过去几年的一个不可思议的现象：失业率那么低，经济又稳步增长，为什么没有出现通货膨胀？可能实际生产能力的增长，要高于官方统计数字所显示的。而对这一可能性的考虑，似乎就是格林斯潘在过去几年里都并不急于提高利率的一个关键原因。

据此，他提出一个重要观点：生产率的提高使通货膨胀受到抑制，高科技经济，本身就是抵御通货膨胀的"天然卫士"。

不过，高新技术同时又赶不上金融市场的成长规模和威力，金融市场正在反过来更直接、更强有力地影响着经济。

其次，市场对美国企业资产估价的上升。

1999 年 1 月 21 日，格林斯潘在向众议院筹款委员会听证会做证时，深入研究经济发展的内部，指出美国创造经济奇迹的一个重要原因，是市场对美国企业资产估价的上升。他说：

"为了准确地估计经济前景，我们不应该只是渲染美国和平时期创纪录的、长达 8 年的经济增长这个光辉灿烂的经济成就，而是必须超越这个层面，寻求更深地理解产生这一成就的力量。我想在今天早上利用几分钟的时间来讨论我们目前这种繁荣背后的一个关键因素——市场对美国企业资产估价的上升。在通货膨胀降低，竞争加剧以及我们企业表现出灵活性和适应性的情况下，它们得以利用技术的迅速变革，使得我们的股本能够创造更多的经济价值，更加有利可图。我认为，这种升值的认识过程已经在股票市场中产生了资本收益，从而降低了在新的工厂和设备方面的投资成本，刺激了消费。虽然资产价值对美国的经济来说非常重要，因此必须受到美联储的严格监督和仔细评估。可是，它们本身并不是货币政策的目标。我们必须像 1998 年秋天一样对金融市场的变化做出反应，但是我们的目标是美国经济实现最大程度的增长，不是资产价格的一些特定的水平。"

他总结说："从根本上说，近些年来之所以出现非同寻常的资本收益，究其原因，还是因为通货膨胀的预测以及与此相关的风险溢价大大下降，20世纪90年代多种多样的技术普遍出现进展，产生了至关重要的增效作用。

"虽然人们在谈论消费开支时，仍然常常强调来自劳动和资本的经常收入是资金的一个主要来源，但是，在20世纪90年代里，反映将来预期收入估价的资本收益在推动我们的经济方面起到了更加重要的作用。

"最近一些年，资产价值的急剧上扬在我们几乎所有的经济领域内产生了重要的影响，但是，影响最大的可能还是人们的居家过日子。这在人们有限的个人储蓄上反映得最为清楚，1992年个人储蓄率几乎达到了6%，如今差不多降到了零。"

美联储掌握的近年的一些证据表明，全部或大部分储蓄率的下降可以通过收入增长5位数得到解释，从这个方面来看，资本收益的形成不成比例，这表明财富的影响真实而又重大。因此，假如其他方面都一样，股票价格如果没有起色可能会减慢开支增加的速度，而且股票价格的下跌——尤其是严重的下跌——可能会导致消费需求的大大下降。

再次，工人素质提高和就业紧迫感增大。

格林斯潘对经济增长原因分析得出的第三个结论，是工人素质的普遍提高和就业紧迫感的增大。

格林斯潘难能可贵地看到了如今劳动大军中这一场"相应的革命"，以此解释劳动工资为什么没有提高得更快——格林斯潘相信，如今的工人，承受着担心自己可能被淘汰的慢性折磨。

经济全球化，加上企业大兼并、大裁员的惊涛骇浪，使得今天员工们在选择职业的心理产生了一系列变化：为了不致被淘汰，现在的劳动者比上一代劳动者的适应能力更强，更乐于学习新技术；更为重视其职业稳定与否，而更少重视提高工资也更愿意凭借工作能力强而多挣钱。这就降低了提高工资推动通货膨胀的风险。

最近几年，企业裁员可能缓慢下来了，但格林斯潘还是相信，大裁员给工人心理上带来的余震，会延续得更久一些。

同时，他还分析指出，企业的管理阶层，在如何提高"资本的效率"、进行有效投资方面，也更聪明了。他在 1999 年 1 月的一次演讲中指出：尽管需求急剧增加，生产率出现大幅度的提高，但是，最近几个季度公司利润出现了下降。这在一定程度上可以归因于劳动力补偿的迅速增加，但是，其他因素还包括我们的出口商和那些与进口竞争的行业面临的紧迫的、尤其激烈的竞争和价格的降低。在这些情况下，如果人工费用进一步迅速增加，或者商品投入的价格下降（比如石油）发生逆转，各家公司在维持利润率方面将会感到很大的压力。但是，迄今，各家公司明显的定价权力还微乎其微。要么这种情况发生变化，这样一来通货膨胀就会开始上升；要么资本支出可能受到大大削减，结果成本费用不能得到补偿。另外，全球经济化、全球经济的增长，加上技术的进步，使得各大公司的产品轻而易举地走遍世界——这就意味着减少了产品积压和通货膨胀；这种全球性的竞争的增强，不仅压制了美国工资的提高，也限制了企业承受高成本的能力。

三、高新技术发展下保持冷静的经济头脑

尽管美国经济有高新技术支撑，取得了骄人的成绩，格林斯潘并没有忘乎所以，始终保持头脑冷静。

1998 年 3 月 4 日，格林斯潘在众议院预算委员会做证时，敦促国会在决定如何对待已提出的预算盈余计划时要十分谨慎。他强调说，虽然近几年来"堪称典范的"经济带来的都是令人高兴的意想不到的事情，但是情况可能迅速发生变化。

他认为，国会今后几年里在帮助经济出现良好前景方面所能做到的最主要事情是：使联邦预算"出现巨额盈余"，这将促使所有经济部门降低利率，从而刺激企业进行提高生产率的投资，是"增加国家积蓄的最可靠和最直接的途径"。

格林斯潘重申他上周向国会提出的半年金融政策报告中的提法，即亚洲金融危机的影响是美国经济面临的最难以预料的事情。

他说："1997年美国经济出现了堪称典范的成绩，今后将很难出现这样的成绩。今后面临的主要问题是：亚洲金融动荡带来的困难，是否足以遏制由于国内开销继续保持强劲势头和劳动力市场紧张而带来的通货膨胀的趋势。"

格林斯潘在众议院预算委员会做证前一天，国会预算处公布的最新预测，估计本财政年度联邦将有80亿美元的盈余，从而结束了长达30年的预算赤字的局面。

新的预测与国会预算处仅仅2个月前所做的估计相比有所改观。当时估计认为，到9月30日结束的本财政年度的赤字为50亿美元。克林顿政府2月份向国会提出的预算估计当年的赤字为100亿美元。

格林斯潘赞扬国会预算处和政府在预测赤字时采用的是保守的假设，但是他告诫说，即使这些预测也可能是错误的。他指出，一年前国会和政府制定的1997年规划比实际赤字220亿美元还多100亿美元。

虽然税收收入比预料的多，但是格林斯潘指出，在20世纪90年代初，政府的收入"一直不如预期的数目"。他告诫人们不要指望较高的税收收入会持续下去："我们必须十分谨慎，不要根据最近税收情况良好来推断未来"，部分原因是经济学家无法解释过去几年的收入预测为什么猛增。

他还指出："由于有这些令人捉摸不定的因素，因此人们在着手制定1999年预算的时候，更需要谨慎小心。人们无法保证预期今后几年的盈余确实会实现。"

同时，鉴于下世纪初需要为进入退休年龄和生育高峰期出生的人支付社会保险和老年保健费用，因此，"我们应当确定预算盈余的目标，并利用这个过程偿还联邦债务"。

格林斯潘对快速增长的经济产生的冷却效应表示欢迎，但他警告说，笼罩着亚洲的"乌云"将会抑制美国的出口。

他认为日益缩小的劳动力市场，尤其是在对高技术人员的需求日益增加的情况下，缺少数以十万计的从事高技术工作的人员，迟早会促使工资和物价上升。

1999 年 2 月 23 日，格林斯潘前往参议院银行委员会举行的听证会做证，指出美国经济的"基础"仍然是坚固的。他预测，经济全年会保持健康然而慢一些的增长、低失业率和低通货膨胀率。但他告诫参议院银行委员会说："经过 8 年的经济扩展之后，经济看来在一些领域过分地分散力量，这意味着经济前景会存在相当大的起伏风险。"

他说："由于存在所有这些风险，如果我们发现正在出现可能削弱经济扩展的不平衡和偏差，货币政策必随时准备朝这两个方向中的任何一个方向迅速转变。"

格林斯潘分析了可能造成风险的几个重要的因素：

——经济的增长已超过劳动力的增长，结果是，生产的强劲增长，正在耗尽美国原本不足的劳动力资源。这表明，要是通货膨胀率不上升，最近开支的强劲增长就不可能继续下去，除非劳动生产率进一步大大提高。

——商业利润现在受到压力，投资者也许过高地估计了可能获得的收益，尤其是如果经济增长速度像人们原先预料的那样慢的话。股票价格现在"高到可以对股票是否定值过高提出疑问的地步"，如果市场下跌，那可能使消费开支和企业投资都下降。

——"家庭和企业债务已加重，正如整个国家的对外债务已加重一样"。高债务负担还可能减少消费开支和企业投资。如果外国投资者开始减少对美国的投资，就可能促使利率上升和美元贬值，而这一点可能导致通货膨胀。

——这个国家（美国）仍然"容易受到海外迅速变化的情况的影响。正如我们（在俄罗斯政府拖欠债务之后）在 1998 年夏天所看到的，海外迅速变化的情况可能很快蔓延到美国市场，从而造成损害"。

他对参议院银行委员会说的结论是，美联储的大多数决策者预料 1999 年，美国经济增长 2.5%—3%，而在过去 3 年里每一年的经济增长率大致为 4%。

格林斯潘虽然公开承认高新技术对美国经济增长的决定作用，但是对众人信奉、使用的所谓新经济概念表示异议。他说：

"我们现在不知道，我怀疑谁也无法知道，目前的事态发展是属于一个世纪现象中使生产率发展趋势走上更高轨道的一次或两次机遇呢，还是我们目前只不过看到总的来说传统商业周期扩展范围内某些不寻常的变化而已。"

他奉劝大家不要过早作结论："因为历史布满了这种'新时代'的憧憬，这种憧憬已证明是海市蜃楼。"

他认为，新经济的出现与人类的心理学，也就是信任感有关。他说："看我们是不是我们处于新经济，一个甚为重要因素，就是人类心理学（Human Psychology）的作用。

"支配过我们先辈人中的狂热也好、恐惧也好，在参与今天的美国经济的同辈人中，照样随处可见。人类行为总是来源于对那些行为的后果的一种预测。当未来变得风云莫测的时候，人们就会避开那些行为，解除从前承诺的义务。人们对风险的承受力固然强弱不一，但是，只要把今天人们的市场行为与一个多世纪以前的比一比，你会很难发现有什么太大的不同。我们估价财产的方式，和这些价值的改变影响我们经济的方式，都没有显示出与支配了我们上一辈人行为的一套法则有什么不同。"

"于是，对于'有没有一个新经济存在'的问题，在一个更为深刻的意义上，回答是'没有'。和过去一样，我们发展着的经济，主要是被人类心理如何影响价值体系的因素所驱动的，而推动一个竞争的市场经济的是这个价值体系。这个过程与人类天性密不可分，而人类天性从本质上又是无法改变的，所以，也就把将来固定在过去了。

"对更高的经济增长来说，有两个因素至关重要：第一，技术进步的发展势头是不是能持续下去；第二，消费者和投资者对未来是否有稳定的信心，在多大程度上能够保持。"

四、泡沫经济：股价越高，后果越严重

格林斯潘不赞同使用"新经济"概念，也许还有另一个原因：他拿不准美国经济含有多大的泡沫成分。

纽约，是格林斯潘的出生地，格林斯潘对这里的每一条街道都非常熟悉，特别是华尔街（Wall street），那是一个成就格林斯潘事业的地方，也是令他神往的地方。华尔街位于纽约曼哈顿岛下城。1789 年 4 月 30 日，乔治·华盛顿就是在华尔街 26 号联邦大厦里，手按着《圣经》，宣誓就职，成为美国第一任总统。这里堪称世界金融第一街，被人称为"金融神庙"，是没有宝藏的藏宝地，没有黄金的金库，是一只腹中空空却能每天生金蛋的"金鸡"。在纽约曼哈顿下城金融区街心公园前，挺立着一座巨大的雄牛铜雕塑像，被金融界人士视作金融图腾，也被许多股民顶礼膜拜，天天都有人前来摸一摸它，就是外地来旅游的客人，也要特地走上去，或站在面前，或是骑到铜牛上留影纪念，希望这座铜牛能给他们带来好运。每逢过年过节，人们也给它披红挂彩，祈祷来年吉利。

有人说：美国人怎么发狂了，都买股票，是不是非常危险。就连格林斯潘本人也觉得困惑不解，为什么人们都去买股票？难道几千万人都是疯子，就我们聪明吗？

美国股市为什么如此牛气冲天？当然不是靠这只铜牛在制造财富，有人说美国

华尔街是成就格林斯潘事业的地方，华尔街上挺立着一座巨大的雄牛铜雕塑像，被金融界人士视作金融图腾。

股市不是随意、无序发展的，而是靠国家的经济政策、法规及科学的管理来实现的。

还有不少分析文章认为，美国经济出现历史从未有过的好景象，关键在于格林斯潘和财政部长鲁宾成功地运用了股市的财富效应。所谓财富效应，就是股市屡创新高，个人财富也水涨船高，消费随之上升，而储蓄率出现负增长。财富效应，一好带百好，由市场赢利而溢出的需求带来工整个社会的繁荣。在格林斯潘和鲁宾的指挥下，美国人有钱都不存到银行，而是买股票，大家都寄希望于科技股票，像押宝一样。

也有不少经济学家警告说这是新的泡沫经济，现在世界上发生了东南亚金融危机、俄罗斯金融危机、日本的经济萧条，可美国三次降低利率，股市不但没有降下来，还上去了，这究竟是做了好事还是做了坏事？如果形成泡沫经济，那格林斯潘就是历史罪人了。

其实，从纽约道·琼斯指数在 6000 点时，美联储主席格林斯潘就一直担心美国股市有泡沫成分，认为目前的股价已超过了公司利润的增加，美国存在着通胀的隐忧，许多美国人用从股市挣得的资金无节制地增加消费，这无疑是危险的。他不断地发出"股市有泡沫"的警告。世界不少经济学家也担心美国股市的泡沫一旦被刺破，将会危及下一任美国总统任期内美国经济与世界经济的大局。

以前，《华尔街评论》说，格林斯潘太难以捉摸了。当他说股价太高了，或者，可能会出现新的通胀时，华尔街就开始颤抖了。可是，进入 20 世纪 90 年代末，格林斯潘对股市也感到有些束手无策了。这话说得有些绝对，但由于新的经济成分的出现，格林斯潘控制股市的作用确实大大下降了。

新技术的迅速发展和金融全球化，在提高了生活标准的同时，也迅速而决断地暴露和惩罚了潜在的经济弊端，也使金融危机的传染比以往更方便得多了，从而使投资人心理更加复杂化，因此市场的非理性热情因素也就越来越重要。格林斯潘动了不少脑筋来考虑如何应付市场的这种非理性热情，他试图通过讲话放风给市场"降温"，但只在短时间里发挥作用。他说："你要市场干预打破泡沫，可这里存在一个根本性难题：你得比市场知道得多才行得通。适当的时机是又一个难题，你可能打破得太早了，于是它又鼓胀起来；下一次，你又可能让泡沫胀得太大了。于是有人就问了，我们是管什么的，对于是不是真的存在泡沫，谁来做出判断。"

20 世纪 80 年代中期至 1995 年，美国股市的平均市盈率始终在 13 倍以下，因此被认为是比较正常的。而 1995 年以来，尽管美国企业利润增长停滞甚至萎缩，可是大量外资涌入美国，使美国的股市一路飙升，1997 年美国股市的市盈率已上升到 27 倍，1998 年进一步上升到 35 倍，1999 年一季度已高达 38 倍。使美国的家庭金融财富增长了 2 倍以上，因此使美国的家庭消费开支急剧增加，并导致家庭储蓄率的下降。储蓄率在美国人可动用的收入中已经由 1997 年的 3.9％降到了 1998 年 11 月的 2.1％。美国个人净财富的 39％是以股票形式掌握在手中的，持续的"牛市"总计使美国市场过去 3 年的消费开支增长了近 2500 亿美元。

在引起美国经济强劲增长的诸多因素中，"冷战"结束以来美国高新科技产业的发展的确起到了一定作用，但是近些年，这些高新科技产业还没有成为美国经济的主导产业，也没有给股市带来滚滚利润，相反被炒得最凶的网络概念股，恰恰是亏损得一塌糊涂。有相当一部分人担心美国股市到头了，认为股市上万点是多头陷阱，1999 年 5 月初出现了高科技股价的大幅下跌。网络概念股的平均市盈率高达 70 倍，其中被炒得最热门的"雅虎"等，市盈率竟高达 400 倍以上，而美国股市正是在这些所谓高新科技概念股的带领下，道·琼斯指数从 1995 年初不到 4000 点一路上冲。1999 年 3 月中旬，纽约道·琼斯 30 种工业股票指数冲破万点大关，进而冲破 11000 点。所以有人认为，美国经济是目前世界上最大的"泡沫经济"，随时有可能破灭。

与此同时，由于近年来美元坚挺导致进口产品价格下降，又由于外资大量流入，在资本项目下形成大量顺差可以支付进口，美国近年的贸易逆差也急剧增加，每年的增幅都在 600 亿—700 亿美元。1998 年的商品贸易逆差竟达 2380 亿美元，相当于当年国内生产总值的 3％以上。进口大量增加直接打击了国内制造业，亚洲金融风暴以来面向亚洲和其他发展中国家的出口又大幅度减少，因此导致美国制造业出现了严重萧条，钢铁工业、石油工业、军火工业均已处于夕阳产业的地位，陷入了停滞乃至衰退状态，这就与不断上升的美国股市行情形成了强烈的反差，显示出美国经济增长的"泡沫"特征。

美国许多经济学家认为，把经济增长的主要原因归结为高新技术并非具有十足的说服力，因为高新科技产业目前在美国的全部产出中所占份额为 27％，算不上美国整个经济的主体。

更多的人认为，美国经济持续繁荣的实质是大量外资流入所导致的经济泡沫。据统计 1996 年世界各国对外直接投资总额为 3490 亿美元，其中注入发达国家的资本为 2080 亿美元，美国一国吸收的投资就高达 846 亿美元，占 2/5。而 1997 年 7 月爆发东南亚金融危机至 1998 年 10 月不足 15 个月的时间里，从受危机冲击的国家回流至美国的资金总额高达 7000 亿美元之巨。

自东南亚金融危机爆发以来，美国从国外经济衰退中得到了不少好处：进口价格的下跌降低了其通货膨胀率；外部资金的不断涌入压低了美国资本市场的利率水平。这不但刺激了美国企业界大幅度增加设备投资，也刺激了消费者利用消费信贷大量购买住宅，由此又引起工业和房地产投资的增加。

同时，利率水平的下降使得银行存款大量流向证券市场，造成股市资本总值和债券价格不断疯涨。由此引起的"财富效应"在刺激服务、旅游等第三产业过度繁荣的同时，还使美国个人消费大增。在 1996—1998 年，证券市场使美国家庭总财产增加了大约 4.5 万亿美元，资产膨胀使大部分美国人感到自己突然间发了大财。

投资和消费膨胀带动了美国经济的强劲增长以及就业水平的空前提高，而由经济增长维护的美元汇率的持续坚挺又使进口货物价格连年下降。这就是美国经济高增长、低通胀、高就业并存表象的实质所在。

另外，美国毕竟是世界上最大的债务国，美元一旦面临贬值压力，被"狙击"的危险性就会增大。在国际金融市场上，美国的外来短期资金最多，因而美元遭遇"狙击"的可能性自然最大；而美国金融市场的发达又决定了要想成功地"狙击"美元必须要采取多种手段。在这种情况下，企图阻止狙击、挽救市场的难度是可想而知的。

在 1998 年 8 月俄罗斯发生货币危机后，美国股价曾一度急剧下跌，此后，格林斯潘没有发表对股价实行牵制的讲话。但由于后来美国连续三次下调利率，造成股价反弹，因此，这位主席才又产生了警惕感。

1998 年 12 月，格林斯潘在 23—24 日为期两天的国会做证时表示，今后的金融政策仍将继续根据经济形势的变化来实行紧缩或放松银根的做法。格林斯潘暗示：上述方针的背后存在着一种认识：美国经济今后有上升或下降两种可能。他在做证时特别强调，美国经济中存在着股价上涨、海外经济不稳定、贸易逆差增加这三个不安因素。

　　格林斯潘在国会做证过程中多次发出警告说，美国股市过热。他说，道·琼斯30种工业股票平均价格指数为9400点左右，而1996年底时仅为6400点，现在是"毫无根据的狂热"。

　　格林斯潘在这次做证时还表示担心说，美国企业对收益前景过于乐观，这就使股价出现超出实际水平的上涨。从格林斯潘的这番讲话看，股价应在不发生恐慌的范围内进行调整。不过，人们对美联储金融政策的信赖也促使股价更加上涨，所以，格林斯潘似乎也在对如何处理市场问题而苦思焦虑。

　　格林斯潘在谈到海外经济和金融市场时说："从1998年夏季的情况看，美国经济适应海外经济变化的能力仍然是很脆弱的。"他分析，海外经济和金融市场虽比1998年秋季有所稳定，但仍不容乐观。他一方面说韩国、泰国等亚洲国家

题为"格林斯潘的降温大法"的漫画

的经济"已出现恢复的征兆",但另一方面又认为俄罗斯和巴西等国经济依然不稳定。

1999 年 1 月,格林斯潘提醒美国的决策者说:最近的利润动态还突出股票价格回升不同寻常的特点,同时也表明,股票市场最近的运作可能很难维持长久。股票价格的水平似乎很有可能让人认为利润还会出现大幅度的上升,超过最近的水平。

美国经济近年来虽然始终保持了强劲增长势头,但增长的推动力主要是来自于以股市为主的服务业的增长,以及由于股市飙升所带来的居民消费增长。任何国家的经济增长,如果不是以本国居民的储蓄所转化的投资为基础推动,都不可能是健康和持久的增长,而美国经济则正是处在这样一种状态。

因此,美国股市空前的繁荣,实际上是世界资本市场严重失衡的结果。亚洲金融危机爆发以来,国际资本,特别是来自日本的资金源源不断地流入美国的国债和股票市场,助长了美国经济的泡沫成分;而美国证券及股票市场的持续暴涨又进一步增加了美国金融资本对国外资金的吸引力。有的经济学家警告说,多年来推动美国经济快速增长的股票市场,可能正在把美国经济推向衰退的边缘。德国经济研究所前所长、德累斯顿银行前领导成员之一库尔特·里歇巴赫尔指出,美国经济持续繁荣的实质是大量外资流入所导致的经济泡沫,"这个气泡支撑着华尔街证券市场,并在这一市场的作用下不断扩大"。他认为,"在美国,有 50 % 多的家庭投资股票,这个数字已经破了历史纪录,就像美国的经常项目逆差及负债水平破了历史纪录一样可怕","美国经济本身已经变成一个投机气泡"。

第八章

经济战略杠杆：货币政策

Greenspan
King of the Financial Empire

对格林斯潘来说，1998 年是其有重要转折意义的一年。从一心只盯住国内通胀率到因为考虑国际形势而采取预防措施，这在过去也许是不可想象的。因为当格林斯潘决定降息时，尽管亚洲经济仍然处于自由落体状态，但美国经济并未显示任何放缓的态势。在这种情况下降息，对 1998 年以前的格林斯潘来说是致命的大忌。同样地，运用政府的力量，来挽救一个因投资决策而蒙受损失的私有投资基金，从表面来看也是违背市场经济最基本的优胜劣汰规律的。但实际上，这是格林斯潘利用货币政策调节美国经济的一个成功的举措。

一、格林斯潘的货币主义

货币政策是指中央银行采用各种工具调节货币供求，以实现宏观经济调控目标的方针和策略的总称，是国家宏观经济政策的重要组成部分。它是一种用于实现独特目标的独特政策，其最终目标是保持币值稳定，防止通货膨胀，并以此促进经济发展。货币政策不能"包治百病"，它不是一个行业，一个部门的政策，而是涉及经济全局的宏观政策，它必须有财政政策、投资政策和收入分配政策的配合与支持。

货币供应量则是指货币政策调节的对象是货币供应量。按照货币的流动性，一般将货币供应量分为三个层次：（1）流通中现金，通称 M0；（2）M0+ 企事业单位活期存款，构成狭义货币供应量，通称 M1；（3）M1+ 企事业单位定期存款 + 居民储蓄存款等，为广义货币供应量，通称 M2。

货币政策能提供一个稳定的宏观经济环境，在不引发通货膨胀情况下保持经济的可能持续增长，让金融市场较为稳定地运作。中央对金融的支持作用是直接的，政府提供的补贴要辅以一定程度的监督和调节，以确保银行没有滥用政府的保护措施。支付体系是政府保护体系中的一个关键因素，也是金融体系的核心。货币政策即是通过它来实现的。各国的中央银行都在世界范围内运作。

回顾历史，美国经济增长已经持续 9 个年头，通货膨胀率和失业率也都处于近 30 年来的最低水平。美国经济的这种繁荣局面是多种因素促成的结果，其中美联储成功的货币政策是不可或缺的一环。特别是 20 世纪 90 年代中期以来，在国内外普遍要求减少财政赤字的压力下，美国联邦政府已不再可能通过扩大开支的方式来刺激经济增长，财政政策对宏观经济的调控作用相对减弱，这样，货币政策就成为美国对经济进行调控的"唯一杠杆"。

早在 20 世纪 70 年代末，辞去福特的经济顾问委员会主席后，格林斯潘回到了华尔街上的汤森—格林斯潘咨询公司，这时的他得以跳出繁忙的公务，有时间仔细审视美国国内货币政策，创造出自己的一套实用的货币主义。

格林斯潘认为，以往的货币主义最持续的成绩和贡献包括：强调了实际利率和名义利率的区别，在政策行为以及它们对经济的滞后影响方面有独到见解，对微调的有限作用的认识，还有它们对价格上涨对经济影响的强调。

不过，格林斯潘也注意到，用他的这套货币主义并不能解决美联储内部的争论。也就是说，究竟哪一种货币总量目标是最重要的？或者说，货币政策调控的目标究竟应该是什么？格林斯潘认为，美联储传统的控制联邦基金利率的做法会增加金融市场的不稳定。然而，他又不能确定，以控制储备金来改善货币政策的效果。另外，他还认为，货币需求的不稳定是由于不能测定货币的周转速度，因此单独控制货币总量是危险的。中央银行应该避免思想上的僵化，根据经济失调的情况对政策做出调整。

　　格林斯潘还有一种想法，即通过改善国际经济合作来实现稳定的货币体系和政策。他认为在浮动汇率制下，即使汇率变动很大，也不一定能有效地调整各国的经常项目逆差，那么还是比较稳定的货币体制好一些。他主张建立这样一种机制，能使少数的主要国家对干预也不能替代一种负责的国内货币政策，也有可能达到一种比较稳定的国际秩序。

　　格林斯潘参与了一系列的货币政策决策过程。他主张实行紧缩的货币政策，反对米勒所推行的宽松政策，他曾两次投票实行货币紧缩。

二、最佳的货币政策是什么

　　在格林斯潘看来，任何经济政策的中心只有一个，那就是控制通货膨胀，最佳的货币政策就是保持适当的通胀，但同时保证不会产生过度的泡沫。

　　在美国，政府明确规定中央银行管理货币信用的宗旨，就是调节宏观经济，货币政策必须服从整体宏观经济政策。具体来说，货币政策有四大目标：充分就业，经济增长，稳定通货，平衡国际开支。而格林斯潘认为，货币政策的首要任务就是保持物价稳定，抑制通货膨胀。

　　格林斯潘把治理通货膨胀作为其货币政策的首要目标。经过 20 世纪 70 年代和 80 年代的痛苦经历，美国人对通货膨胀深恶痛绝，必要时宁愿牺牲经济增长来换取物价稳定。格林斯潘认为，通货膨胀是经济增长的头号敌人，它不仅扰乱投资秩序和生产经营，而且会破坏职业道德和社会稳定，危害极大。通货膨胀一旦从消费物价指数（CPI）上反映出来，就要采取大幅度提高利率的措施才能压下去，这样有可能导致经济出现大的波动，甚至衰退。相反，如果经济增长放慢，迅速调低利率就不会对经济产生太大的影响。近年来，美联储在控制通货膨胀上采取的货币政策基本上就是遵循这一思路。作为中央银行行长，格林斯潘也不忘经常在公开场合提醒整个社会保持理性，避免经济过热。

格林斯潘相信，市场价格是对某一经济资源的供需关系的最佳反映。如果通货膨胀发生，也就是物价上涨过快，显示了对这些资源的需求是过大了，也就是产生了泡沫，最终将产生供大于求的情况，而使得经济不得不以一次大的衰退来进行调整。而他的任务，就是通过对货币供应量的调节，通过对货币资源的控制，使得各种资源的供需能够始终保持基本平衡，使经济能够平稳、持续发展，而避免大的波动。

因此，在过去20多年时间里，他就像是一名忙碌的调音师，当弦刚刚显得太紧的时候，赶紧调松一点；当弦刚刚显得太松的时候，再去调紧一下，不过琴弦始终保持最佳的音调。不管其批评者如何指责，但有一点却是不得不承认的，那就是在过去数年中，美国所经历的这种持续的经济高增长、低通胀、低失业率的情况，是历史上所没有的。说他是天才也好，说他是运气好也好，正是这份成绩单，使得格林斯潘受到了广泛的赞扬与尊重。

但是，正如一些老于世故的人所说，如果你克尽职责的时候，没有人会注意到你，只有当问题出现的时候，人们才会想起你。

直到1998下半年，格林斯潘才以美国经济在全球性经济衰退中不能独善其身为理由，开始连续几次降息。格林斯潘的批评者认为他的反应已经太慢，如果他能早日降低利率的话，金融危机也许就不会发展到今天的地步。更有一部分经济学家相信，在过去两年中，美联储过紧地控制美元的供应量，使得新兴市场对美元的需求成本过高，直接造成了亚洲金融危机。

而1998年下半年格林斯潘另一备受瞩目的行动，就是促成了对长期资本基金的拯救方案。由于一直以为对冲基金是促成亚洲金融危机的直接原因，因此亚洲金融界对监管对冲基金的呼声很高。

但格林斯潘一直认为，监管、控制对冲基金不现实，而且没有必要，最终可能弊大于利，但长期资本基金的垮台对这个观点是明显的冲击，迫使他不得不承认对此必须深入研究，商业银行、投资银行的风险控制有重新审查的必要。

三、"中性"哲学：采取稳定和一贯的货币政策

从职能上讲，美联储主要通过三种方式来控制货币供应量和信贷。第一，提高或降低联邦储备体系中储备金的百分比，对经济领域中某些方面紧缩银根，某些方面放松银根，来调节经济运行的方向和速度；第二，通过提高或降低联邦储备体系中银行或其他债务人的借款利率来控制信贷；第三，开放的市场交易：联邦储备体系通过其下属的联邦开放市场委员会，买卖政府汇票与银行承兑票据，以此来管制经济。

长期以来，世界经济和金融理论界都奉行一种"相机抉择"理论。根据这种理论，当通货膨胀达到一定程度（一般是通货膨胀率为 4％）时，中央银行就要采取紧缩性的货币政策；而当失业达到一定程度（一般是失业率为 4％）时，中央银行就要采取扩张性的货币政策来刺激经济增长。实行这种政策的结果，是使经济在过热和衰退的循环圈中来回波动并最终导致滞胀。格林斯潘领导的美联储已经认识到，利用扩张货币政策来刺激经济增长必将导致通货膨胀。用这种手段来促进经济发展，虽然能带来一时的繁荣，但最终将使经济受到更大的创伤。因此，美联储摒弃了过时的理论和概念，近年来实行一种"中性"的货币政策。这种政策的特点正如格林斯潘所说："货币政策当然要适应和促进经济持续增长，但我们决不做刺激经济以观察它能增长多快的试验。"近年来，美联储让利率水平保持"中性"，对经济既不起刺激作用，也不起抑制作用，保持稳定一贯的货币政策并适时微调，从而使经济以其自身的潜在增长率在低通货膨胀条件下持久地增长。

近年来，格林斯潘采取稳定和一贯的货币政策。货币政策一般不做大的调整，只在适当的时候进行果断和准确的微调。美联储利率一直保持相对稳定的态势。例如，1996 年 1 月，美联储将联邦基金利率从 5.5％降到 5.25％，把再贴现率从 5.25％降至 5％，这个利率一直维持了半年多。市场利率的波动也不大。货币政策的微调通常是运用公开市场业务这一货币政策工具，也就是中央银行在证券市场上买入或卖出有价证券（一般为国债）。目前在美联储的三大货币政策工具（存款准备金率、再贴现率和公开市场业务）中，使用最频繁的就是公开市场业务。因为与另两种货币政策工具比较，公开市场业务给经济带来的振荡最小。同时，中央银行又可以掌握主动，随时操作，非常具有灵活性。

1996 年克林顿顶住民主党自由派的反对，任命共和党人格林斯潘连任美联储主席，这被认为是美联储继续采取稳定一贯的货币政策从而促进美国经济健康发展的重要保证。

格林斯潘还保持适时调整货币政策的中间目标。从中央银行运用货币政策工具对宏观经济进行调控，到实现货币政策的最终目标，中间要经过很多个环节。货币当局为了随时掌握经济形势的发展和变化，必须在较短时间内利用一些能够反映经济形势发展变化的金融变量，作为观察从货币政策工具到最终目标的实施过程和效果的信号。这些金融变量就是货币政策的中间目标。但是随着经济和金融形势的变化，尤其是新的金融工具的不断涌现，货币供应量这个指标越来越难以控制。所以，1993 年 7 月 22 日，格林斯潘在参议院银行委员会做证时宣布，美联储决定放弃长期以来奉行的以货币供应量的增减来调控经济的货币政策，今后将以调整实际利率作为对经济进行宏观调控的主要手段。以利率为货币政策的中间目标实行了一段时间后，美联储又感到这一指标也不尽完善，于是又适时地把货币政策的中间目标定为双目标，即利率与货币供应量。

四、美联储如何执行货币政策

要实现格林斯潘的货币政策，就必须正确管理美联储。格林斯潘领导的美联储，有世界上最完善的金融体制、最得力的金融监管。在东南亚金融危机爆发后，如何加强金融体制和金融监管成为人们探讨的重要问题。美联储的有关做法或许可以提供一些启发和借鉴。

美国联邦储备系统成立于 1913 年，下设 12 个联邦储备银行，在美国金融业中起中央银行的宏观调控作用。根据美国法律，美联储的宗旨是保证国家拥有一个安全、灵活和稳定的金融和财政体制。

美联储的职责主要有四项：制定国家金融政策；对金融机构进行管理；预防金融市场体制性风险；提供金融服务。

美国法律授权美联储对所有银行控股公司及其非银行机构和海外机构、州特许银行（美联储州会员银行及其海外分支机构和下属机构）和从事国际银行业务的美联储特许公司和州特许公司进行监管。此外，美联储还有责任规范证券交易中的保证金要求，在信贷和存款业务中依法保护消费者利益，监督实施银行保密法中有关"洗钱"的补充规定，规范银行下属机构之间的交易活动。

1. 对银行和其他非银行金融机构从事国内金融活动的监督和审查。

美联储有权对银行经营和遵纪守法情况进行监测和核查，一旦发现问题，立即采取正式和非正式措施，责令当事银行改正。它还依据有关法律，对银行结构和行为做出特别规定，提出指导性方针。

美联储对银行机构进行监管的方法之一，是定期核查银行和银行控股公司的金融和其他经营情况。它要求银行提交"经营状况和收入统一报告"，要求银行控股公司提交"统一金融声明"。提交报告和声明的多寡，取决于金融机构的大小和经营种类的规模。一般来说，大机构比小机构提交的报告要多。此外，美联储还从专业报刊搜集有关文章，审查金融机构提交的标准化金融法规报告。

美联储利用自动筛选系统识别经营不善的金融机构，指出银行业出现和正在出现的不良倾向。这一系统根据银行机构季度报告所提供的数据做出评论，一旦这一系统和其他监督手段确定某一机构有问题，美联储就迅速提出解决问题的方案，如果必要还将派人去现场核查。

现场核查的主要内容包括：资产、经营效率、政策和管理情况；资本、收入、偿债能力和利率风险反应能力；不平衡记录；有关法律法规执行情况；全面经营情况和支付能力。

美联储董事会 1985 年作出规定，美联储每年至少要对州会员银行和所有银行控股大公司核查一次。1991 年美国国会通过了《联邦存款保险公司改进法》，要求对所有受保存款机构每 12 个月核查一次，对一些小银行也可以每 18 个月核查一次，大银行必须接受美联储的单独核查，或美联储和州银行主管机构的联合检查。对一些小银行机构，美联储可以和州银行主管机构交替检查。对有问题的银行，美联储要严加核查。

美联储还规定，对有严重问题的银行控股公司每年核查一次，对其他银行控股公司可以至少每 3 年核查一次，对一些规模很小且没有多大问题的公司抽样核查。

美联储还对银行组织所从事的证券交易活动进行特别核查。根据 1993 年通过的《美国银行法》第 20 条规定，银行可以从事有限承保业务和特殊证券交易。特殊证券包括商业票据、市政收入债券、与房屋抵押相关的证券和保障消费者贷款。到 1993 年底，31 个美国和外国银行组织根据这一规定成立了子公司。此外，美联储还对消费者事务、信托业务、证券转让公司经营、政府和市政债券交易活动和电子数据处理进行检查。

一旦发现某家银行或银行控股公司有问题，美联储通常向这家银行或公司提出书面通报，列出问题，责其改正，并保证今后不再发生类似问题。如果通报形式不起作用，美联储有权命令它停止营业，并对其渎职官员提出罚款、调离处分，甚至宣布其永远不能从事银行业务。所有这些通报和处分都公布于众。

2. 对会员银行从事国际金融活动的监督和审查。

美联储对会员银行从事国际金融活动进行监管。它负责审批会员银行在国外建立分行的申请报告，并规定其经营范围；审查和规范联邦和州特许公司从事国际银行业务的活动；对会员银行、从事国际银行业务的联邦和州特许公司、银行控股公司的海外投资进行审批，并对接受投资的外国公司经营活动进行监测。

根据美国联邦法律，美国银行可以在海外从事范围广泛的经营业务，美联储有权对会员银行和银行控股公司的海外经营活动进行监管，以使美国银行为支持对外贸易和投资，并使之与东道国相同机构相比更具竞争性。此外，银行可以通过联邦和州特许公司，在海外从事存款和贷款业务。1983 年国会通过《国际放贷监督法》，要求美联储对国际放贷制定一套完整、有效和一贯的监督政策。

作为银行监管机构，美联储对金融机构的安全和正常营业制定了一系列标准。这些标准可分为规则、规定、政策指南和监督性解释等形式，又可分为限制性和允许性两类。限制性标准对银行组织的经营范围进行限制，而允许性标准说明它们可以从事哪些业务活动。

根据 1956 年《美国银行控股公司法》和 1960 年《美国银行合并法》以及 1978 年《美国银行控制修正法》，美联储有权对美国银行体制结构进行广泛监管。它可通过控制银行控制股公司规模，避免产生银行产业垄断；通过限制银行控股公司从事银行和密切相关的业务活动，使银行和商押活动分开。在审批银行或银行控股公司兼并过程中，要充分考虑此举的可行性和对竞争、服务和业务需求可能产生的影响。

1970 年通过的《美国银行保密法》，要求在美国经营的金融机构报告大宗货币交易情况，并记录在案。它还禁止利用外国银行账号"洗钱"、偷税和逃避美国法律约束。美财政部负责制定有关细则，并责成美联储对执行情况进行监督。美联储在履行其监督职能时，一般要审查金融机构的经营记录和报告。

3. 对在美国经营的外国银行活动进行国家级监管。

1978 年，美国国会通过了《美国国际银行法》，授权美联储对在美国经营的外国银行活动进行国家级监管。它有权对州批准设立的外国银行分行和机构以及子公司的经营活动进行核查，但尽可能依靠发证机关进行。外国银行在美国设立分行、办事处或商务放贷公司，必须接受多方面审查，审查内容包括：是否在其他国家从事银行业务并接受监督；是否能够提供所有必要数据和资料；银行所属国家的监管机构是否同意该行在美国建立办事机构；银行的财政状况和管理能力如何；银行所属国监管机构是否愿与其他国家的监管机构分享有关信息；是否愿意遵守美国的法律法规；等等。

1991 年美国国会通过《外国银行监督加强法》，扩大了美联储对在美国经营的外国银行进行监管的职权范围。根据这一法律，所有外国银行和办事机构每年必须接受至少一次现场核查。如有必要，这些核查活动可以同州和其他联邦银行机构协调进行。同美联储共同行使监管权的联邦机构有联邦存款保险公司、货币审计员办公室和节俭监督办公室。

根据银行控股公司法和国际银行法，美联储有权对外国银行组织在美国所从事的非银行业务进行审批和监管。此外，根据外国银行监督加强法对银行控股公司活动所做的修正，外国银行必须经过美联储的批准，方能获得美国银行或银行控股公司的 5％以上的股份。

4. 对于消费者权益保护法的规定。

20 世纪 60 年代后期以来，美国国会制定了一系列有关在信贷和其他金融交易中保护消费者的法律，并责成美联储负责这些法律的监督实施，以保护消费者获得全面信息和受到公正待遇。美联储依法制定保护消费者规则，对银行执行规则情况进行监督，对公众投诉进行调查，对州和联邦机构的权限进行划定，对社区事务项目进行指导。

在履行这一职责过程中，美联储向消费者顾问委员会寻求咨询。这个委员会代表消费者、社区团体和信贷者的整体利益，每年在美联储开三次会议，会议均对公众开放。

消费者保护法实际上涉及消费者的所有金融交易活动，包括金融机构收费、信用卡和零售业务、自动柜员机，美联储根据美国国会通过的《放贷实情法》要求银行和其他信贷方提供有关房屋抵押、购车贷款以及其他放贷产品的详细情况。

联邦银行设专职检查员，对地区银行执行消费者保护法律法规情况进行检查。检查员通过调阅地区银行的经营政策和程序文件以及消费者档案，确定经营情况是否具有透明度，执行法律法规是否认真负责。美联储还制定了一整套规章制度，及时回答公众质询，对消费者投诉进行调查。

根据 1977 年社区再投资法，美联储支持银行同社区组织合作，共同促进地方经济发展。美联储有权审查银行满足社区信贷需求的情况，包括支持为低收入家庭建设住房和其他社区发展项目的情况，并进行评级。

1989 年美国国会通过《金融机构改革、复苏和实施法》以来，美联储一直定期公布监管文件，向公众通报情况。1995 年以前公布的监管文件包括四方面内容：国内金融机构监督；国际银行监督；专业银行监督；银行结构和扩大。1995 年，美联储对可供公布的监管文件重新作了规定，从四类增加到九类：申请报告；专业银行活动情况；实施情况；监测情况；概况；金融机构监督；国民信息中心；培训；外国银行情况。这些文件可从美联储信息中心免费索取，也可通过电话、文传、电子邮件索取，同时还可在因特网上查阅。

5. 对证券和期货市场的管理。

1934 年美国会通过了《证券交易法》，授权美联储对证券市场的保证金要求制定规则以减少因投资引起的价格无常变化，保护投资者的利益，减少可用于投机目的的信贷数目。在监督执行有关规定的过程中，美联储和其他规制机构分工合作。比如联邦规制机构负责对银行提供信贷情况进行监督；证券交易委员会负责对经纪和交易人提供信贷情况进行监督；国家信贷联盟管理机构、土地信贷管理机构等负责对其他放贷机构提供信贷情况进行监督。

1992年美国国会通过的《期货交易实践法》第501条对《商品交易法》提出修正，要求美联储对股票指数期货合同的保证金的建立和变化进行规范，以加强合同市场的统一性，减少股指期货市场的混乱给其他市场带来的风险。根据有关法律条文，美联储授权商品期货交易委员会制定具体规则。

1997年东南亚金融危机爆发后，美国许多金融专家呼吁深化金融体制改革和完善监管机制。尤其是近来美国银行合并成风，全球金融形势急剧变化，使美国金融体制同样面临巨大挑战。

第九章

治理通胀恶魔展奇迹

Greenspan

King of the Financial Empire

格林斯潘坚持反通货膨胀主义，勇于突破经济理论的束缚。传统理论认为，失业率高于 6% 将导致经济萎缩，低于 5% 将触发通货膨胀。而美国的失业率仅仅 4%，经济仍在稳定增长。传统理论的另一个论点是，经济过热必将引发通货膨胀，但他注意到大规模的高科技投资在提高生产率的同时降低了生产成本，因此在推动新技术革命方面不遗余力。美国国际经济研究所长伯格斯坦称这是格林斯潘"最了不起的历史性贡献"，他"不仅改变了金融政策，也改变了我们的经济和未来"。结果美国经济得以平安"软着陆"。

一、"零通货膨胀型经济"奇迹

美国 20 世纪 90 年代的经济奇迹在很大程度上该归功于美联储主席格林斯潘。这个经济奇迹就是"零通货膨胀型经济"，即由于物价平稳，甚至还在下降，可望出现高增长、低利率以及生产率提高和投资扩大。

通货膨胀是指国家货币的发行量超过流通中所需要的货币量，引起货币贬值、物价总水平的大幅度持续上涨的现象。引起通货膨胀的原因很多，但最主要的有三类。一是"成本推动"，即经济在加速增长过程中，由于工资成本增长超过劳动生产率的增长，机器设备和原材料消耗的增长超过经济效益的增长等原因，导致单位产品生产成本的增加，推动产品销售价格水平的上升。二是"需求拉动"，即货币供应量多了，买东西的钱多了，可买的东西没有相应增加，需求大大超过

供给，导致物价总水平上涨。三是结构失
调，如农业歉收、进口商品价格冲击，也
会推动物价总水平的上涨。经验教训表明，
通货膨胀对经济发展和社会稳定都造成严
重的危害。

　　任何一个国家或政府都惧怕经济出现
通货膨胀，它带来的直接后果是：货币贬值，
国民的生活物价水平直线上升，造成国家
经济灾难性的后果和政局的不稳。作为处
理通货膨胀的老手，格林斯潘面对疯狂的
通货膨胀时，已能泰然处之。这是为什么
呢？除了采取通常的货币政策提高利率和
紧缩银根外，格林斯潘相信生产力的不断
发展更能有效遏制通货膨胀的继续扩大。

美国 20 世纪 90 年代的经济奇迹在很大
程度上该归功于格林斯潘。

　　自从卡特执政时期通货膨胀猛增至两位数以来，美联储就把精力集中于一个目
标：保持物价稳定。为了控制迅速上涨的物价，美国的经济决策者们都曾准备自我
消化为期数年缓慢的经济增长，而且必要的话，还要承受严酷的经济衰退。

　　格林斯潘便是典型的通胀斗士。如果有人敢说他不是反通货膨胀的坚强斗士，
他一定会断然反对的。汤姆·托莫劳的卡通漫画，是当今美国社会流行的一种政治
讽刺文体，托莫劳画了一幅有关格林斯潘的卡通漫画，画中表现了美联储主席，一
位赤诚的与通货膨胀作不懈斗争的斗士艾伦·格林斯潘的"英雄般的事迹"。美国
舆论评论说：艾伦·格林斯潘对通货膨胀的恐惧远大于我们对飞速贬值的恐惧。他
在用尽一切可能的手段达到目的，其中包括维持一个"失业率的正常水平"以确保
通货膨胀不再扩大。事实上我们每年 1.5%—6% 的通胀率都没达到。

尽管福特、卡特、里根和布什，甚至包括克林顿都称，他们一直把通货膨胀作为政府经济上的首要问题来抓，但在他们的经济顾问中，真正主张反通货膨胀的人不多，只有格林斯潘是最为显眼的人物。

如果经济增长得实在太快的话，他会立刻提高利率。在同一些密友的谈话中，这位美联储主席总是声称这是他的主要经济观点。从1987年被里根总统任命为美联储主席以来，格林斯潘一直在采取各种措施，以不惜过高的代价来避免可能产生的难以控制的通货膨胀。

1987年，当里根政府的预算赤字急速上升时，对通货膨胀的担忧弄得人心惶惶。在这种情况下，格林斯潘非常担心美联储在经济政策上的丝毫放松，会引发新一轮的价格上涨，造成货币紧缩政策。格林斯潘还相信，由于金融市场能够对经济发展做出及时、迅速的反应，可以让金融市场扮演以往由美联储扮演的角色——刺激或者限制经济的发展。这使中央银行处在一个令人十分尴尬的优越地位，只需稍微调节一下利率，就可以使市场按照应有的轨迹运行。

1997年初，格林斯潘在国会做证时，尽管对美国经济看法乐观，但他警告国会议员们注意：一旦通货膨胀的警灯出现，中央银行随时准备提高利率。他说："为确保不与当街开来的卡车相撞，司机需要轻踏制动器，即使他认为撞车的可能性很小。同样的，在执行货币政策时，联邦储备系统需要始终盯着'路面'，判定前面可能面临的危险，并相应地采取措施。"

鉴于8个百分点按贸易加权的美元增值并没能有效地减缓美国国内需求增长的加速，华尔街的股市仍然偏高，美元升值过快。在加速通货膨胀出现之前，格林斯潘和公开市场委员会决定将联邦利率提高0.25个百分点。因为通货膨胀是一个落后的显示器，它表明需求增长超过了供应增长。但是，在需求增长超过供应增长期间，即使实际的通货膨胀并不同时出现，潜在的通货膨胀仍将上升。这就是预期通货膨胀。

在美国，财富效应极为强大。人们对自己财产多少的判断影响着他们的消费行为。当人们投资升值，他们就会感到富裕些，因而增长消费；股价下跌时，人们就会感到自己变穷了，因而缩减消费。

格林斯潘非常清楚这一点，他的作用之一是控制股市不至于发生灾难。而要保持股市长期处于上升态势，就必须控制股市的疯长，也就是要适当地提高利率，使股市价降一些，以便于更好地上升。

可是，当格林斯潘宣布再次提高利率以降低并不太高的通货膨胀时，华尔街商人们的心开始哭泣了。随即，有人攻击格林斯潘的通货膨胀政策，把他称作"太阳王"。一位保守的经济学家批评格林斯潘对通货膨胀有些神经质，说："一个绅士或许要明智些，他并不担心通货膨胀，他担心的是可能性。""在现代产生一个了不起的利润，这就是拒绝工人们的共享。压制工资才是事情的本质，而压制工资的方式

关于格林斯潘的漫画

就是把经济的发展搞慢，并且增加失业，让更多的人没有工作。"格林斯潘讲得很清楚，由于在经济扩展中有了低的工资增长，才会有工作保险，并且他还保证工作保险并不会降低。

到1997年10月，在亚洲金融危机的影响下，人们不禁要问：通货膨胀是被消除了，还是被推迟了？格林斯潘皱起了眉头。10月8日，他公开表示担心通货膨胀会在美国重新抬头。他认为，日本似乎没有能力走出经济停滞困境，欧洲刚刚收到经济复兴的初步成果，美国经济持续增长，充分就业得到保障，而且到目前为止

还没有通胀回潮的迹象。但他认为，应当保持冷静的头脑："劳动力短缺将迫使薪水迅速上涨，而这一行为必将导致商业界更快地提高商品价格。这种由于紧缩劳动力市场而造成的风险，并不是低额进口价格能够永远抵制住的。""本以为我们的经济将保持长期的繁荣，然而，连续不断的亚洲经济危机应使我们停下来，仔细思考。""因而，我们必须警惕过高的通货膨胀与财政赤字不稳定影响的重新出现，和某些商品价格的下降将造成过分的通货紧缩现象。"

由于担心新一轮经济衰退和紧缩政策的开始，华尔街对格林斯潘的讲话反应有些过敏。10 月 27 日，道·琼斯指数狂跌 554 点，华尔街的大亨们一夜之间就损失了几十亿美元。有人批评格林斯潘的新政策说："这位经济教皇、一个仅次于总统的有权有势的大人物，把人们当成了白痴而玩弄于掌股之间。昨天，他把你送上了天堂，今天，他就把你送入了地狱。"华尔街的首席经济评论家邦德·维里克公开致函格林斯潘，指出当前美国的经济出现的是紧缩，而不是通胀。他写道："你知道我相信你是这个世界上最有力量的人，世界上所有的钱控制在你手中，你是世界中央银行的主席。如果你以你自己的判断来代替客观事实，忽略通货紧缩的信号，那你要考虑你带给地球上面 60 亿人中的大多数是什么样的遭遇。"

但是，不管怎么说，到 1997 年年底，20 多年来一门心思对付通货膨胀的努力，终于走到了尽头。1998 年 1 月，格林斯潘在美国经济年会的演讲中声称，美联储在实现较低的通货膨胀方面取得了"可喜的成就"。

格林斯潘的措辞非常委婉，这是他一贯的作风。但他却清楚地表明，美国经济终于已经接近实现价格稳定这一目标了，而这一低通胀高发展又不足以给商业或者投资者带来负面影响。

统计数据表明，即使经济增长势头非常强劲，1997 年年底关键部门的年通胀率仅为 1.8％。而在其他一些价格一直持续上涨的服务行业中，通胀率被高估了 1个百分点。这就意味着事实上美国已达到许多经济学家曾经认为不可能的目标，即

"零通货膨胀型经济"。

格林斯潘分析说，零通胀型经济的好处已经波及整个美国经济领域。在低通胀的环境中，企业可以更好地筹划和决策，因为他们不再面临突发通货膨胀的恐慌。由于投资者不再担心其投资的价值会流失而更加愿意将其资金存放数年，因此长期利率也有所下降。还有，随着通货膨胀得以控制，美联储还会允许扩张期限加长，以避免过去导致衰退发生的那种高涨与崩溃周期。这也就是说，如果由于亚洲危机或由于其他原因而使经济增长速度放慢，美联储就有足够的回旋余地来降低利率。

格林斯潘指出，这种结果出现就会有更高的经济增长速度、更低的利率水平、投资的扩大和生产率的提高。格林斯潘旗下的两位经济学家在 1996 年所做的调查显示，在一些存在适度通货膨胀的国家中，物价增长速度的大幅度降低可以使经济增长速度增加 0.5 个百分点。

格林斯潘认为，可以把亚洲金融危机看做对美国来说是一个"有益的事件"，这对美国经济是有一定帮助的，它表明经济的发展未能忘了通货膨胀，在发展中必须控制通货膨胀。

格林斯潘说："在经济发展中采取温和的道路，在这种关键时刻，无不是非常有益的。由于亚洲有这样那样的困难，他们的出口价格可能会降低，这样面对通货膨胀的压力，我们也有了喘息的空间。"

10 月份早期，格林斯潘警告说，近年由于劳动力短缺，致使经济强有力的发展受到威胁，从而使经济进入一个"无法维持的轨道"。

他还说，较低的进口价格"将不会一直压制内在紧张的劳工市场中的危机"。由于劳动力短缺，将推动工资升高，这样也使商业更快地提高它们的价格。"相反，亚洲持续的危机可以给我们一个短暂的停顿，我们的经济可能又会不定期地保持活力。这样，我们必须提高警惕，注视再会出现的不稳定的影响，这包括较高的通货膨胀，需求下跌，并且某些价格会降低，使我们的经济受到损失"。

但是，格林斯潘还是警告说："我们对这些额外的设想到底会不会实现，是无法保证的。"

早在 1996 年冬天，格林斯潘大胆地试图抑制金融市场的兴奋情绪，他的强烈呼吁没有引起反应。但是自那以后，他也改变了自己在货币政策方面的操作原则。他过去总说，不可能允许经济的增长速度超过 2%—2.5%，而无通货膨胀之虞。他告诫人们说，如果失业率降到 5% 或 6% 以下，在劳动力紧缺的市场上工人的实际工资将会增长，从而造成引发通货膨胀的压力。他说，美国同时存在的低失业率，低工资和稳定的消费品价格，使人们感到困惑。

实际上，10 年来格林斯潘一直在倡导降低财政赤字。如今，这个目标终于实现了，这使得他非常高兴。现在，他可以尽情享受低财政赤字带来的好处了。在不依靠政策通过"奢侈"的消费来刺激经济的情况下，美联储就能够放松银根来激活经济。

二、价格稳定乃经济之要务

和著名的通胀斗士、前美联储主席沃尔克一样，格林斯潘也把他担任这一公职看做是获得了一次战胜通货膨胀的最好机会，而且他也认为自己是取得这一胜利的最合适的人选。他的任命受到国内外金融专家的欢迎，甚至连股市都曾为之上升。不过，这种喜庆的气氛不久就消失了。

格林斯潘上任后的第一个步骤，是在 9 月中旬将贴现率提高了 0.5 个百分点。然而，市场对此反应并不敏感。由于美联储在过去的一段时间中给人的印象一直是不愿下大力气对付通货膨胀，市场已形成了一种对从华盛顿，或者说从美联储来的信息无动于衷的态度。再有，美联储本身的操作也有一定问题。按照国会颁布的法令，美联储每六周要公布一次货币供应量目标，但是联储每日每周的实际操作，从前一次公开市场委员会会议到下一次会议的操作，都是短期利率，而且是美联邦基金利率，等于是银行间或银行对大客户隔夜贷款的"批发"价格。格林斯潘认为，即使有美联储最好的工作人员，有最好的计算手段，人们也不可能通过把这样的利率保持在一个正确的水平来控制货币供应量。何况提高利率的风险总要大于降低利率，在面临衰退时就更是如此。没人愿冒这样的风险。在美联储内部，即使提高利率，也总是一点点试着来。其效益就更降低了。

格林斯潘开始探索把储备金作为控制目标的建议。他和美联储中一些反通货膨胀的主要人物都还没有把握，控制储备金就肯定能控制货币总量。但是，他们都支持这种尝试，一方面寻求一种紧缩总量的新手段；另一方面，也为了让人们看到，利率的提高不是来自美联储而是来自市场的压力。格林斯潘更希望以此重建美联储反通货膨胀的形象。

格林斯潘仔细考虑了这一做法的后果。他感到，最重要的问题是要约束美联储自己。一旦美联储真的将控制目标转为货币供应量，不只是公开宣布目标改变，而且在操作技术上也尽力达到这个目标，那么即使这个决定导致了令人痛苦的高利率，要走回头路也将是很困难的。

格林斯潘感到，此时正是实行这一转变的机会，美联储的成员们会一致同意这一措施，公开市场委员会的成员也会热心于此。

到后来，格林斯潘显然对这次放松货币控制感到不满。因为美联储一直没有感到它的新政策在抑制通货膨胀方面取得了进展。但是，这一时期的实践多少还是有其借鉴作用的。到布什时期，即使经济进入衰退，即使格林斯潘成了"头号公敌"，他也坚持只有紧缩货币政策才能使美国经济最终走出通货膨胀预期和滞胀的怪圈。到 1995 年夏天，格林斯潘终于取得了成功。他的经验是，价格稳定乃是经济之要务，为取得价格稳定即使付出再多痛苦也是值得的。

三、先发制人：警惕通货膨胀卷土重来

随着经济增长势头越来越猛，格林斯潘也越来越将注意力放在防止通货膨胀上来了。

1994 年 2 月，在通货膨胀到来之前，格林斯潘未雨绸缪，先发制人，先行将利率提高了 0.25 个百分点，联邦利率保持 18 个月不变的纪录被打破。

此后，到 1995 年年初，在不到 1 年的时间内，美联储 7 次提高利率。每一次提高利率，都意味着对经济发展踩一次刹车，哪怕只是轻轻地刹车。这下惹恼了克林顿。白宫助手们透露说，一口气 7 次加息，弄得克林顿总统大为光火。

第七次是在 1995 年 1 月 31 日。这天，墨西哥爆发了金融风暴。格林斯潘与白宫经济智囊团一起研究，决定对墨西哥提供 500 亿美元的国际援助，以挽救墨西哥。

就在第二天，格林斯潘决定再踩一次刹车：把利率再提高 0.5 个百分点，达到了 6%。

1994 年以来格林斯潘的这第七次紧缩行动，向华尔街明确地传递了这样的信号：中央银行将再度发起对通货膨胀的作战。

可是，仅仅过了半年，美国经济形势发生变化，经济衰退的阴影又慢慢地升高到超过通货膨胀的威胁，一直把"水龙头"拧紧的格林斯潘，现在又该稍稍放松了。1995 年 7 月 6 日，由于对经济衰退的担心，格林斯潘改变战略，改踩油门，将利率降低 0.25 个百分点。随后，又在 12 月再降联邦利率 0.25 个百分点。

与此同时，格林斯潘还是时刻盯紧通货膨胀在远处游弋的怪影，提防它随时卷土重来。

在这年的中期选举中，共和党人大获全胜，国会大厅里走进了一批神采飞扬的共和党新人。身为民主党人总统的克林顿，尽管对格林斯潘有不满意的地方，但鉴

于他杰出的经济成就，权衡再三，别无选择，还是提名格林斯潘第三次连任美联储主席。参议院很快通过了这一提名。6月20日，格林斯潘宣誓就职。4天之后，格林斯潘的主要支持者、克林顿总统的预算主任爱丽丝·瑞芙林出任美联储副主席，格林斯潘限制经济过热政策的实施，更加有了保证。

随着越来越多的新经济成分的出现，格林斯潘对待利率问题的态度有所缓和。

1997年5月20日，美联储开放市场委员会召开会议，根据惯例，提高利率已成为定局。与此同时，中央银行的17位首脑围坐在联邦会议厅的巨大红木桌旁，过去5年的6%的经济增长与5%的失业率，已暗示通货膨胀迫在眉睫。

大部分到会的政府官员都支持提高利率。圣弗朗西斯科储备银行的领导者、反通货膨胀的"鹰派"分子罗伯特·T.帕里对低失业率深表担忧。里·蒙德储备银行总裁J.阿尔弗雷德·布罗达斯也警告说，如果美联储不采取行动，通货膨胀就会一触即发。国家高级预测官员、美联储委员劳伦斯·H.梅尔深信，过于猛烈的增长速度将导致价格上涨而引发通货膨胀。

会议在短暂的休息之后，再次讨论决定是否提高利率。这一次，格林斯潘首先发言，他认为没有必要提高利率。格林斯潘支持其同事的观点，几年来新技术的大量投入已大力促进了生产力和发展。投票结果显示，几乎一致通过不提高利率的决定。

6月2日，美联储公开市场委员会再次召开会议，这个决定显示了它的正确性。前几个月的数据显示了一个低速发展的经济和通货膨胀的低压（但他们没有注意到7月份的雇用预期报告）。第二天，格林斯潘再次提议表决通过是否增长利率。美联储开放市场委员会仍旧一致同意保持现有利率不变。

8月11日，是格林斯潘成为美联储主席的10周年纪念日。在此之前，他已感受到自己的地位开始动摇。曾一度作为工业时代经济思想人物、由保守派转变为新经济的激进派人物、每年与联邦委员会主席会面的保守派学者 Jueiy Helton 评价说："格林斯潘对于我们进入新经济时代没有太大的把握。不过，他确实相信市场的自我调节能力。"

克林顿和格林斯潘对新经济有着相同的看法。7月2日的《商业周刊》上发表有他的如下讲话："我相信，在没有高通货膨胀率的情况下，有可能保持长期和高速的经济增长，这种情况是我们以前不敢奢望的。"

鉴于格林斯潘在他任职期间的成功经验以及他特殊的权威地位，他能够领导美联储开放市场委员会（FOMC）面对新形势的挑战，因为他可以使经济增长的速度高于美联储所允许的限度。很多美联储委员认为，在过去的18个月中的至少4次美联储开放市场委员会会议上，格林斯潘左右了会议的局势，使那些主张采取严厉政策的同事哑口无言。前联邦储备委员会副主席曼纽尔·H.约翰逊说："今天，他是这个房间的主宰，如果没有大的失误的话，他仍将保持能够达到他所要达到的目的。"

人们惊叹，这些年是20世纪60年代以来美国经济最繁荣的年份，而领导美国创造这个成就的人却是一个纽约老头子——格林斯潘。这简直是个奇迹。

在格林斯潘同他的很多朋友，诸如美联储的同事以及华盛顿的高层人士的谈话

格林斯潘和英国菲利普亲王接受英国爱丁堡大学颁予的荣誉学位。

中，人们发现格林斯潘显得更加不落俗套了。这位美联储主席越来越希望去证实他的判断，美国经济正以与以前的经济周期不相同的方式运行着，在这同时，通货膨胀的风险正在降低。"我感觉格林斯潘似乎是在一意孤行，"一个官员说，"他一直都在致力于使经济运行在一个很高的强度上，这导致许多人都反对经济过热的担忧。在不少会议中会出现这种情况：所有人都反对他，但所有人都被他牵着鼻子走。"

可这些日子，格林斯潘表现出了他极富同情心的一面。在私下的一些谈话中，格林斯潘谈及了低失业率给社会的种种好处。这部分益处足以使以前失业的人能够重新上岗，这样对维持生计不成问题了。而这种论调竟出自于格林斯潘之口，实在太令人惊异了。因为在经济极度衰退的 20 世纪 70 年代中期，作为白宫首席经济顾问的格林斯潘，曾经因为"富人比穷人在衰退中损失更严重"的言论，而激怒了很多人。

格林斯潘的新观点使他现在的以及过去的同事感到迷惘，因为他们不愿意抛弃用了很多年的经济模型。他们中的一些人更相信：甚至在今天的经济中，低于一定水平的失业率也会使通货膨胀加速。一些美联储官员怀疑产出的高增长对通货膨胀的反作用不如格林斯潘想象的大。

格林斯潘对经济趋势发展的看法更加灵活。比起学术上的模型，他更加看重实在的数据。

四、1999 年炎夏，异常坦率的格林斯潘

进入 1999 年夏天，一向出言谨慎的格林斯潘突然变得"冒失"起来，这实在不是一个好兆头。他频频暗示，美国经济的"新时代"似乎快要终结——通胀将上升，美联储会被迫加息，而股市随时可能直接下跌……

对于一位中央银行行长，谨慎是根本的。没有人比格林斯潘更清楚这一点，因为格林斯潘说过，如果人们能知道他讲什么，他就不会担任这个职务了。可是，格林斯潘最近已变得才智显露而非大智若愚，这实在是个坏消息。他突然变得坦率起来的原因，是他担心美国的经济前景并希望公众对通货膨胀上升要提前防范。通胀上升会迫使美联储提高利率。

5月14日美国劳工部公布，4月的通胀大幅飙升，升幅之大成为9年来之最。美联储对此做出反应，其辖下公开市场委员会召开会议后，公布了一项声明，说央行倾向加息。这种做法，如果不是绝无仅有，至少也是少见。而到6月17日（星期四），格林斯潘在国会联合经济委员会做证时说，美国经济已出现"不平衡"，并强烈暗示有必要采取"温和行动"（加息），以预先遏制通货膨胀。

格林斯潘说："先发制人地压制不平衡力量以免这些力量威胁经济稳定是很有用的。当我们可以先发制人时，我们应当这样做，因为是温和的预先行动，可以避免日后被迫采取导致经济不稳定的更激烈的措施。"

当谈及经济时，所有的央行行长都会感到难以启齿。他们不愿对未来利率的变化做出任何暗示。但为了政治理由，他们不得不要让公众有心理准备：有可能出现重大的政策改变，尤其是当这种改变会给人们带来不愉快时。以往，格林斯潘是透过两个途径去应付这种困难的：一是定期向他相识多年的经济学家泄露对美联储会采取何种行动的解释（或说明）；二是向记者简报，但条件是不许报道谁讲什么话，包括在何处简报也不让公开。

到了1999年夏天，这些手法似乎不够了。因此，格林斯潘开始公开发表谈话。虽然他的实际观点也许并不令人吃惊，但他的直言不讳，却使人目瞪口呆。6月中旬他在国会听证会上评估1999年上半年美国经济时说：过去10年，美国股市接连创下一个又一个的历史新高。整个20世纪90年代，通货膨胀一直低于预期，而经济增长则持续高于预期。造成这种局面的部分原因，是商品价格下降，而商品价格下降则是过去数年亚洲的需求下降带来的结果。更有甚者，生产力不断飙升，从20世纪90年代初的1％年率升幅增加到最近的超过3％。生产力加速上升则又是发展高科技的结果，使美国企业盈利不断打破纪录，并助长股价暴升。

如果格林斯潘在此停住，这就很好了。但令他烦恼的是，他认为这些变化是暂时性的。5月6日，他在芝加哥对电视观众说："在我的一生中，我经历过太多个所谓的新时代，这些据说的新时代来了又走了。"随着美国劳工短缺，当今的"新时代"就会完蛋，因为当前的低通胀会结束，工资及消费价格会冒升。然后，美联储会被迫加息，今天的华尔街股价就变得不可能持续高升。

6月18日，格林斯潘对国会议员说：虽然通胀压力似乎在近期内仍受到控制，但是进一步收紧已经炽热的美国劳工市场可能导致工资通胀危险上升。"尽管这一重要的非通胀性经济扩展表面上仍未受明显的压力，但发展中不平衡使得我们不能不加以考虑。一些不平衡现象持续下去对长远的前景构成危险。"他说，不清楚股价飙升是否制造了美国股市的"不稳定泡沫"，但是他认为美联储无论如何需继续将重点完全放在产品价格上，因为不稳定的资产价格崩溃在低而稳定的通胀环境中最易处理。他暗示说，效果最佳的货币政策是在力所能及的任何时候尽力避免未来的问题。

格林斯潘这些少有的言论，被视为是发出最明显的信号。纽约Aubrey Glanston公司首席经济师大卫·琼斯说："格林斯潘希望用'出口术'的方法在美联储不得不正式改变货币政策之前，迫使利率升高及减慢经济增速。这样会令股市及脆弱的外国经济体所承受的冲击减至最低。"

第十章

洞察通货紧缩

Greenspan
King of the Financial Empire

一、格林斯潘引发通货紧缩争论

与通货膨胀相反的"通货紧缩"现象，也令格林斯潘大为头痛。

1998 年新年的第 3 天，美联储主席格林斯潘就冒着严寒，跑到有"大风城"之称的芝加哥出席美国经济学年会，并在会上发表演说，警告世人"通货紧缩"时代已经来临。在他的演说中，18 次提到了世界经济将全部面临"通货紧缩"。他从美国 20 世纪 30 年代华尔街股票和随之而来的经济大萧条开始谈起，大谈物价下跌对经济可能造成的负面影响。

关于格林斯潘的漫画

他认为，金融市场在被通货膨胀的风险困扰了若干年之后，现在开始为通货紧缩的危险发愁。在 1997 年下半年，美国核心商品的通货膨胀率按年率计算，只有 1.8％，而经济学家认为官方的消费物价指数对通货膨胀的估计至少高出 1 个百分点，这意味着美国实际上接近于无通货膨胀的经济，而这种经济会带来新的危险——通货紧缩。

格林斯潘警告经济学家和国会议员们：中央银行承认，通货紧缩可能与通货膨胀带来一样多的问题，包括股票和房地产之类的资产的价格会下跌。他说："迅速和反复无常的通货膨胀与通货紧缩都会导致恐惧和难以预料的局面，并且会使经济活动速度下降。"

通货紧缩的正确定义是商品和劳务的总体价格水平持续下降。不能把它同某一经济部门物价下跌或是通胀率的下降混为一谈。

通货紧缩是一把双刃剑。一方面，它并不一定是坏事。由于新技术革命，比如电脑和电信技术的发展使得成本和物价下降，这样的通货紧缩并不是坏事。在适度的通货紧缩的情况下，股票和债券市场还可以繁荣起来。但是，通货紧缩又是危险的，如果它是需求下降，生产能力过剩和货币供应量减少造成的话，它甚至比通货膨胀更具破坏性，因为它会引起很难摆脱的恶性循环，迅速的通货紧缩就会造成巨大破坏。

格林斯潘对资产价格下降的担心程度，超过对商品与劳务价格普遍下降的程度，前者使股票价格突然暴跌，从而使经济受到猛烈冲击。越来越多的分析家相信，美联储下次的利率变动，将会是减息而非加息。果然，在格林斯潘发表演说的第二天，华尔街股市暴涨100点。

多年来，美国的货币政策都以降低通货膨胀为主要目标。美联储主席关心的问题，通常是只有经济过热、通胀过热等。而这次格林斯潘竟然令人意外地将通缩问题带到演讲台上，在世界经济和金融界引起轩然大波，触发世界各地市场对美国货币政策的揣测。

从此以后，专家们就围绕以下一些问题开展了热烈的讨论，报纸上提及"通货紧缩"这个词的文章的数量是10年前的二十多倍，因为对通货膨胀还是通货紧缩的判断，决定着一个国家的经济政策。

世界经济是否已受到通货紧缩压力？

20世纪的最后几年是否重现30年代的经济大萧条？

人们是否会看到一种以价格、收入、需求和生产的萎缩，失业的增加以及货币量的减少为特点的经济灾难的连锁反应？

一些经济专家甚至著名经济学家指出，资金流向及经济数据反映，通缩问题已迫在眉睫。亚洲金融风暴除了引导资金流向优质投资外，所引起的全球经济衰退的忧虑，也触发大量资金涌入美国债券及股票市场。如美国股市在亚洲股市纷纷暴跌期间，不跌反升，由 1997 年 7 月份至 1998 年春季累升超过 30％。

至于经济数据方面，原材料价格和消费物价的增长也在下降，1997 年 11 月份美国消费物价指数较上一年度同期增长只有 1.8％，为自 1986 年以来的最低纪录。虽然物价下调并不值得过分忧虑，正如通胀一样，只有在出现失控情况下，即是物价下跌或增加速度太快的时候，才会为市场制造不确定因素，令投资者、商人甚至政府感到无所适从。正如格林斯潘所说，美国通胀率在失业率处于历史低水平及经济增长持续强劲下仍然回落至只有 1.8％，这已是非传统知识所能解释的了。汹涌澎湃的通货膨胀已开始回落。由通货膨胀引起的消费价格的上升在 1997 年 12 月末降到 1.7％。它已是近 30 年来的最低 CPI 利率。这比一年前所预估的利率还要低一个多百分点。对于消费产品而言，价格在大的范围里回落。

通货膨胀以一种前所未有的速度降低它的热度，这一现象表明，经济的发展，正向着一个低价格或者说通货紧缩的阶段下踏步迈进。

这一切都是继大萧条期以来，人们所从未经历过的。尽管这种可能性在不断暗示出来，而最直接了当做出反应的就是美联储，不久将要停止货币政策的继续运行。同时，他们将把利率降到相当低的位置。美国经济学家加里·希林在 1998 年出版的《通货紧缩》一书中预言：在今后 10 年里，美国的消费物价将平均每年下降 1％—2％。

国际金融大投资家、"金融杀手"乔治·索罗斯也预言全球经济濒临通缩。1997 年底他在英国《金融时报》上发表文章指出：国际金融体系在体制方面出现了问题，虽然人们还不承认这种事实。东南亚取消固定汇率产生的影响超出人们的估计，也为他本人所始料不及。国际货币基金组织为此提供的庞大拯救计划至今尚未见效。他认为，由国际金融机构提供贷款，并不能代替私营部门重建信心，可能使债务国的货币相继贬值。因而债务更重，信心也更加低落。债台高筑翻身不易，加上货币贬值，债务国又大幅调高利率，债务问题就会愈加严重，索罗斯的文章指出，开始只是收支平衡的小问题已变成大问题，不仅有消耗掉国际贷款的危机，也影响到国际贸易，引发全球通缩的局面。

经济界的许多专家学者纷纷发表了不同看法，如大经济学家弗里德曼不相信通胀已死；而另一些人认为世界经济面临通缩的严峻挑战这种担忧是荒唐的，其理由是：第一，欧美经济表现良好；第二，工业品价格下跌是由于技术革新引起的。

一些经济专家指出，关于"通缩"的争论很大程度上是被一些定义上的问题弄得复杂的。

一部分人认为，通货紧缩无非以通货膨胀被部分地或是被全部地吸收了，所以它对经济并无危险，因为伴随它而来的是家庭购买力的增长。

相反，另一部分人则认为，通货紧缩是一种价格的猛跌，它会导致各种无法弥补的经济和社会灾难。一些人认为，通货紧缩这个词首先指的是一种消除通货膨胀的运动而另一些人则拿这个词来形容经济上的不景气。

从这些不同的概念出发，专家们所得出的结论也就只能是五花八门的了。有的专家认为，同许多经济概念一样，"通货紧缩"是一个被人普遍误解并错误地加以使用的字眼。它的正确定义是商品和劳务的总体价格水平持续下降。不能把它同某一经济部门物价的下跌或是通货膨胀率的下降混为一谈。因此，商品价格下降本身并不构成通货紧缩。它们只是相对物价的变化，这种变化使生产国的收入下降，进口国的收入增加。

这种在金融界和工业界人士中引起了混乱的关于通货紧缩的不良辩论，掩盖了另一场更加重要的辩论：关于在以资本自由流通和良性竞争为特点的新的世界经济形势下，怎样才算是能促进发展和就业的比较好的通货膨胀水平？格林斯潘应当采取怎样的货币政策？有人称赞说："成功地制定政策依赖于一系列正确的判断，同时也要有一点运气。回过头来看，美联储所做的判断极其正确。格林斯潘显然在控制着局面，而且干得很不错。"

二、通货紧缩是好是坏？

有的人认为，通货紧缩并不一定是坏事。由新技术革命比如电脑和电信技术的发展使得成本和物价下降，这样的通货紧缩并不是坏事。美国的经济学家指出：物价的稳定有助于今后经济的增长。1999 年日本的产值差距将占国内生产总值的 7％，日本正处在恶性通货紧缩循环边缘。相反，美国的经济产值却超过了其生产潜力。美国可能在享受良性通货紧缩，这是信息技术进步和竞争加剧的结果。消费开支兴旺和货币供应量以两位数的幅度增长表明，至少在短期内美国将不会有发生恶性通货紧缩之虞。美国的低通货膨胀是经济上的一笔意外收获。在通货膨胀得到控制的情况下，美联储迟迟没有提高利率，从而延长了经济扩张周期，其周期之长超过大多数经济学家认为可能的时间范围。此外，在适度的通货紧缩的情况下，股票和债券市场都可以繁荣起来。

当然，通货紧缩又是危险的，如果它是需求下降，生产能力过剩和货币供应量减少造成的话，它甚至比通货膨胀更具破坏性，因为它会引起很难摆脱的恶性循环。一些经济学家认为，适度和稳定的通货紧缩会使股票和债券市场繁荣，但迅速的通货紧缩就会造成巨大破坏。

美国前劳工部长罗伯特·赖特甚至提出"通货紧缩是真正的敌人"。1998 年 1 月，这位担任美国布兰代斯大学社会及经济政策教授的前财政部长，在英国《金融时报》

上发表了题为《通货紧缩是真正的敌人》的文章，认为，"盘旋上升的通货紧缩与盘旋上升的通货膨胀同样危险。价格下跌使利润减少，促使公司削减工资和解雇员工。结果，工人可以用来购买商品和服务的钱少了，价格和利润将进一步减少"。"通货紧缩的恶性循环还会引起社会领域的恶性循环。与低失业、高工资的需求旺盛时代相比，需求疲软或下降的时代会导致失业增加、工资下降。债务增多加上失业率的上升，可能引起罢工、民主选举产生的政府发生更多或者严重的动乱。这种不稳定会使经济增长速度进一步放慢。"他警告人们："大规模的、没有经过协调的全球收缩正在进行之中。我们现在所经历的还仅仅是开始。"

美国另一位著名的经济学家罗伯特·萨缪尔森也认为，就像通货膨胀是大多数物价持续上涨一样，通货紧缩是大多数物价持续下跌。造成通货紧缩的主要原因是"太多的供应追逐太小的需求"，而制止通货紧缩的明显办法，是遏制供应或扩大需求。他指出，现在防止全世界通货紧缩的最大堡垒是美国繁荣的经济。从美国来看，如今的通货紧缩仍然是一种幻觉。但是，如果这种幻觉变成事实，那么通货紧缩就像通货膨胀一样将搅乱社会和政治秩序。

华尔街最著名的分析家之一、摩根斯丹利公司全球策略主管巴顿·比格斯，是一位以悲观论闻名的国际经济分析家，他在谈到通货膨胀与通货紧缩时，拿"烈火与寒冰"作喻，他认为与过度通货膨胀相比，通货紧缩对生产力的摧残一样巨大。

一些著名经济学家把出现通货紧缩的原因归结为格林斯潘及美国政府在亚洲金融危机中采取了错误的政策。美国事业研究所经济学家约翰·梅金指出：1995 年以鲁宾、格林斯潘为首的对墨西哥的救助，引起了向亚洲流动的资本的增加，使得在前一个时期中本来就已经存在的这种资本流动更加快了速度。由于日本陷入衰退和越来越多的国家无力偿还美元债务，这种汹涌的资本浪潮只维持到 1997 年的年中。后来就发生了泰国的危机，危机很快就蔓延到整个亚洲。也正是在这个时候，生产能力过剩的问题形成了连锁反应，俄罗斯政府不得不让其货币贬值，然后又宣布无力偿还债务。

1998 年夏天俄罗斯出现的惊慌以及长期资本管理基金的可能破产，迫使格林斯潘在不到 6 个星期的时间里把利率降低了 75 个基点，这告诉人们一个信息：即只要每次将要出现给市场带来打击的危机的时候，美联储就准备降低利率。于是就形成这样一种恶性公式：隐性的能力过剩——通货紧缩压力——无力支付外债利息——国际货币基金组织不适当的干预——最终的货币贬值，美国财政部、国际货币基金组织，还有美联储的干预使得问题更加严重，"这些干预都是一种违背现实的操作。这种对现实的否定，主要体现在帮助这些国家捍卫一些不可能捍卫的汇率这一点上，似乎不惜一切代价来维持这种汇率就能消除长期存在的生产能力过剩问题和通货紧缩压力问题"。

"但这一进程又使得美联储陷入了一种两难境地。如果它不降低利率的话，人们会指责它在全球范围内促成了金融危机的发生。但如果它真的降低利率，它又会像以往那样增大金融资产市场的通货膨胀压力并使股市产生泡沫。这种泡沫会使美国家庭的财富从票面上来看增加了几千亿美元，这必将使消费的增长超过收入的增长。"

漫画寓意是："现在的戏法是，要让他们全部不睡觉。"

1998 年 6 月，在亚洲新一轮金融危机到来之前，美国一些金融专家建议美联储精确实施货币政策，控制经济增速，防止滑坡。他们认为，股市繁荣使美国经济形成了"良性循环"。股市上扬使盈利持续增长，推动股价上升，孕育更大规模的投资；同时，扩大市场容量，抑制通货膨胀。低通胀又有助于延长商业扩张的周期，从而降低证券的风险溢价，促进证券市场进一步繁荣。由于证券市场持续繁荣，使得这一循环更加有效。问题在于，一个依赖于股市作用和有效循环的经济可能很强大，但也很脆弱。一旦利率显著提高，导致股市下跌，这种脆弱的模式很容易瓦解，"良性循环"终止，经济就会出现问题。如果股票价格急速下跌，居民将相应提高储蓄率而收缩消费开支，投资也会同样减少，因为证券价格下跌不仅使资本成本增加，而且厂商会因为消费萎缩而怀疑增加生产能力的必要性。同时，股市繁荣带来的低福利开支、高税收等种种好处也将烟消云散，所谓"经济新纪元"就会受到严峻考验。因此，如何精确地实施货币政策，做到既控制经济增长速度，又能避免经济全面滑坡，对美联储决策者来说，是一个棘手的问题。

　　一些经济学家指出：这同时也暴露了近年来货币政策中存在的一个重大失误，如果美联储在 1996 年或 1997 年的时候就将利率多提高 25 个基点，股市就不会出现今天这种局面，劳动力市场也不会如此紧张，美国人也不必担心货币紧缩会使经济从良性循环陷入某种危险的境地。

三、通货紧缩论主要依据

　　通货紧缩论者的主要论据就是，自 20 世纪 90 年代初以来通货膨胀就一直在系统地减少。在这段时间里，法国和德国的通货膨胀率从 4％下降到 1％左右，是第二次世界大战以来的最低水平；美国从 6％降到了 1.7％，是 32 年来的最低水平。如果说在欧洲低增长和高失业能够解释欧洲为什么没有通胀的压力的话，那么在美国则相反，持续的经济活力和旺盛的需求从理论上来说本应当最终引起价格的上扬。但令美国货币当局本身也感到惊愕的是，这类事情丝毫也没有发生。

　　1997 年底，美国《商业周刊》发表文章指出：世界范围内，从半导体到汽车业都存在着生产过剩问题，甚至可以说生产能力过剩问题在人们意想不到的各种市场出现，特别是东亚一些国家试图通过出口而摆脱困境的努力又加剧了这种世界性的供过于求和通货紧缩的局面。全球经济的最大危险是东亚已经存在持续通货紧缩的可能性，日本的通货紧缩危险业已迫在眉睫，美国尚能够经受住通货紧缩的考验，甚至可以从中获益。

亚洲金融危机爆发后，大多数国家都希望使自己的货币贬值以扩大出口。东南亚各国货币贬值之后，除美国以外的所有地区都将成为净出口地区。这就使全球经济依赖美国市场，一旦美国经济出现危机，整个世界将站在通往毁灭性通货紧缩的道路上。另外，美国公司的总利润已略有下降，这可能是从金融上打破美国股市泡沫的因素。当这种情况发生时，美国消费开支兴旺景象就会发生逆转，经济可能很快进入衰退期，从而增加整个世界进入全面通货紧缩，甚至是萧条时期的危险。

一些专家担心亚洲金融危机会加剧经济的衰退。一方面，泰国、印度尼西亚和韩国这样一些国家的经济和生产的停滞引起了像金属和石油这样一些原材料的价格下跌（在 6 个月之内下跌了 15％以上）。另一方面，为了抵御亚洲国家的产品的竞争，西方企业将不得不大幅度降低自己的产品价格。这样调整的结果是有可能使自己的活动余地越来越小，使自己的利润越来越少，使股市行情下跌，使工资下降和职工人数减少。

这样就会出现一种恶性循环。因为需求的萎缩将会导致工业价格的新的下跌，从而导致裁员浪潮，也将会出现世界贸易和股市的崩溃。

价格下跌是生产力发展引起的。经济学家说，种种因素促使通货膨胀减弱。外国的竞争是其一。技术进步是另一个重要因素。工作场所普遍使用电脑，使生产率得到提高，并使公司能够在降低价格的时候仍然有利可图。全球经济的紧密联系意味着任何地区的生产能力过剩的影响都会波及其他地区，造成所有地区物价下降。

有的经济学家警告说，金融亚洲危机后果的影响，可能会像滚雪球一样，变成一场范围更广的经济衰退，这场衰退会使世界上受其影响的许多国家的发展速度放慢。

除了工业价格的下跌之外，引起通货紧缩的因素还包括：亚洲资产的损失，欧洲和美国的高利率，一向被视为保值物黄金价格的下跌，交易所市场的大发展以及几乎所有国家都在采取的与经济调整政策有关的紧缩预算的做法等。具体表现在：全球供应过剩已达到前所未有的高水平；七国集团的经济增长率已经有所下降；过低的商品价格正在伤害生产者；习惯于应付通货膨胀的决策者、生产者和投资商不能及时做出调整以应付通货紧缩。

警告说有人指出：人们应该明白通缩的真正含义，通缩是导致经济衰退的"杀手"。道理很简单：因为名义利率 + 实质利率 = 通胀，而这个和不能为负。如果通胀为负数（即通缩），实质利率必然大升。同理，如果名义上工资增长率不能为负，则通缩发生时，实质上工资增长率也必然大升，令生产萎缩，失业率上升。在通缩的情况下，货币政策已不能奏效。一般的货币政策，控制的是名义利率，而影响企业营运环境的，是扣除通胀的实质利率。在通胀环境下，中央银行可将利率降至零，使市场出现实质的负利率，挽救经济衰退；但是发生通缩的话，即使名义利率为零，实质利率仍是正数，视通缩率的多少，如通缩 5%，则实质利率便是 5%，而恶性循环将使情况一发而不可收拾。这是由于经济衰退令物价下跌，自动使利率趋升，导致经济更加萧条。

四、弗里德曼：出现 20 世纪 30 年代大萧条的可能性微乎其微

反对通货紧缩论的也大有人在。诺贝尔经济奖获得者、美国货币主义学派的主要代表米尔顿·弗里德曼，就对这一引起世界关注的"通缩"问题有着另一番看法。

　　这位 1997 年已 85 岁高龄的著名经济学家，在这年年底接受美国《福布斯》杂志记者采访时说，通货紧缩是最容易避免的，只要多印一些钞票即可。他认为，金融机构相继破产，可能会导致经济衰退，但不会出现 20 世纪 30 年代那样的通货紧缩。像 20 世纪 30 年代的经济大萧条，只在货币政策不当的情况下才会出现。而经济衰退、经济危机以至金融机构倒闭诸如此类的现象虽会发生，但出现像大萧条那样严重的经济倒退，可能性微乎其微。

　　向来为弗里德曼所欣赏的格林斯潘，过去对通胀一直深怀戒心，但他的这次演讲，至此在投资者眼中意味着其看法已有改变。但是，弗里德曼对"通胀已死"之说不以为然，虽然他同意未来一两年通胀上升的可能性不大。

　　弗里德曼指出，长远来说，通胀压力将上升而非下降。目前的亚洲金融危机虽对物价有压抑作用，但未来 10 年的通胀能否如许多人预测的那样维持在较低水平，有很大保留。他反而觉得未来的通胀率会比目前高。他说："自艾伦·格林斯潘就任美联储主席以来，美国的货币政策相当出色，可以说是自 1913 年以来的最佳时期。但是，格林斯潘并不会永远当主席。我们沾沾自喜在看着通货膨胀消亡。是的，今后一两年内通货膨胀的趋势大局已定，不会出现大幅度的通货膨胀。但就长远来看，通货膨胀趋势不是下降，而是上升……"

　　就算通缩出现，也不一定是灾难性的。关于这一点，弗里德曼十分乐观。他认为，20 世纪 30 年代那次严重的通缩，完全可以避免，只不过当时的美联储没有及时放松银根而已。美国在 19 世纪末就发生过一场通缩，这期间经济反而取得可观的增长。原因在于，出现重大技术创新，生产成本降低带动整个经济上升，实质利率虽高，但生产性投资的实质回报率因生产的激增而更高，所以并没有令经济窒息。

　　弗里德曼说："我相信美国经济将会面临的问题是货币供应引发的通货膨胀。在那种情况下，美联储总是过度提高利率，而市场的反应也过于强烈，结果引发经济衰退。"

另外一些经济学家也发表文章指出，"经济要濒临通货紧缩"这种说法是不合适的。他们当时预测，1998 年，美国经济不仅不会达到通货紧缩，而在本年年末，经济上所出现的通货膨胀将会加速。而这种情况产生的关键是由于 1997 年发生的一些国际经济事务，使通货膨胀降低即产生了通货紧缩现象，比如，能源价格的降低，一直都有利于限制通货膨胀。1997 年的石油价格下跌幅度非常之大，价格降低的原因也很多。其中包括亚洲金融和经济的灾难，伊拉克对石油出口的限制以及欧佩克对产品限制的增加和北半球温暖的天气有关。仅仅是低的能源价格，就造成 1997 年消费者价格指数（CPI）的通货膨胀降低了 0.5％。

如果对伊拉克石油出口限额重新分配，国际能源市场或许不大可能顺利地走出困境。但至少，在 1998 年夏天，联合国和伊拉克关于"石油换援助"的协议的重新鉴定，使人们认识到伊拉克石油出口产量将增加。不过从最近伊拉克和联合国关于武器检查小组的冲突，这也许是不可能圆满进行的，欧佩克也许会重新估算产量限度增加的时间，这也不是没有先例的。在最近的一次价格跌落到如此低的程度、长达几个月之久的年份是在 1994 年。当时欧佩克决定维持它对石油出口的限制。亚洲的买主迟迟没有买由美元支付的石油，也许是他们希望他们本国的货币对美元的比价会有一个反弹。

1997 年，出口价格的下降已经对通货膨胀产生不了什么大的影响。美元的价值上升到了 10 年以来的最高点，接近 25％。与 1996 年相比，降低了 1.7％，而比 1995 年上升了 2％。这种进口商品价格的降低，打击了国内的生产厂商。例如在自动化工业界的许多国家生产厂商在 1998 年限制了小汽车价格的上涨。引起这种进口商品价格下跌了 0.3％的另一个原因，是由于消费价格指数（GPI）所引起的通货膨胀。

美元无限制的飞速上涨将以亚洲货币与金融危机最终降温而画上数月以来的一个句号。作为投资商，他们坚信，亚洲的金融市场已走到最低点。他们猜测，亚洲经济的回升即将到来。美元在全球的可靠性将失去它往日的光彩。在英国和加拿大，甚至德国都实行高利率政策以阻止美元价格继续上升。那么，在美国贸易中，不可避免的通胀与货币贬值将在本年年末开始。

通货膨胀的主要受害者，是计算机价格的暴跌。在 1997 年，计算机价格比原价跌落了 12％。尽管计算机价格的下落并不是罕见的，但是让人惊讶的是，下跌的价格竟与计算机刚在市场上出现价格相差两倍。在价格滑落的背后，计算机正以 1000 美元的价格畅销。

1998 年，计算机的价格将持续下跌，但它已很难再像 1997 年那样猛降了。在工业界的成本与销售的差额即盈余已经下降，这种现象足以表明一个严峻的动荡时代将要来临。几乎没有一个计算机生产者能最终限制未来计算机价格的降低。

1997 年，价格的下降已对于通货膨胀起到了重要的限制作用。医疗福利的增长已降低到接近 2.5％，比 1996 年的 3.5％以及 1995 年的 4.8％都要低。医疗福利膨胀低速增长，1996 年已降低了 0.1％

经济学家预言健康费用膨胀将会加速。而且，尽管美国的社会保险尽了最大努力，但是大医院和医生们还是把价格提得如此之高。当成本比保险基金增加得更快时，很多健康保险发现他们的利润不见了，所以，他们就要求从投保者那里得到更多的保险金。在最近的一次对受雇者的调查统计来看，保险价格预计将在 1998 年增长 5％，比 1996 年增长 2％，比 1995 年低 2％。能源价格一下降，必定会在消费价格变化中表现出来。而且，能源价格在未来的几个月内也许会降低得比较多。到年底通货膨胀也许会因能源价格上涨而加速。进口价格的稳定以及计算机价格跌落的放慢和医疗保险价格的上升加快，也都是通货膨胀将继续上升的原因。

有人预计，通货膨胀将继续加剧，因为劳动力价格正在强劲地上涨。劳动力市场已非常紧缺，而且在经济的增长势头下，越来越走俏。格林斯潘在 10 月早期的预算委员会的听证会上，警告说："供需的市场经济法则，决定了一个事实：如果劳动力的需求继续远远超过供给的增加，问题肯定会发生。结果会导致劳动力价格的上升。"另外，劳动力的生产能力不足以维持他们过高的工资。

一个非常重要的情况值得人们注意：货币供应的增加不是在加速，恰恰相反，它是在减速。当这个货币供应量增加时，通货紧缩现象不会出现。从现在开始到1998年，消费价格的上涨幅度，将从现在低于2%增加到低于3%。虽然说，这已经是半个世纪以来比较温和的通货膨胀，但它也毕竟是通货膨胀。

从美国所取得的良好经济成绩以及欧洲大陆呈现出的明显复苏迹象来看，对大萧条的担忧是荒谬的。在大西洋彼岸，奇迹仍在继续；24年来最低的预算赤字和失业率，9年来最高的经济增长率，华尔街股市行情很好，国家信贷收入达到历史上最好的水平。怎么能想象美国经济会在很短时间里从这种"重新获得的天堂"一下子跌进通货紧缩的地狱呢？

欧洲经济增长速度在加快，国内消费和投资有了新的发展。据专家估计，欧洲联盟的国内生产总值的增长率到1998年可能达到3%左右，而1997年只有2.6%，1995年只有1.6%。从这种情况和前景来看，根本没有通货紧缩的任何迹象。

大部分专家并不相信形势会有那么坏。他们认为，对于工业产品价格的下降丝毫不必惊慌，因为它是由跨国集团之间的激烈竞争以及工艺技术进步带来的生产力的大发展引起的。比方说，个人电脑的价格一直在下降且降幅不小，但人们难道有必要对此表示担忧吗？

研究经济发展史的专家指出，在19世纪的最后25年中，就曾出现过一次工业价格的下跌，而大部分西方国家的经济却有了长足的发展。现在，企业的创纪录利润，工资和收入的提高，储蓄率的下降，工业化大国中货币的持续增长等等，所有这些因素都与通货紧缩的论点是完全背道而驰的。

五、三次降息，遏制通货紧缩

围绕格林斯潘的通货紧缩论而引发的争论，也许违背了格林斯潘的本意，他的出发点主要是防止通货紧缩，因为确实出现了经济衰退的迹象，不仅在亚洲，就是美国也是如此。格林斯潘担心会出现 20 世纪 30 年代的大萧条。

首先，持续不断的亚洲金融危机造成了亚洲国家的经济萧条，引起亚洲国家发生通货紧缩。

其次，亚洲金融危机，在促使亚洲国家经济出现萧条的同时，还减少了亚洲国家对国际市场商品的需求，导致国际市场商品供过于求，引起国际市场商品价格大幅度下跌。

再次，亚洲金融危机不断向世界各地蔓延，使欧美国家经济增长前景日趋暗淡，特别是美国经济增长势头已明显减弱。

鉴于此，在 1998 年 3 月，格林斯潘表示，如果亚洲的货币危机使美国的经济增长速度放慢从而使通货膨胀的压力受到控制，中央银行可能让现行利率无限期地保持下去。

随着时间的推移，按美元计算的"世界商品价格指数"7 月份下降 0.8％后，8月份又较上月下降 1.6％。格林斯潘不得不于 9 月、10 月、11 月接连 3 次降息，以防止美国通货紧缩的出现，并防止全球性的经济滑坡。

美国政府也把宏观控制的重点，从原来担心的通货膨胀转向遏制通货紧缩，并一改过去寄希望日本带动亚洲走出经济低谷的做法，走向前台，带头采取了一系列维护和推动经济增长的举措。包括多次召集西方七国集团财政部长和央行行长会议，商讨对策，并达成了协调行动共识；美国和部分欧洲国家先后调低银行短期利率刺激投资；及时堵住国内对冲基金所造成的漏洞，并强化监督管理。美国政府还通过妥协，与国会达成了向国际货币基金组织增资 179 亿美元的协议，从而为西方七国集团向该机构增融 900 亿美元资金奠定了基础。这些措施给世界投资者以信心，使华尔街和全球股市出现了连续升腾的局面。到 1999 年上半年，美国通货紧缩现象逐渐减少。

第十一章

纵论金融危机根源

Greenspan
King of the Financial Empire

　　金融危机的危害之深，应该是妇孺皆知的。那么为什么会发生东南亚金融危机呢？在美国，经济界、金融界对亚洲金融危机的根源主要有三种解释。

　　第一种观点认为，日本和韩国的重商主义，新加坡的儒家式的资本主义，印度尼西亚和泰国类似封建主义的资本主义，这些经济模式，都竞争不过全球性的、自由化的经济力量。亚洲国家将不得不按美国的资本主义模式来重塑自己。

　　第二种观点认为，亚洲的高储蓄率和西方的大量投资（很大一部分具有投机性，很不稳定）加在一起，造成了过多和生产过剩的危机，向饱和的市场投放的商品过多。

关于格林斯潘的漫画

　　第三种观点认为，是由于美国不负责任地鼓吹取消对世界市场和世界生产的控制以对它自己有利而造成的。经济学家米基·坎特认为，国际货币基金组织是为美国的出口商品敲开亚洲市场大门的"大棒"。

　　作为美联储的主席，格林斯潘以一个金融领导者的身份，深入金融领域，从多个侧面对亚洲金融危机根源进行了全方位的分析。

一、全球银行服务能力过剩，是金融危机的内在根源

格林斯潘认为，全球银行服务能力过剩，是造成金融危机的内在根源。全球银行服务能力过剩，导致了金融不稳定，这同金融机构数目增多、银行开展新业务有关。因此，要消除银行能力过剩就要取消一定数目的银行，加速兼并和收购。

格林斯潘在分析亚洲金融危机的原因时指出：最近几年，银行贷款全部资本的70％流入亚洲，在西方，银行贷款还不到这个数字的一半。亚洲银行的最大脆弱性，在于其很难适应更加严峻的环境，金融业应付竞争和环境压力的能力不强，防范风险的机制不健全。而且，在整个亚洲，一小批银行在巨额信贷中占有重要地位。所以，在最大银行发生麻烦时，整个经济都要遭殃。

格林斯潘指出：如果说"泡沫经济"的崩溃，是亚洲金融危机的催化剂，那么，经济模式和结构不良则是导致亚洲各国经济灾变的致命内伤。他说，在经济全球化的大趋势下，亚洲新兴工业化国家迅速融入国际金融市场一体化进程。在这一进程中，各国产业结构和经济模式的脆弱性与不合理性也日渐暴露出来。主要表现在：

1. 过分依赖外资流入推动经济发展，同时外资投入结构不合理。

2. 东南亚国家的出口结构和管理也存在着诸多不良因素，演变为金融风暴的诱因。

3. 市场开放、金融自由化本是"一个正确的发展方向"，东南亚各国所推行的金融自由化政策也确实对自身经济增长产生了巨大的促进作用，但不可避免地犯了急于求成、跨越阶段的错误。

4. 事实上，不仅有宏观操作的失误，金融自由化本身也是一个烫手的山芋，是一匹不易驯服的野马，更是一柄锋利的"双刃剑"，它的利和弊都是突出的。

5. 金融市场盲目开放，过分依赖外资弥补经常项目逆差和满足国内消费，导致大量外资并未投入实际生产部门。

6. 监管机构和措施不完备，资金过多进入高风险部门，导致呆账剧增和金融机构破产倒闭。

7. 过快地取消外汇管制，大量引进境外金融机构，招致国际游资的冲击。

8. 外汇高估，特别是在固定汇率制下人为地维持高估的货币汇率，是货币管理体系中结构性的缺陷。

格林斯潘认为，所有这些问题的出现，才导致了金融危机的发生。一个能干的管理者和一个优秀的政府，在出现这些问题的苗头时，完全能够做到提前预防和控制，避免灾难性的危机发生。

他分析指出，由于过去肆意挥霍，韩国、印度尼西亚和泰国的大部分银行家实际上都已没有偿债能力，调整这些银行的资本结构所需要的资金，将是巨大的。各国政府不得不通过自己的资源或通过发行特别债券筹措解救银行系统的资金。亚洲的银行危机由于管理人员没有正确监督债权机构和保证金融体系的完整而加剧。因此，各国政府应该改善银行管理，必须从金融机构中清除不良债权。

二、银行系统本身管理不善是金融危机的另一个内在根源

格林斯潘关于金融危机的另一个重要观点是，金融危机有可能从银行系统开始。

第一，过度举债经营常常是过分地冒风险的一个征兆。过度冒险使金融系统和经济体系容易遭受因信心丧失所带来的不利影响。此外，非金融企业和金融企业运用举债经营来掩盖经营状况欠佳，这些企业没有足够的资本和实力应付或减轻因变幻不定的环境所造成的影响。

第二，银行往往倾向于提供长期贷款和进行短期融资，这使银行尤其是那些一开始就没有足够资本的银行，在利率被压下来和资本减少时会遭受因群众失去信心

而产生的不利影响。此外，金融中介在兑换率固定，但仍然存在着通货膨胀引起的高物价和国内货币高利率的环境下，寻求低费用、没有保值措施的外汇资金的时候。存款者到银行挤兑现款的危险会随着国内货币贬值而增大。

第三，银行在金融市场中占有十分重要的地位。健全的机构能够顶住意外的冲击。但是，当银行资金不足、贷款标准不严格而且受到监督不力和管理不力时，银行就成为国内和国际的金融系统一系列风险的根源。

第四，最近银行业所处的逆境，突出表明可能产生的难题，如果银行，尤其是易受损害的银行，是金融资本的唯一中介的话。银行的倒闭将会引起经济增长速度的显著下降。范围更广泛的非银行金融机构，包括呈现生机的债务和产权投资市场，能够在银行系统不起作用时，为经济活动提供重要的保障。

第五，银行之间提供过度的短期资金，尤其是跨越国界的短期资金，是国际金融系统的致命弱点。这种现象在美国是很常见的，但在国际背景下也许是特别危险的。

在几乎所有的情况下，使其他方面看来是小小的不平衡演变成危机的是，银行系统的清偿能力，受到真正的破坏或预计会受到破坏。对于了解亚洲危机和以前的拉丁美洲危机来说，这个事实极为重要。这些危机可能是从银行系统开始的，或者可能是从别处开始的，然后造成银行系统出问题而将麻烦事演变成一场危机。

1998 年 5 月 7 日，在芝加哥举行的国际银行会议上，格林斯潘就银行结构和联邦储备银行的竞争发表讲话，阐述银行的支付危机及央行的责任，认为银行系统易产生支付危机的原因有几个：过度举债经营、倾向于提供长期贷款和进行短期融资、经常是金融市场上唯一的融资中介、过度提供跨越国界的短期资金以及大冒道德风险等。指出央行有责任制定并执行谨慎的管理标准，必要时还可以直接干预市场以防止金融系统出现严重混乱。

格林斯潘认为，在 20 世纪 90 年代，东南亚国家举债经营的经济，显然不可能在适度风险的前提下提供充分的盈利机会来吸收大量的资本流入。再加上长期以来形成的政府计划模式引起的扭曲，大量流入的投资造成了资不抵债的巨额损失。由于活力降低和在原预想经济继续增长的条件下承诺的债务本息负担过重，企业亏损和未清偿的银行贷款激增。亚洲国家的银行资本迅速减少。由于投资者变得十分担心出现拖欠债务的情况，融资的来源干涸了。

在脆弱的金融体制、不严格的监督制度、对存款人和债权人加以保护的保证含糊的环境下，对任何银行系统的运行来说十分必要的信心都遭到了严重损害。好几个国家出现银行挤兑现象，在印度尼西亚甚至达到了危机的地步。不确定性和紧缩开支的现象更严重了。

于是，亚洲经济活动慢下来，使得举债经营的经济体系显露出风险。未能偿还债务，招致越来越重、不断加深的恶性循环和不断强化的担心。他强调，一种形式的道德风险是，一个起初健全的金融系统可能只会导致一个国家的借款者愿意承担的风险增大。这并不是要贬低支撑金融系统的努力。但是应当记住：这种主动行动的一些好处可能会由于败德行为而失去。

格林斯潘认为，这种危机很难预料。每个借款者，无论是银行还是非银行的公司，所制定的资产负债表恐怕都是为了提供足够的缓冲，以应付可能出现的流动性缺乏或无偿债能力的情况。在这种缓冲遭到意外的破坏时，借款者争先恐后地保护自己的资产，这可能导致流动性的需求激增，而随之造成金融系统挤兑现象。

格林斯潘认为，在全球经济还处于萧条的情况下，金融市场也是不会繁荣兴旺的。一种扩展的、发展着的经济只有在这样的条件下才具可能，即对经济体制重新作重大改造，以及重新思考宏观经济改革。

三、泡沫经济，投机心理，政府对金融的过度干预

格林斯潘认为，泡沫经济是造成东南亚危机的一大原因，它已成为亚洲各国特别是东南亚各国的通病。可以说，那几只东南亚"小虎"，体内都存在着大量的泡沫，早已构成了经济风暴的隐患。

格林斯潘认为，亚洲经济危机的第一根源，在于经济制度存在很大的缺陷。这些国家的国民经济增长很快，但是必要的改变，尤其是银行的改善和加强没有跟上。第二个根源，在于政治上干预太多，政府同商界没有保持必要的距离。在韩国、泰国、印度尼西亚发生的事同亚洲的价值观念无关，这些国家都有根深蒂固的文化上和组织上的问题，真正的问题是伦理问题。全球化是不可逆转的。谁要想从这个制度中脱身，它将遭受种种后果；当然，这并不意味着它们必须按照美国或者西方那样的模式来治理。

在东南亚金融危机爆发之前，格林斯潘曾批评亚洲经济偏重于投资型的做法，认为这一做法犹如当年苏联的模式，其结果必然造成资源破坏、经济停滞。格林斯潘认为，泰国的问题在 1996 年初就已表现明显，如及早采取严厉措施，本可以以较小的代价得以妥善解决。

格林斯潘在谈到 1987 年美国股市"黑色星期一"灾难产生的原因时指出：政府对金融的过度干预、投机政策和管理上的错误，是导致 1987 年股市危机的重要原因。他分析指出：在 1987 年的证券市场危机之后，管理上的政策问题仍未得到解决。根据由美国国会建立的不同委员会，1987 年的崩溃是由一些特定的事件导致的，并开始了那场崩溃。这些事件，通过主要的金融玩家（其中包括公共机构的商人和互助基金中的交易商），导致了一种"反作用的反应"。他们再也没有给出其他的原因了。这些委员会还认为"健康的宏观经济政治"与金融脱离了管理相连，必然会产生这样的崩溃，甚至他们认为这是不可改变的答案。

"投机"并不是华尔街独有的金融术语，一个总统的专门调查委员会成立了，尼克拉斯·布莱迪任主席（随后，布莱迪担任了布什政府的财政部秘书）公共机构的投机经常使真正的公司利润受到掩盖，并且无法获得，这代表了一种有力的院外集团，他们会影响管理政策的方向和范围。

他认为，紧缩预算、工厂关闭、脱离管理以及商业自由等，共同影响着一个国家的经济，导致贫穷和整个经济处于停滞。在发达国家和发展中国家，大量的商业导致对货币政策的破坏，国际金融走到了真正危险的十字路口。

对证券的疯狂投机，在总体上有悖于真正的经济发展。证券市场永远"也不会引导他们自己的生命"，商业的信心不是由"衰退来维持的"。证券的赢利率已涨到 25.8％，这是危险的，它已超过正常水平的赢利率，这个正常水平为 22.4％，这在 1987 年 10 月所发生崩溃的前几个月就普遍是如此的。

对证券市场的疯狂类似于阿尔巴尼亚的"庞氏"骗局（指设骗向虚设的企业投资，以后来投资的钱作为快速盈利给最初投资者，以诱使更多人上当）。只要把钱投入证券市场，当市场提高时，那些把私人积蓄都投入的人，以为会发财。当金融市场崩溃时，那些在证券中投入一生的积蓄，互助基金、退休金和保险基金都会烟消云散，一扫而光，有 40％多的美国成人已在证券市场投了资。发生一次金融崩溃，将使大量的贷款无法收回，整个银行系统都会打一个寒噤，它也将会导致银行倒闭。

格林斯潘要求大家记住：如果让市场决定一切，那么毫无疑问会导致金融混乱。他说："我们应该封锁主要投机机构在证券方面的作用。在 1993 年，邦德斯银行印发了一个报告，警告说，商业的那些衍生方面会潜在地'引起一系列反应并且危及整个金融系统'。国际清算银行认为管理不能最初限制在公开状态。"

四、经济全球化与金融全球化是导致金融危机的重要原因

先进的科技手段带来了金融繁荣的方面，同时也成为造成金融危机的一个因素。格林斯潘认为，新技术革命的发展，经济全球化等等原因，使经济危机、金融危机与政治危机的联系更加紧密，有可能引发社会冲突和国内战争，甚至会引发国际间的战争。

格林斯潘十分重视主权国家的金融危机及其对世界金融市场的传染所带来的危害，甚至把这一危害的严重性提高到关系社会安定和政局稳定的高度上来。他说："最令人关心的事情是系统风险——当一个金融机构倒闭或者某一国家的金融市场出现崩溃时，它必然会传染给健康的金融机构或别的国家的金融市场，从而给整个国家的金融秩序和世界金融市场造成严重危害。"

格林斯潘强调说："这是一个值得重视的问题。因为金融危机导致的后果不仅仅只是经济问题，而且还影响到国家政治的稳定，甚至对维系民主社会所必需的条件产生至关重要的不良影响。"

与 20 世纪 20 年代不同的是，现在世界上主要的交易所都通过电脑而相互连接在一起，在华尔街的那些波动性的交易很容易"溢出"美国，进入亚洲和欧洲的证券市场，从而快速地渗透进整个金融系统中，这包括外国交易和商品市场，还有公共债务市场。公共机构的投机者的投资活动，可能会导致全国通货的崩溃，这必然也反冲到整个欧洲和美国证券市场，全国的经济命运还处在支付危机的那种悬而未决的平衡下。

格林斯潘认为，技术的革命（与失去地方限制和公司的重构相关联）已显著地降低了产品的成本，同时又让许许多多的人变得穷困。今天，宏观经济政策被国际化，同样严格的测度被广泛地（也可以说整个世界）应用，再没有哪一个国家是单独的经济了。大的公司已有能力把它整个工业部门从一个国家移到另一个国家。在发达

国家工厂关闭了，生产被转移到了第三世界国家，在这里工人的工资是很低的，常常工作 1 天，连 1 美元也挣不到。"冷战"后，经济危机所造成的社会后果以及政治上的关联具有特别深远的影响，并且是不确定的。一些发展中国家都已失去了稳定性，这导致国家的通货崩溃，社会冲突不断发生，甚至还发生种族冲突和国内战争。

在前苏联作为一个整体时，在 1989—1995 年期间，整个工业产量下降了 48.8%，GDP 下降了 44%（由美国欧洲经济委员会编的官方数据）。有时，工资下降到 1 个月不到 10 美元，在保加利亚，年老时的退休金是每月 2 美元。

他认为，全球经济不仅被衰退的力量和金融重担所影响，还受到复杂的社会、政治战略等诸因素的影响。发展起来的国际机构，包括世界商业组织和布雷森林体制起到了极为关键性的作用。它们在监视和管理宏观经济以及商业政策是否给国家社会造成破坏这一方面，也起到了极为重要的作用。现在，国际社会已认识到新自由主义体系的失败，这一体系来自于里根—撒切尔，在那个时代无不是起决定性作用的。现在人们认识到紧缩预算、失业、公司小规模化以及脱离管理，"对经济的成功来说都是关键性的因素"。这些因素分化了人的资源和物的资源，它们会导致银行倒闭和大量失业。最终，它们会停止消费的增长，"衰退不是解决衰退的办法，要记住这句话，从而改变我们的办法"。

在拉美、东南亚以及东欧的那些最大的债务国，正面对与墨西哥那样相似的困境。随着墨西哥 1994—1995 年的金融崩溃发生，国际货币基金组织（IMF）管理中心主任米切尔·坎迪萨斯威胁说，10 个其他的债务国也会碰到像墨西哥那样的命运，它们都需强而有效的经济监督来救治它们。"所以，我们将引入极强的监督，可以肯定，这样便会渐渐恢复健康，变得好起来……"

然而，由于"跛脚"的国家经济以及要求政府不来管理，那么，IMF 的那种"经济治疗"就会阻止一种"软着陆"的可能。这样，IMF 对债务国的宏观经济政策的监督，只会进一步地提高金融崩溃的危险。当前的经济危机比两次世界大战期间更为复杂了。因为国内经济是和全球商业和投资系统连接在一起的，它的影响潜在地具有更为巨大的破坏力。

五、对银行等金融机构监管不力是产生金融危机的重要原因

格林斯潘说：与电子程控系统相关的那些危机也应该成为管理者仔细检查的问题。他说：我们也承认，全球金融市场的效率正有力通过金融系统，很快地传送错误的东西，而这在几十年前还是不为人知的。整个世界都认识到存在着一种不断增长的危险，并且毫不迟疑地采取了一种统一的金融管理。这毫无疑问是最为重要的，也是本质必需的。还存在着广泛的、复杂的政治问题。在一个国家的社会中，要平衡政治权力，还需要充分的改变。这种改变应具有实质性的意义。那些处于政治权力中的人，他们常常喜欢决定金融的利润，他们总喜欢把自己的意志，自己纯个人的兴趣加在金融市场中。

1997 年在美国丹佛，七国集团的领导者们以一种含糊不清的观点呼吁"更强的风险管理"，而在主要交易所的那种投机活动的不稳定性作用连提都未提到，相反，这些政治的领导者们却大量地宣称自由市场所产生的收益已产生了一种欺骗的氛围，以及经济的错误的东西。他们人为地抬高了"商业的信心"，并大大地为公共机构的投机者的优势做广告。然而，实际上一种"金融裁军"是需要的，它将直接削减投机活动的浪潮。"金融裁军"意味着整个海外银行的解散，大大减少银行，它还包括对赃钱和黑钱的整顿、清理。

格林斯潘在谈到 1987 年的股市危机时说：1987 年的危机，可以说就是 20 世纪 20 年代错误政策的重演。大家总是认为政府不应该干预，纽约和芝加哥的证券交易所是他们自己调整他们的管理程序，而他们的那种程序是有问题的，一旦道·

琼斯指数下跌 50 多点时，他们那种计算机化和计划商业就被"冷冻"了。他们还称之为一种"断电器"，但是这种所谓的"断电器"，在改变每一次崩溃方面，已被证明是完全无准备的。最近，有充分的经济数据证明，道·琼斯指数可以前后摆动 50 多点，并且这是在通过接通纽约证券交易所的超点电子程控系统后几分钟内就会发生的波动。这个波动值已超过了 50 点，可见那种"断电器"还会有什么效呢？现在，超点电子程控系统每天可以处理 300000 个命令（每秒钟处理 375 个命令）。这标示着每天的处理能力是 20 亿次股票交易。但是，自从 1987 年以来，交易的速度和容量都翻了 10 倍，这样金融的不稳定性的危险是非常大的。总统经济顾问委员会主席吉恩·斯珀森承认："虽然技术发展已提高了降低交易成本的潜在条件，但是，在一些方面，它们也增加了更快速和更为广泛的混乱的潜在性条件。"

六、金融系统如何防范金融危机

作为美元帝国的"君主"，格林斯潘深入研究并系统总结了金融系统如何防范金融危机这一重大问题。

1. 银行要建立稳定而富有弹性的金融体系。

格林斯潘强调，面对金融危机的严峻挑战，一个稳定而富有弹性的金融体系是必要的。他指出，建立全球经济秩序的一个关键环节，是保持国际金融市场的稳健有力、富有弹性和充满活力。

他以反面教训和美国的成功经验，再一次强调建立世界金融安全网的紧迫性。他说，高层金融会议对于世界各国来说是至关重要的，因为强有力的金融体系对于世界经济的繁荣同样是至关重要的，在此我们仅仅只要回顾一下大萧条时期，众多的金融机构瘫痪和金融市场的崩溃所引发的一场浩劫，就可以理解稳定的金融体系对一个国家来说是多么重要。就在最近，阿尔巴尼亚金融秩序危机，引发暴力冲突而使一些人们暴死街头。在整整 1 个世纪，美国为适应国内货币市场、银行系统的更为有效的监管的需要，为规范证券市场，逐步建立了一系列法规和有效的行政监管体系。美国建立了联邦储备体系、存款保险制度以及完备的证券银行法律架构，并正在努力重建全球范围内的金融风险安全网络。

他说："促使过去的危机发生的一个重要因素，是道德风险。也就是说，在确定风险程度的有关方面，从所冒的风险中得到好处但又不承担风险的全部费用出现时刺激措施被扭曲的现象。冒利率风险和货币风险、过度举债经营、脆弱的金融系统和银行间融资，全都由于有一个安全网而受到鼓励。人们期望国家货币当局或国际金融机构会来解救衰弱的金融系统和不健全的投资。这种期望显然在相当大的程度上促使过分地冒风险。公共的责任和私人的责任之间的分界线常常变得模糊不清了。"

鉴于安全网的存在引起道德风险，而道德风险又刺激措施，那么为什么还继续提供安全网支持金融系统呢？

他说：重要的是要记住，尽管存在着过度举债经营的可能性，银行向现代社会提供的许多好处，来自于银行愿意冒风险和银行利用程度上较高的金融杠杆作用。通过杠杆作用（其主要方式是利用存款），银行在金融中介过程中起着极为重要的作用。银行向储蓄者提供更多的投资选择，向借款者提供范围更大的信贷来源，从而有利于更加科学地分配资金，而这样做法看来对于提高经济增长率贡献重大。

此外，中央银行开办的提供贴现和证券抵押业务能够使每个银行的存储部门将非流动资产变成流动资金，并通过强迫出售非流动资产或催还贷款制止市场动荡不安所引起的情况恶化。从比较广泛的角度来看，开放型市场业务能够满足整个金融体系对流动资金的显著增大的需求。

当然，应当认识到，由于举债经营，始终都存在着引起连锁反应的可能性（不管这种可能性是多么的微小），始终都存在着连续发生许许多多拖欠债务的事情。

如果不加以制止的话，这种事情最后会发展到金融系统内爆的地步。只是中央银行才有可能有能力在这种情况造成严重破坏之前予以遏制。因此，中央银行势必会变成为最后贷款者。但是，这样一种作用所包括的一个意思叫公营部门和私营部门之间以某种方式分担风险的负担，而由中央银行负责最极端的结果，也就是最敏感的结果。如果让金融机构的业主或经理预料到会经常得到政府的援助而支撑下去，那只会鼓励不顾一切和不负责任的做法。

2. 加强金融系统的预警。

格林斯潘对未来全球金融监管网络，提出了美国人的看法。他认为全球金融网络的建设要以信息传输网络为基础，各国金融监管机构与国际金融组织要进一步促进信息流动，达到信息共享目的。全球金融监管网络要以增强国家监管组织和国际监管组织的监管能力为手段，达到有效监管从事国际金融业务的金融机构的目的。

格林斯潘说，在丹佛召开的 1997 年西方七国首脑会议上，这些西方发达国家的决策者们采取了一系列措施构筑全球金融信息网络，这一网络至少要达到下列四个目的：（1）以此来提高国家管理当局监管从事国际金融业务的机构的监管能力；（2）为全球金融管理机构建立一套监管原则做出贡献；（3）为改善衍生金融工具的汇兑和监管制度创造条件；（4）为减少国际外汇交易结算风险创造条件。格林斯潘肯定了美国在构筑国际金融监管体系中的贡献，并强调要继续发挥领导作用。

3. 增强中央银行责任感。

格林斯潘指出：从理论上说，如果私人金融机构必须承担一切金融风险，那么金融机构在国家经济发展中所能起到的杠杆作用将受到限制。金融部门越小，它对经济的贡献就越加有限。另一方面，如果中央银行实际上使金融机构不会遭受可能出现的亏损，不管这种亏损是怎样造成的，那么，进一步放松管理就有可能使纳税人在金钱上遭受重大损失，或者由于过量投放货币而导致通货膨胀引起的不稳定局势。

他说："实际上，政策上选择政府当局应承担多大的市场风险，是充满着许多复杂因素的，然而，我们这些中央银行家每天都做出这种决定。此外，我们从来都无法肯定地知道我们所作出的决定是否适当。正如没有火灾并不意味着我们不应当支付火灾保险费一样，现在的问题不是我们的行动从事后来看是否必要。恰恰相反，现在的问题是，从事前来看，整个市场大跌的可能性就足以成为进行干预的正当理由。我们常常不能等着瞧一瞧，从事后来看这个问题会被认为是个孤立事件而且大体上是无害的事件。"

因此，各国家政府，包括中央银行在内，负有与它们的银行系统和金融系统有关而且必须是同时兼顾的某些责任。中央银行有责任防止金融市场出现严重的混乱，办法是制定并执行谨慎的管理标准，在罕见的情况下，如果必要的话，还得直接干预金融市场。但是，中央银行也有责任确保私营机构有能力谨慎、适当地承担风险，即使这种风险有时会造成意想不到的银行亏损或银行倒闭。

因此，作为监督者的目标不应当是防止一切银行倒闭，而是应当保持谨慎的、充分的标准，以便阻止发生问题的银行成为普遍现象。要努力通过官方的条例以及正式和非正式的监督政策和秩序来做到适当的平衡。"在一定程度上迟早都要这样做，办法是通过行动向市场发出信号，表明在哪种情况下我们也许愿意进行干预以平息金融动荡局势。"

七、要改革国际货币基金组织

作为目前监督国际金融秩序的重要国际组织，国际货币基金组织的作用是不可否认的。国际货币基金组织的主要资金来源是由美国提供的，所以，美国在推动国际援救亚洲行动中，国际货币基金组织唯命是从。

目前国际金融形势风波迭起、丑闻不断的局面，已经给国际货币基金组织提出了新的课题和强有力的挑战。格林斯潘认为，国际货币基金组织面临以下三大难题。

第一大难题：升降无序的汇率，它使汇率有可能脱离现实经济基础而受大国政治控制的趋势加强，加上国际金融立法的折中倾向，更增加了这种危险性。

从理论上讲，汇率的变化是由一国的综合国力决定的，但是在国际金融领导的实践中并非如此简单。如果说当初选择浮动汇率制主要是考虑其人为的因素相对来说少一点的话，那么现今浮动汇率制运行的客观环境及内容已不尽相同。升降无致的汇率与其说是各国综合力的体现，不如说是各国政治、经济实力的较量。

在国际经济高度发达的今天，国际金融资本和商品资本已经分离，金融资本在摆脱了对其他经济要素的依附之后，呈急剧膨胀发展之势，较之国际贸易量的增长有过之而无不及。现在每天在国际金融市场上进行的金融交易已远远超过世界贸易量，几近天文数字，使国家的汇率管理难以有所作为。此外，汇率极易感受政治、经济局势的动荡和变迁，国际金融市场上汇率的频繁升降实质上就是国际政治、经济关系的晴雨表。随着各国在外汇管制方面的普遍松动化，又使得自由货币的队伍日益庞大。

但是，另一方面，世界主要货币又日益集中化。美元的传统中心地位已经丧失，特别是1994年下半年国际金融市场上美元对日元汇率的历史性跌宕起伏，以充分表明美元内涵的匮乏和虚弱。代之而起的则是群雄鼎立之势，英镑、法郎、日元、马克与美元已同时作为国际贸易中的计价和支付手段和各国外汇储备中的主要币种。这种状况无疑是各国政治、经济力量起伏消长的真实写照。但是，无论怎样，各国经济利益的明争暗斗从未有停止过，在当前的浮动汇率制度下，汇率已演变为各国手中的有力斗争武器。

汇率变动虽然从理论上讲是一种正常的商业风险，但是全然不能排除被统治者的政治、经济力所左右的可能。有事实为证，1993年欧洲金融对英镑的间接冲击，最终使英国成为欧洲货币联盟的局外人，之后对意大利里拉、法国法郎的冲击以及1994年美国政府大幅度提高利率后，墨西哥比索贬值104％，使人们更加感到政治、经济意图这个"无形之手"的巨大遥控能量。今天的国外金融市场今非昔比，一些国家特别是一些主要国际货币国家通过操纵汇率，以转嫁其国内经济危机已成惯用手法，使得国际金融规范暴露出明显的滞后性。

实际上，当代国际经济的风险也主要通过汇率波动进行传递。在实际浮动汇率制的情况下，汇率主要取决于国际资本市场对有关货币的供求状况。当一个国家的国内经济发生某种变动时，该国的货币供给状况也可能相对发生变动。如果该国的货币在国际外汇市场上有一定的地位，国内经济的变动就可能通过汇率的波动而影响到其他国家；加上国际外汇市场的各种投机活动，使汇率波动进一步加剧，从而对各个有关国家的国内经济造成猛烈的冲击。

第二大难题：无所不在的投机。

随着国际金融界竞争的日趋激烈，国际金融投机活动愈演愈烈。首先，投机活动的参与者众多，国际商业银行、非银行金融机构、国际性金融机构和经济组织经不住经济利益的诱惑，纷纷涉足其间，热衷于投机生意，以求自我资本的增值。其次，投机性资金数量巨大，目前全世界的投机性资金已达 500 亿至 700 亿美元，如此庞大的投机资金正在寻求潜在的获得风险利润的机会。不仅如此，交易额的规模亦令人难以想象，仅 1994 年的全球交易未偿清额就高达 8 万多亿美元。再有，为满足人们的投机需求，专事于投机的国际金融衍生工具应运而生，国际金融市场上的金融产品种类达到空前的程度。据不完全统计，金融衍生产品已达 1200 余种，其程度之复杂，名目之繁多，甚至连许多金融专职人员也无法完全搞清。金融衍生工具的投机目的显著，正如有人估计，华尔街的金融衍生工具交易有 95％ 属于投机。恰恰由于它的适宜投机性质，才使得金融衍生工具市场的规模远远超出原生市场的成千上万倍，全球每日的金融衍生工具交易额高达数万亿美元，可见国际金融市场投机活动的狂热程度。

无所不在的投机活动所带来的直接后果是一部分投机活动的介入者，由于未做好风险管理而陷入破产的泥潭。巴林银行倒闭的悲剧，追根究底就是投机失手所致。一些国际性金融机构和经济组织的投机失败，直接导致国际金融市场的波动，并对国际金融体系的稳定性产生了较大的冲击，甚至引发全球性的信用风险的连锁反应。

面对这种情况，国际货币基金组织尚无良策可施。在全球范围内，还没有一个较为完善的规范国际金融投机的法律体系，从而使国际投机活动有机可乘。当今，仅凭几个金融大国的金融政策的有限效力以及一些临时应急措施，只能解一时之急，并不能从根本上解决问题。国际金融市场和银行内部的管理监督机制的滞后，国际、国内监管法规的不足是投机活动普遍增加的重要原因，也刺激了人们对投机活动的较高期望，从而导致了金融市场的不稳定性，使国际金融市场险象环生。

第三大难题：兴风作浪的游资使国际资本运动"游资化、热钱化"。

自国际货币基金组织确立浮动汇率制度以后，游资便开始孕育、发展并呈急剧膨胀之势，使各国的金融主管当局躁动不安，给国际金融秩序亦带来剧烈的震荡。

国际金融市场上的游资规模十分庞大，根据国际货币基金组织的粗略统计，目前，在国际金融市场上流动的短期银行存款和其他短期证券至少有7.2万亿美元，约等于全球年经济产出的20％；每天国际金融市场网络中的流动资金大约有1万亿美元之巨。1994年全世界期货交易总额达1.4万亿美元，其中游资功不可没。由于先进的计算机网络和现代化的通信技术为游资以光的速度流动提供了可靠的保证，使其能够一遇到机会就蜂拥而至，一遭风险就逃之夭夭，始终保持高度的转移频率，给国际金融市场和受冲击国家带来极大的困扰。1994年至1995年间，国际金融市场接连出现的墨西哥金融危机、巴林银行倒闭、美元汇价暴跌、欧洲货币市场里拉和英镑以及墨西哥比索告急等事件，都是游资在作祟，而东南亚金融危机更是投机分子的杰作。它可以为了实现自身的利润最大化而制造市场假象，使汇率、证券价格一升再升，或一贬再贬，产生极大破坏性。

游资在国际金融市场上的盛行，从根本上说，涉及的是国际金融法律体制的滞后性以及国际货币基金组织监管的脆弱性问题。正是这些体制性问题，导致游资在世界上四处乱窜，把危机传播到全球，常常会诱发全球性的金融混乱。

八、2008 年金融危机后对金融危机的再认识

卸任美联储主席后，格林斯潘对爆发的金融始终没有放弃研究思考。关于1987 年股灾，格林斯潘说美联储从两方面狙击这场危机：一是来自华尔街的挑战。必须说服大型交易机构和投资银行不要撤资离场。二是及时发布美联储的公开声明，暗示美联储将做银行的保护伞，希望他们帮助支持其他金融公司。关于美联储应对1998 年俄罗斯危机的方式，格林斯潘说美联储不再把所有精力用于发现最佳预测指标并依赖该指标，而是基于一些可能出现的情况来决定我们的政策反应，其认为概率很小但却会引发大乱的事件对经济繁荣的威胁更大，虽然这从数学上来说不那么精确，但却能推知世界经济走向。

格林斯潘曾在 20 世纪提出了著名的"非理性繁荣"，并在 2008 年金融危机爆发后，对危机的传导后果做出过抽象概括。他认为，泡沫一定会破裂，但不一定每一个泡沫都有毁灭性的后果。泡沫的破坏后果，不但取决于"有毒"资产的类型，还有这些资产持有人的杠杆率。而后者，决定了危机能够蔓延到多广的范围。他强调说："要考虑到当时的几个因素，一个就是次贷危机，还有一个就是金融危机，这两个就会影响到金融行业的发展。2008 年的金融危机，可能也重复了之前的一些金融危机的诱引。但是我们展现了这样一种金融危机的发展的时候，一方面就是高杠杆率，我想我们就要再有一些展现出这样的一些结果的政策。"

"虽然每一个泡沫都会破裂，但经济学家们还不能确定的是，哪一个泡沫破裂会带来严重的后果。"格林斯潘说，由债务促成、高杠杆的金融机构推动形成的泡沫，

是金融危机爆发的一个条件。但目前没有足够多的例子可以让我们确切知道，当前的体系还能够走多远。

"预测不断失败，并不能阻止我们对无法实现的先知先觉的追求，这是人类的本性使然。"艾伦·格林斯潘在他的自传《动荡的世界》中，浓墨重笔地描述了人们对于经济预测根深蒂固的执着。

格林斯潘在 2018 年 8 月"青岛·中国财富论坛"发表电视演讲时，再次强调了这一思想。他说："其实从我们能够想到的时期开始，泡沫就是一直存在的。而且它也是人类本性的一个部分，人类的本性就是会把我们引向非理性的繁荣，这是不可持续的，会带来金融体系的崩塌，带来经济的衰退。自从美国第一个经济周期开始就出现了，也就是从 19 世纪 90 年代就开始了，那我们也经历了很多次有同样的经济周期，我们没有完全消除这些周期，也没有办法完全消除人们对希望能够获得大量的资本回报的这种追求。

"那经济学家现在还不能确定的就是虽然每一个泡沫都会破裂，但是我们还不清楚，这些泡沫破裂当中，哪一个泡沫破裂会给我们带来严重的影响。那现在有一些假设，就是那些不会带来负面影响的泡沫会不会破裂。或者说是由大量债务所推动的这些泡沫，这些没有被大量债务所推动的泡沫，这些泡沫是良性的，就像过去几十年我们所看到的那样，但是它们在体系当中是存在的。

"如果说在你的体系当中，有这种有负面影响的泡沫，而且它是由比较高杠杆率的金融机构所推动的，那这也成为金融危机爆发的一个必要条件。我之所以有些犹豫，是因为我们现在并没有看到足够多这种现象的例子，没有办法确切知道我们能走得多远，但是我知道的是，当我们进入这样状况的时候，泡沫的破裂是未来金融体系出现危险的第一个迹象。"（参见 2018-07-07 中央广电总台国际在线、财经会议资讯）

第十二章

金融君主

Greenspan
King of the Financial Empire

亚洲金融危机，特别是科索沃战争爆发后，人们对经济全球一体化、金融全球化重新进行审视，认为经济全球化、金融全球化与美国有关，也就与格林斯潘有关，因此值得讨论。亚洲金融危机爆发后，美国有人鼓吹：格林斯潘的讲话引起股市动荡，说明全球需要金融领导，这个金融领导就是美国，就是格林斯潘。

格林斯潘被称为"金融君主"。

一、美元帝国的新君主

美元是世界上最通行的货币，美国是当今世界最强大的金融帝国。作为国际货币，要能够成为自由兑换的货币，成为外汇储备的货币，成为计价货币。目前这些职能主要是由美元承担的，美国的对外贸易占全世界贸易总额的20％，但全球贸易总额的50％以上是用美元结算的，世界各国的外汇储备有60％—70％是用美元计量的。美国发行流通的货币，包括纸币和硬币，有4500亿美元，约有3000亿美元在国外流通，占流通总量的2/3。

而且这一比例仍在上升。纽约联邦储备银行负责对美国货币进行跟踪的约瑟夫·博塔说，过去5年中，在海外流通的美国货币的年增长量已经从150亿美元升至200亿美元。

在海外流通的美国货币中，约有 80％是面值 100 美元的纸币。这与美国国内现金面值的情况迥异，在美国国内，市面上流通的美元主要是面值 20 美元的纸币。博塔说："这反映了那里的人们使用美元的目的。"他们使用这种美元不是为了进行小规模的日常购物，而是为了储蓄和进行商业交易。

美元在海外的广泛流通给美国带来的益处远不止给美国人带来自豪或方便美国旅游者购物。美联储认为，在国外流通的 3000 亿美元就像是提供给美国政府的一笔无息贷款。外国生产商已经接受了美元，为的是换取实际的商品和服务。只要海外有美元流通，美国就不必为获得其他商品或服务偿还美元，而且这也不会增加美国国内的货币供应或助长通货膨胀。美联储估计，美国每年因此可节约 150 亿至 200 亿美元的费用。否则，纳税人将必须替政府支付 3000 亿美元贷款的利息。

联邦储备系统的彼得巴克斯基说，美元的普遍使用是"对美国货币、财政和经济体系"的赞同。

但美国得到的这笔横财也带来了一些危险。博塔指出，"世界上没有任何其他国家有如此巨额的货币在其境外流通"，政府的主要忧虑之上是外国制造货币者有可能偷偷把他们的工具扩散。

美国政治学会前会长、哈佛大学战略研究所所长亨廷顿在《文明冲突与重建世界秩序》一书中，讨论所谓"后'冷战'时代"的全球战略时，列举了所谓西方文明控制世界的 14 个战略要点，其中第一条是"控制国际银行系统"；第二条是"控制全部硬通货"；第五条是"掌握国际资本市场"。

由此可见，作为美联储主席的格林斯潘，通过金融全球化成了这个世界的金融霸主。这也正是格林斯潘会越来越备受世界关注的原因之一。

西赛罗在《论义务》中写道："要谨防对财富的过分的追求，没有什么比贪恋金钱更暴露出灵魂的偏狭与渺小了。"历史发展到今天，金钱成为美国统治者的政治工具，以便在世界上维护美国的价值观，最大限度地攫取经济利益。

二、格林斯潘：全球是一个金融市场

1997 年 6 月 12 日，格林斯潘在美国国际经济学院发表演讲，向华盛顿的经济学家们讲解了金融全球化发展及全球金融稳定问题。他认为，世界金融全球化发展，特别是发展中国家的新兴金融市场的惊人发展，加大了全球金融危机的潜在因素，全球金融的动荡及其传播速度都在加剧。

金融全球化，简单地说是指国际资本按国际规则跨地区、跨国界、跨币种迅速地、大幅度地流动。

金融全球化起源于国际贸易的迅猛发展，相互贸易要有不同的货币相互结算，要有短期的融资；在此基础上，把本国的货币和其他国家的货币相兑换，把资本输出到其他国家，在那里办工厂，这带来了资本的全球性流动。据统计，最近几年来，跨国公司的发展进一步促进了全球金融业的大发展，现在世界上跨国公司的生产总值相当于国民生产总值的 20％，跨国公司的贸易相当于全球贸易的百分之五六十，

英国女王伊丽莎白二世亲自授予格林斯潘"荣誉爵士"的头衔。

至于资本的流动，跨国公司的影响达到百分之七八十。世界上前 20 名跨国公司的国民生产总值相当于 150 多个国家的水平，其中美国的微软公司总资产达到 2700 多亿美元。跨国公司的发展，把所在国的资本、技术、生产方式带到了其他国家，使金融超出国界在全球范围内进行交易活动。

格林斯潘认为，在过去的 15 年里，国际金融市场有了惊人发展。金融管制的解除及其金融业务的融合，新的信息传输技术的发展，金融工具的不断创新，这一切使全球成为一个金融市场。全球的金融市场真可说是日长夜大，20 世纪 90 年代初期各国外汇市场的日交易额还只有 1 万亿美元，至 1998 年底已在 1.5 万亿美元以上，资本的流动速度和金融市场的价格传播速度大大加快，金融市场也更加一体化和复杂化。一些金融产品如金融期货、期权、利率、货币周期在金融市场中变得越来越重要，已成为金融市场交易中的一条牢固的链条。多数金融市场中的大金融机构都以全球业务为基础。银行业和证券业的分界已越来越模糊不清了。全球是一个金融市场。越来越多的国家的投资者、融资者和金融机构参加到这个金融市场中来。新兴金融市场的惊人发展主要有以下几个方面：

——1998 年 2500 多亿美元的私人资本通过直接投资、证券投资和银行贷款的方式流入了新兴市场，而 1996 年这个数字才 250 亿美元。不久以前，国际金融市场中的私人资本流向这些新兴经济地区的流动量，已超过官方资本流向该地区的流量。

——进入国际金融市场融资的国家的数量有了惊人的增加。就在 1997 年和 1998 年两年里，有 31 个国家第一次叩开了国际金融市场的大门，共有 56 个国家进入了国际金融市场。在整个新兴金融市场和国际资本市场中，公共企业、私人企业甚至国家公共机构都能够进入。

国际资本在全球范围内迅速地、大幅度地流动，其正面作用是能使缺少资金的国家及时获得资金，还可以引进外国的先进技术，带动国民经济发展。

国际金融市场的相互融合和制度创新，为全球经济带来极大利益，增加了金融市场的交易机会，促进了新兴国家经济的发展，投资者能够寻找高回报的投资机会，金融创新分散了投资风险，同时也使贸易活动和金融机构能更好地平衡资金往来。

对各国国内而言，金融市场的发展和业务的交叉能够创造经济改革的良好环境，增加投资者和融资者进入金融市场的机会，促进储蓄转化为投资的效率，从而能促进经济的良性循环。良好的宏观经济环境反过来又推动资本市场的发展。

但同时也带来了严重的问题，因为金融交易规则是由发达国家决定的，其结果是使世界上的贫富差距越来越大，而且金融风险日益加大。几百亿、上千亿的资本突然地在几个月的时间里涌向一个国家，因种种原因，又在瞬息之间大量调走，从而对一些开放了的中等国家的经济产生了巨大的冲击。这种风险在国际上更加明显，现在外汇交易的 90％不是同生产、贸易相结合，而是成为趋利的、投机的资本，使国际金融处于动荡之中。这就是所谓的金融全球化风险。

格林斯潘指出，新的国际金融环境并不是没有风险的。金融全球化有点像高速公路给人们所带来的影响一样——人们可以在这里更自由更快地奔驰，但"交通事故"也许会更多更糟。

金融一体化本身带有极大的危险性。凭借现代化的科技手段，资金的流动速度简直使人瞠目结舌，当今世界没有哪个国家能对资金的飞速转移予以有效地控制。电脑交易使投机者如虎添翼，转瞬之间巨额资金便可通过衍生交易工具大为扩容，在金融市场上兴风作浪，使市场变得更为复杂和脆弱，也使各国金融主管部门的监管难度大为增加。

亚洲金融出现的问题，同时影响到美欧等地的股票市场，格林斯潘把这种现象称为"金融市场接触传染"。金融是现代经济的核心，但金融市场的运作又有一定独立性，它是各种信心、信息的集中点。在现代金融市场上，投资人的心理是一个至关重要的因素。格林斯潘的话，反映了全球金融市场上主要投资人过度敏感、脆弱的心理。再加上电子技术过多地被引入金融市场操作，导致大额资金在全球范围内的调动简直是以"光的速度"进行。此外，现代金融市场上消息的透明度很强、传播速度又很快，从而造成了所谓"金融市场接触传染"。

　　格林斯潘警告说，新的国际金融环境面临着新的挑战。根据国际货币基金组织的报告，在过去的 15 年里，2/3 成员国的银行体系存在着明显的问题。在 20 世纪 80 年代，从美国为解决储蓄和贷款危机所需 GDP 的 3％到智利所需 GDP 的 30％财政成本表明，银行危机正消耗着巨额国内资源。日本巨额银行呆账正侵蚀着它的财政资源，它也是影响日本国内经济的世界竞争力的主要因素。1994 年墨西哥金融危机的余悸至今在国际金融市场体系中阴魂不散。泰国泰铢危机以及对东南亚金融市场的传染正威胁着世界金融市场的稳定。"害群之马"使许多金融机构毁在他们的手里，道德风险正成为危害全球金融业稳定发展的大敌。

三、经济全球化推动了金融全球化

　　格林斯潘认为，经济全球化推动了金融全球化。他说：全球经济一体化推动了国际金融、国际贸易、国际投资向一体化方向发展。反过来，金融贸易投资的国际流动促进了世界经济增长的良性循环。在全球直接投资持续增长时，发展中国家接受外国直接投资的能力和向外投资的能力得到加强。

　　国际间的直接投资 10 年来从微不足道的 250 亿美元上升到 1996 年的 2500 亿美元。据联合国贸易与发展会议最近发表的统计资料显示，在全球经济一体化的推动下，1996 年全球外国直接投资呈现跨国资本投资双向交叉发展。同年发展中国家输入的外国直接投资协议金额为 2080 亿美元，实际金额为 1290 亿美元，比一年前发展中国家实际吸收外国资本直接投资增长 30％。发展中国家作为全球投资资本和金融资本的接受者，在外国的投资也呈持续增长趋势，这一数字 1996 年达到 510

亿美元，占同年外国直接投资总额的 15 %，比上年发展中国家向发达国家投资增长近 35 %。

一位美国有识之士指出：全球化的意思是，资本主义正在向一度是社会主义统治的地方扩展。全球化丑陋的一面也是它的危险表现在，货币危机可以从一国正在变化中的经济迅速发展到另一个国家，使通货紧缩蔓延到全球，在那之后出现经济衰退。任何国家或机构即使是美国或国际货币基金组织，都没有力量或者意志，对此有所作为。

四、美国的经济和金融诡谋

对于格林斯潘上述观点，我们有许多不能同意，许多揭露出来的事实表明，美国在经济全球化和金融全球化过程中扮演了并不光彩的角色。

不择手段、最大限度地攫取利润，是所有垄断资本的本性。美国作为世界经济中的超级庞然大经济体，在经济全球化的进程中占据极大优势。为了自己的利益，让自己的商品、资金能够畅通无阻地冲入各个国家和地区，美国不遗余力地鼓吹经济全球化。

本质上，经济全球化是在以美国为首的西方国家的主导下，发达经济向不发达经济的扩张过程。美国把全球化理解成由美国领导和主宰的世界一体化，把美国的制度、文化、价值观强行全球化，最终建立以美国为主导的统一经济体制，让它来主宰世界的经济命脉。

美国作为世界经济中的超级大经济体，在经济全球化的进程中占据极大优势，它充分利用经济全球化进行经济渗透和掠夺，力图凭借经济、科技、金融等优势，控制别国的经济命脉，损害别国的经济主权。

　　美国为了推行金融霸权主义，利用美元的独特地位，通过印发钞票，影响和操纵汇率、利率等手段，为自己捞取巨大的经济利益，还力图控制国际金融体系改革的主导权，其主要途径就是极力主张并控制全球金融一体化，起劲地推进符合其自身利益的贸易投资自由化，试图按照美国的需要，左右国际经济游戏规则的制定。

　　美国等西方发达国家，需要的是资源、市场、廉价劳动力，是资本的最大扩张。虽然对全球化最起劲的是他们，但他们不会拿出自己的高科技与穷国（更不用说社会制度与其不同的国家）分享，也断然不会置关系国计民生的经济领域于他人控制之下。经济相对落后的国家是经济全球化的被动者，即全球化的舵盘不掌握在他们手中。当经济全球化发展到一定阶段时，这种状况必然产生矛盾并可能激化。

　　"冷战"后，世界经济呈现多元化、区域化和集团化的新趋向。全球出现十几个大的经济集团，其中影响最大的是以美国为核心、加拿大和墨西哥加盟的北美自由贸易区；以欧盟为核心、欧洲自由贸易联盟为"第二个同心圆"的欧洲统一市场；以及筹划中的以日本为核心的亚太自由贸易区。这三大自由贸易区正在形成世界经济的新的三元框架。美国在世界经济多极化的"三元结构"中处处称霸。从"三元结构"的经济实力上看，在势均力敌的三足鼎立格局中，美国主导的北美市场占相对优势。从对"三元结构"的制约来看，北美市场属于强弱组合型，美国处于绝对优势地位，它对北美自由贸易区的制约力远远大于日本对亚洲和德国对欧洲的制约力。从"三元结构"的渗透力看，美国对亚洲和对欧洲的渗透力大于日本对北美的渗透力。不论欧洲采取何种方式重新组合，谋求统一，除美国参与外，日本和亚太国家都不可能在其重新组合范围之内；同样，不论亚太按哪种方式组成经济合作区，除美国参与外欧洲也不可能在该地区发挥很大作用。美国既可以利用欧洲压日本，又可以利用日本压欧洲。

　　美国参与区域性经济层次的目标，是在区域经济范围内实现所谓"公平"自由贸易，使区域内经贸体系按美国的设想进行架构，即坐镇北美，以北美自由贸易协定为基础建设美洲自由贸易区，同时积极推进亚太经济合作组织的进程，并探索跨大西洋自由贸易区的建设，从而将世界主要贸易区均纳入美国领导下的国际经济新秩序，使美国的优势产业和经济霸权主义最终顺利地进入世界各主要区域经济市场。

美国还利用经济全球化趋势，通过争夺国际多边合作游戏规则的制定权和修改权，以图主导国际经济秩序，建立在经济、贸易、投资、科技、金融领域中的全球霸主地位。当美国在国际经济竞争中遇到障碍时，它常常通过制定有利于自己和修改不利于自己的国际游戏规则，诱压别国最大限度地开放市场，从而巩固和加强自己的霸主地位。例如，美国在世界贸易组织中制定和修改保护知识产权的规则，依仗其科学技术优势，通过限制政策鼓励高技术出口来制约他国；美国在世界银行通过制定和修改投资和外援的规则，依仗其资本优势，通过经济援助手段来干涉他国内政；美国在国际货币基金组织和西方七国集团中通过制定和协调经济、财政、金融、汇率规则，依仗其经济和金融优势，利用美元的特殊地位，影响和操纵汇市，大发其财。美国对许多国际规则的制定和修改带有很大的政治色彩和随意性。

美国利用这些手段，从自身的利益出发决定金融交易规则，其结果是使世界上的贫富差距越来越大，而且金融风险日益加大。几百亿、上千亿的资本突然地在几个月的时间里涌向一个国家，因种种原因，又在瞬息之间大量调走，从而对一些开放了的中等国家的经济产生了巨大的冲击。这种风险越来越明显，现在外汇交易的90％不是同生产、贸易相结合，而是成为趋利的、投机的资本，使国际金融处于动荡之中。

1999年3月15日，在九届全国人大二次会议闭幕之后举行的记者招待会上，朱镕基在回答记者提问时说："我在这里想介绍一篇文章，就是2月16日的《纽约时报》发表的一篇文章，文章的题目是 *United States Would Aid Asia To Let Cash Flow In*，就是说美国在亚洲大力推行资本的过分流动，促成了危机的发生，而危机发生以后，通过国际金融组织贷款但是又教给他们要紧缩财政、提高利率等并不适合这些国家的政策，因此使这种危机加深。关于这个问题，这些观点，我早在去年就讲过了，所有到这里来访问的贵宾，我去年都跟他们讲过，包括《时代周刊》2月15日封面上的三个人'格林斯潘先生、鲁宾先生和萨默斯先生'，你们把他们称为阻止世界金融崩溃的三位 Marketeers。这三个人我去年都跟他们谈过，我想他们都同意我的观点。"

特别值得注意的是，当国际法与美国国内法发生矛盾时，美国向来以国际法服从国内法。当触犯美国根本利益时，美国可以不受国际经济关系游戏规则的

1999 年 2 月 15 日的《时代周刊》封面，格林斯潘、鲁宾、萨默斯三人被称为阻止世界金融崩溃的三位 Marketeers。

约束。美国国会通过的"达马托法"和"赫尔姆斯——伯顿法"，就是美国谋求治外法权典型例证。这就是说，美国可以制定和修改国际经济合作游戏规则，他国必须遵守和执行，否则将受到制裁，而美国却不必受它自己制定的规则的制约，美国的这一行径把它在国际多边经济关系中的霸权主义表现得淋漓尽致。

由此可见，"冷战"结束后在经济全球化的发展过程中，以美国为首的西方发达国家极力利用自己拥有的经济优势和技术优势，力求主导与操纵世界经济的发展方向，建立有利于自己的世界经济秩序。经济不仅是一切军事、政治斗争的原动力，而且已经成为兵不血刃地攫取战略利益的直接手段。经济斗争日益突出，经济问题日益成为国际竞争的焦点。亚洲金融危机说明，一个国家特别是发展中国家在自己的发展过程中，不仅面临着传统的军事安全问题，而且面临越来越多的经济安全问题。一场经济危机所造成的损失，丝毫不亚于一场较大规模局部战争所造成的损失。

一些经济大国通过操纵经济危机所得到的丰厚利益，也远远超过武力征服所得。

美国许多人包括许多政府高官和金融巨头是信基督教的，《圣经·马太福音》中有这样两句名言："富人要进天国是困难的。""骆驼穿过针眼要比富人进神国要容易得多。"那意思是说，富人要进天国，就要把自己的财富送给穷人。

塞涅卡在《致鲁西留的第十六封信》中写道："请想一想，假如你已经积聚了真正的富豪所曾经拥有的财富，这笔财富就个人而言已远远地超过了财富的界限，你建造了金子砌成的房子，穿上了帝王所穿的衣冠，你过着富贵而奢侈的生活，以致你可以用大理石把地球覆盖，你不仅占有了全部珍宝，而且还能在其中漫步欣赏，在这些珍宝中包括历代艺术家为满足豪华奢侈而辛勤创作的雕塑和绘画。所有这一切也只会使你去追求更多更大的财富而已。天然的欲望是有限的，从虚伪的观念中产生的欲望却没有终止的时候，因为虚伪没有终结点。"

阿奎邦在《神学大全》中写道："贪婪作为一种特殊的罪孽，被认为是其他各种罪孽的渊源，就像一棵树的根，为整棵树提供着养料。因为我们看到，人们有了财富，就有了种种犯罪的手段，满足了他们想犯罪的愿望，因为金钱能帮助人们取得种种世俗财富。……所以，在这种意义上而言，对财富的追求就是种种罪孽的渊源。"

这两段文字，扩大到一个国家，也就是用在当今的美国身上也是合适的。从美国统治集团的所作所为中，我们看到了贪婪，我们看到了霸道，我们看到了虚伪。

五、美国对日本的金融重编

从美国对待金融危机的态度上，也可以看出其不良用心。台湾一些专家就认为美国是亚洲金融危机的主要元凶，在国际金融斗争中，美国以美元强势"占领"亚洲。

日本自从进入 20 世纪 80 年代之后，旺盛的生产力即已直逼欧美，并面临欧美强大的保护主义及"修理日本"（Japan-bashins）的冲击，它促使了日本的"再亚洲化"，在东南亚扮演着火车头的角色。亚洲金融风暴的出现，打击目标之一无疑仍是日本。因此，亚洲金融风暴可以被视为处于强势的美国金融势力重新占领亚洲而日本被迫淡出的转折点。

1998 年 4 月，日本放松资金的调控，准许外国公司在日本销售共同基金，使得日本资金流出有了更快捷的通道。它代表了日本金融已被纳入美国操控的范围。日本国民储蓄已开始加入资本国际化的行列，美国已完成对日本的金融重编。

日本外贸盈余累增，理论上日元应属强势货币，实际上反而不断贬值，只有从日本资金大量流入美国这一点可以解释。也正因此，美国政府遂对干预日元价位缺乏兴趣。日本对美贸易顺差扩大，投资于日本国内的美元大量流入美国，加上日元持续贬值，它使得美国物价与利率的压力为之舒缓，并扩大了美国的金融权力。

与此同时，借着日元的持续贬值和日本经济的萧条，美国也以议价方式大举进驻日本的各关键部门，掌握金融关键部门。在 1998 年上半年，美国集团企业在亚洲进行 83 个大型并购，多属金融、财务、保险等部门。正如马来西亚总理马哈蒂尔所指出的：美国资本集团挟着巨大的媒体市场、金钱力量入主亚洲。它将国民的储蓄变成流动资本而呼风唤雨，并掌控亚洲经济的关键部门，当它们完成了达到满意程度的收编，掌控了实质经济权力，就会以另一种方法使亚洲复苏，但这时的亚洲国家已非原来的亚洲国家了。

1999 年 2 月 16 日，《纽约时报》刊载了题为《美国是怎样拉拢亚洲使之允许资金流入的》的文章。文章认为，在争取商品的自由流动的同时，争取资本的自由流动的努力，是导致全球金融市场出现以美国为首的长期繁荣的一个因素。但同时也造成了恶果，美国仓促推行金融自由化是诱发亚洲金融危机的主因。克林顿政府为讨好银行界，大肆向泰国、巴西、俄罗斯鼓吹金融自由化，这些国家为了刺激经济发展，不同程度地采取了鼓动资本自由流动措施，致使外国货币流入那些国家，而当地货币流到国外。大量证明表明，过分仓促的自由化会导致银行业的混乱和金融危机。

对于东南亚金融风暴，美国及其控制的国际货币基金组织采取袖手旁观见死不救的态度，眼睁睁看着奇迹变为"悲剧"。虽然后来国际金融组织同意进行救援，但已经错过了救援的最佳时机，而且救援的条件亦十分苛刻，不乏国际金融组织意欲控制受援国经济之嫌。这场危机不仅使遭遇经济危机的东南亚国家的经济在世界经济中的地位大大下降，也大大削弱了这些国家对美国经济的压力和竞争力。

同样是金融危机，美国对墨西哥和巴西的危机则采取了截然相反的态度。传统上，美国认为拉丁美洲是其后院，拉丁美洲的稳定符合美国的安全利益。因此，当墨西哥、巴西两国发生金融危机时，美国扮演了一个积极的"消防员"的角色，不仅自己带头出资救援，而且鼓励国际货币基金组织进行援助。因此，巴西的金融危机没有演变为东南亚式的经济危机，至少暂时保持了拉美地区的经济和社会稳定。

从一位了解内幕的美国人写的文章中，更可以看清美国在经济一体化上的阴谋。1999 年 3 月 2 日，美国《巴尔的摩太阳报》发表专栏作家威廉·晋拉夫的文章，披露美国政府全球化政策的内幕，揭露了美国利己主义的国际金融政策：全球化经济危机在一定程度上是没有必要发生的。该危机是一种利己主义政策产生的、超出人们意料的结果，该政策源于美国金融界，并被美国政府所采纳。

文章说，在过去的 10 年中，各国政府和国际经济组织，如国际货币基金组织、世界银行以及许多大学经济政策研究机构和媒体都习惯地认为，放松对国际经济的规制以及国际经济的"全球化"是自然的甚至是必然的发展趋势。这种观点认为，经济全球化源于通信、银行和工业组织的技术革命，最终是因为如下的经济现实，即国际贸易能够发挥各国经济的比较优势，使所有的国家得到进步。因此，抵制全球化的努力被认为是徒劳的，反对全球化的说法被嗤之以鼻，无论是从政治或社会的角度出发，怀疑诸如俄罗斯或印度尼西亚等国是否有能力在全球化经济中负责任地发挥作用。据说，市场的力量将自动地纠正过量，并且强制确定总体利率。

文章揭露说，华尔街把解除国际金融规制的权利卖给了克林顿政府，从而使克林顿政府以政治大国为后盾，雄心勃勃地推行其全球金融政策的非规制化，重塑世界金融格局。虽然美国政府一直称金融自由化对别国是再好不过，但显而易见的是，美国政府推行资本自由流动部分地是由于支持美国政府的银行业需要如此。美国"成功的全球化政策"对世界经济带来了深刻变化，作为国际贸易主要组成部分的货物和农产品，被股票、债券和外汇交易所替代。全球经济市场已被金融市场所替代。1997 年，作为融资金融工具的衍生产品的产值，是整个世界经济产值的 12 倍。

文章指出，美国对亚洲等地区的金融危机的救援行动，实质上是为西方的投资者和美欧银行。1997 年年底，已从全球市场中盈利的这些西方投资者趁当时某些国家汇率不稳之机，进行过度投机，加剧了危机。美国政府动用自己及 IMF 的力量来挽救西方的投资者和美欧银行。美国强迫危机的受害国家接受严厉的应付危机对策，给这些国家的人民带来了沉重的经济和社会代价。对亚洲国家、俄罗斯和拉美国家数以百万计的民众来说，美国的国际经济非规制政策确实像一个巨大的、精心的和成功的欺骗。但事实上，它并不是一种欺骗，也许比欺骗还要坏，是一种不负责任的、尤为重要的灾难性的实验。这种实验受到意识形态的鼓动，由企图从中受益的西方团体推动，得到了美国政府的支持。

文章说，这种实验显而易见的受害者是印度尼西亚、泰国、中国、俄罗斯及巴西等国。然而，这场实验还未结束。这种实验的支持者认为，尽管这已经错了，但给全球财富特别是给西方国家的财富带来了巨大的增长。这场实验还将引发严重的政治危机。政治危机往往伴随着经济危机而来，时间最为持久。

当然，美国的金融政策、经济政策也不是格林斯潘一人说了算。不过，我们的这种分析，至少让中国人民看清了美国经济政策、金融政策的另一面，使大家在向西方学习先进管理知识的同时，警惕美国可能带有不可告人的至少是自私自利的目的。

我们还可以从近代西方政论家的著作中找到证据，罗斯金就曾在《到此为止》中指出："穷人对富人的财产没有任何权利，人们早就知道和宣布过这一点，我希望人们也能知道和宣布以下一点，富人对穷人的财产也没有任何权利。"

那么，我们要说，在当今世界，富国对穷国的财产也没有任何权利。富国列强利用种种手段对弱国进行变相的掠夺也是不道德的。

第十三章

点评中国经济

Greenspan

King of the Financial Empire

格林斯潘这位世界头号金融巨头到北京只来过一次。按说，作为世界上经济实力最强的国家的金融管家，应该到世界上人口最多、经济发展速度近时期一直走在世界前列的国家走一走；按说，中国的经济改革尤其是金融改革关键阶段，格林斯

格林斯潘的肖像画

潘需要到中国走一走。1999 年 1 月 12 日，一个寒冷的日子，格林斯潘出现在北京中南海，会晤了中国国务院总理朱镕基，他对中国经济发展取得的成就表示钦佩，对中国保持人民币汇率稳定对亚洲乃至世界经济发展做出的贡献给予了高度的评价。他还向朱镕基介绍了美国经济金融发展情况，并提出中美两国应该加强在金融领域内的合作。

一、中国改革是一个奇迹

格林斯潘虽然来中国只有一次，但对中国改革开放取得的巨大成就非常感兴趣，而且他多次会见过中国总理朱镕基，从朱镕基那里了解一些中国的情况。在 1999 年 4 月朱镕基访问美国时，两人在华盛顿会见过，包括当时的美国财政部长鲁宾。也许是一种巧合，1997 年，美国《财经杂志》评出了世界十大风云人物，美联储主

席格林斯潘名列榜首，当时任中国副总理的朱镕基排名第二。 1998 年，在中国颇有影响的《南方周末》评出的 1998 年风云人物，国内人物就是朱镕基，国际人物就是格林斯潘。

1997 年，中美两国经济可以说都处于历史上最好的时期。中国经济正实现"软着陆"，而美国经济也在以战后最稳定和最强劲的态势运行。两国经济同处佳境，与这两个人治理经济的手段密不可分。朱镕基在兼任中国人民银行行长期间，采取严厉的金融政策，将当时过热的经济温度降了下来，并适时地将金融政策调整为适度从紧。而格林斯潘则总是能够敏锐地觉察到美国经济的过热苗头，他曾从 1994 年起连续 7 次调高利率，从而避免了美国经济出现过热。

在经济出现过热或者预感到经济出现过热时，减少货币供应量进行调节，本来就是常识，但知易行难，政策运用起来就要看人的水平和能力了。

不过，在很大程度上，这位在美国金融界声望最高、最有发言权的大人物，对中国的事情，对于中国的经济、金融不一定有发言权，或者说，美联储的主席没有权力对中国的改革说三道四。当然可以提一些好的建议，但这建议也必须符合中国的国情，这是中国学习外国先进经验一直遵循的哲学原则，格林斯潘先生向中国提建议也不应例外。我们欢迎任何善意的意见和建议，只要对中国的经济建设和发展有好处，任何意见和建议都欢迎。但中国不会照搬任何一个国家的发展模式，经济和金融领域也是如此。

格林斯潘虽然是自由经济最积极的吹鼓手，但对中国的社会主义市场经济改革给予相当的肯定的评价。他将中国大陆的经济数据也列入搜集的范围，对于中国的发展颇为关注。在亚洲满目疮痍的经济形势中，中国的经济卓然挺立，在周边国家经济增长率下挫之际，保持接近 8％的增长速度，这令长期从事经济、金融事业的格林斯潘暗暗吃惊，他对中国的经验和做法非常感兴趣，承认中国是一个奇迹。在观察亚洲金融危机过程中，他曾发表意见说：有关亚洲危机的概念，使人想起占世界产值 33％的整个地区处于严重危险之中。但是我们从摩根—斯坦利公司首席经济学家斯蒂芬·罗奇访问北京，同中国的高级官员进行了几个小时讨论后，却得到非常不同的印象——中国的情况同这个地区的危机形成了鲜明对照，中国同其他国家的重要区别，可能成为解决亚洲危机过后问题的钥匙。

二、金融管理：中国需要向美国学习

中美两国在经济上是有许多相似之处的。美国同中国一样，也主要是大陆型经济国家，它制定的规划比东亚的群岛和半岛国家更适合中国的发展。同时，中国的经济学家指出，中美两国有着类似的由东向西发展的格局。中国希望了解的不仅是美国的西部是如何发展起来的，而且还想了解西部如何利用它的资源帮助美国富裕起来。

这里，要把虚心学习美国的先进经验，与盲目崇拜美国区别开来。盲目崇拜、迷信美国的一切东西，丧失对美国统治集团分化、西化中国的警惕是不对的。是我们坚决反对的，但是，在高新技术迅速发展的知识经济时代，在经济全球一体化、金融全球化日益加强的今天，一个国家、一个民族要发展，不能搞闭门造车、闭关自守，而要学习世界各国的一切优秀文明成果，特别是学习世界上最先进的科学技术和管理经验。美国的先进科学技术和管理经验，在金融领域，就包括它的管理体制和管理经验。只要深入了解一下美联储，就会发现这一管理体制的典型意义。

美联储是世界上最为完备的中央银行制度，不仅监管着世界上最庞大、最复杂的金融业，而且还有效地调节着世界上最大的经济体。

美联储主席由总统任命，但必须得到国会批准。美联储主席只对国会负责，而不是对总统负责，所以有很强的独立性，完全不受制于政府。这种体制本身就存在很强的相互制约性。美联储最爱标榜的就是"决策不受党派和政府的左右和影响"，美联储主席虽然没有资格参加白宫召开的内阁会议，但它在政府中的地位却超过了副总统、国务卿以及国防部长等，他最受尊崇的行为，就是能顶得住来自白宫的压力。

美国联邦储备体系，是由美国国会在 1913 年通过联邦储备法建立的。它具有四大职能：

1. 通过在经济中影响货币和信用的环境，来实施国家的货币政策，以达到最高程度的就业率和稳定的价格；

2. 对金融机构进行监督和管理，以确保国家财政金融体系的安全和可靠，并保护消费者的信贷权益；

3. 维持金融体系的稳定，控制金融市场上可能会出现的体系性的风险；

4. 为美国政府、美国公众、美国金融机构以及外国官方机构提供一定的金融服务，包括在国家的支付体系中扮演主要角色。

美联储将全国分成 12 个区，每个区设一家联邦储备银行，并在首都设立一个 7 人管理委员会，负责协调这些银行的工作，由此构成一个中央银行体系。根据美国法律规定，管理委员会不受国会或总统施加的政治压力，但是联邦储备系统直接向国会负责。当然，委员会应使其政策与国会、政府的政策相协调。

美联储董事会共有 7 名成员，全都是由总统任命并提到国会确认，任期为 4 年。任期于偶数年份的 2 月 1 日开始，每两年换一次。任满 4 年的成员不能再任命。未完成全部任期的成员可以被再任命。成员的任期终止于法定的日期，不考虑政府宣誓就职的具体日期。

董事会的主席和副主席都由总统任命并得到国会确认。他们的任期为 4 年。董事会成员的任期并不因为他或她作为主席或副主席而有年限改变。

美联储系统有两个层次：联储银行以及它们的管理机构。联储银行分支机构，不是按州来划分，而是按区来划分，全国被分为 12 个区，每个区有一家联储银行，并以联储银行作为它的中央银行。这 12 家联储银行分布于波士顿、纽约、费城、里奇蒙、辛辛那提、亚特兰大、达拉斯、芝加哥、丹佛、明尼阿波利斯、圣路易斯和圣弗兰西斯科 12 个城市。每家联储银行都是一个股份有限公司，其股份总额由所在区内运行的商业银行所拥有。

12 家联储银行下辖覆盖全国的 7000 多家成员银行。联储银行的最高行政长官是各银行行长，由该银行董事会任命，再由联储储备委员会批准。

具体地说，所有通过货币审计（或国家银行）由联邦政府授予凭照的银行，按照联储条例规定，都应购买所在区内的联储银行的股票，从而也加到联储系统之内，成为其"成员银行"，州银行也可以自愿加入联储系统当中，而事实上已经有大约10％的州银行加入了联储银行。美国的普通公民，只能拥有很小一部分的联储银行股额，而且只有由成员银行拥有的股票，才有表决权。州长委员会（BOG）有为任何一家联储的股票出售建立制度的权力。

每一家联储银行具有与现代有限公司类似的结构。每家银行有一个董事会，董事会成员有严格的规定，必须有 9 位成员，内设 1 位主席，董事会成员中 3 位代表银行业的 A 级董事，3 位代表商业、工业和农业的 B 级董事，3 位代表普通民众的C 级董事。每级董事的产生办法也有严格的规定，A 级和 B 级董事由成员机构挑选，而 C 级董事则由州长委员会指定。每个董事会的主席，又由 BOG 来指定。每个联储银行的董事会，都必须公正无私地管理本级银行的事务，遵守法律条例以及联储系统州长委员会的制度。每家联储银行的主席由其成员银行选举并征得州长委员会的同意才能产生。

联储银行的权力是调整货币政策、买卖国库券、发行联储纸币以及充当联邦政府的财政代理人。由州长委员会监督发行的联储纸币，在美利坚合众国具有法律效力，它应被所有国家和成员银行、联储银行以及税收、海关和其他公共支付系统所接受。根据美利坚合众国财政部的需要，联储纸币可兑换法定货币，即金币、银币、黄金流通券、白银流通券以及 1890 年发行的财政部纸币。

在联邦开放市场委员会的监督下，联储银行也可建立分支机构，保持外客账户，作为联邦政府的财政代理人。按照州长委员会设定的利息率，区银行还可以将自己的临时储备借贷给它们的成员银行以及其他储蓄机构。联储银行还作为有效的债务清偿系统和电子汇兑系统为其成员银行以及期望使用这种系统的其他非成员储蓄机构提供服务。这些服务也是由州长委员会设定的。

每家联储银行的净收益（或利润），通过几个渠道进行分配。大约 92％的利益上缴美国财政部。一小部分收益用于州长委员会的运转开支。不超过 96％的收益用于向拥有联储银行股票的成员银行支付股息（红利）。剩下的所有余额将转移到银行的平衡账户上。

12 家联储银行由州长委员会监督。州长委员会由 7 人组成，其成员须由美国总统任命并征得众议院的同意后才得以产生。州长委员会的每个成员可以有 14 年的长任期，但每两年为一短任期。因此，一个总统在一个任期内可以任命至少两名州长委员会成员。如果有委员辞职，或许就可以任命得更多一些。州长委员会为联储银行制定贴现利率，在银行的规章管辖范围内为银行决定储蓄要求，以及建立和实施用户金融规则。它还有权检查联储银行及其成员银行，要求这些银行提供报告和陈述材料；在紧急情况下，可以暂停银行的储备要求，对银行官员进行暂时停职或撤职，另外，它还要监督联储纸币的发行和销毁。

州长委员会也要接受用户顾问理事会、联邦顾问理事会以及储蓄借贷协会顾问理事会的建议。这些理事会，为州长委员会提供从不同的经济观察角度出发所作出的建设，但这些理事会没有权力制定政策，仅能让他们的观点直接传达给州长委员会。

格林斯潘对此作过这样的解释，他十分自信地说："我们的银行业系统，在整个世界中都最具革新、负责和变易性。在它的中心是一个由许多以小银行相关联的大量成员所规划的银行业结构，这包括 7000 多家分散的银行业组织。我们的这种银行业结构形式是与许多其他的工业国家的银行结构形式大为不同的。比如，在英国、德国和加拿大，至少 500 家银行公司。可以肯定地说，我们最大的美国银行机构已不断在争夺银行资产，但是直到现在，也没有一家银行控制了美国国内银行资产的 6％。"

联储储备体系的货币政策制定机构、金融政策的主要工具，是"联邦开放市场委员会"（Federal Open Market Committee，简写为"FOMC"）。联邦开放市场委员会由 12 人组成，成员包括州长委员会 7 名成员，再加 5 位储备银行主席。

联邦开放市场委员会通过区银行直接地收购和抛售国库券，控制开放市场的运行。它每年在首都华盛顿召开 8 次定期会议，以讨论利率，确定联邦储备体系对市场上买卖政府债券规则，并制定外汇市场上的运作政策。每当这时候，人们就会看到，美联储主席格林斯潘从美联储的一座名叫马瑞纳·伊冠斯大楼出来，一边观察着东来西窜的汽车，一边弓着腰穿过马路，走进美联储另一座名叫威廉·迈克切斯·马丁大楼，旁边有数架录像机的镜头在随着格林斯潘运动，直到进入大楼内。

联邦开放市场委员会的会议室，在第二次世界大战中，曾被用做美英参谋长联席会议的作战室，在这间房子里，曾制定过盟军在欧洲战场上获得胜利的作战计划。现在，它又成了指挥"现代货币战争"的作战室。

在这个庞大的美联储机构中，格林斯潘担任数个重要职务：州长委员会主席、联邦开放市场委员会主席。

所有的现代经济大国，都设立了一个有一定独立性的中央银行系统，负责协调监管商业银行，并调节全国的货币供应，以起到稳定币值、宏观调控的作用。中国也不例外，特别是在东南亚金融危机还未结束、金融风险加大的形势下，建立这样一个制度，就显得更为迫切。

有人说，中国的中央银行在一定程度上，是按照美国联邦储备委员会的管理模式来改造的。这话显然有些过头，但不得不承认中国在金融管理领域需要向美联储学习。在某种程度上，中国金融的领域改革是参照美国的经验的。许多大公司采用美国式的会计原则，而且政府雇用美国普赖斯·沃特豪斯会计事务所的专家，培训它的审查人员如何判断哪些贷款是有把握收回的，哪些贷款是没有把握收回的。

中国实现现代化所采取的最重要的步骤之一，是放松银行、大企业和政府之间密切关系。中国的最高领导层谋求建立一种独立的商业性的金融部门，同美国的那种金融部门相似。中国金融体制改革的核心目标，就是要建立起由格林斯潘领导的美联储这样一个中央银行体系。

在亚洲金融危机爆发前后，朱镕基对中国的金融业动了大手术，建立了新的金融体制，先是商业银行与人民银行职权分离，使商业银行完全商业化；接着，1998年，把人民银行的31个省级分行撤销，成立9个大区行，提高了人民银行的独立性。这个思路，就是以美联储为样板而进行的。接下来，中国还将建立银行业、保险业、证券业相互独立的金融监督体制。过去只有中国人民银行对金融机构进行监管，现在经过改革，商业银行归中国人民银行监督，证券业由国家证券监督管理委员会监督，保险业归国家保险监督委员会监督。中国香港一名经济学家说，采用这种方式，"中国将使地方政府不能插手银行系统的事务，并使中央银行保持独立"。

中国实施的另一银行改革措施是，中央银行正采用美国式的会计原则来判断脆弱的金融部门的情况。在美国的会计公司普赖斯·沃特豪斯会计事务所的帮助下，审查人员正在学习如何对违约贷款分类。根据中国的会计规定，如果贷款过了偿还期限一天，也算是违约贷款，但是已经多年没有支付利息的收不回来的贷款却从未被当做坏账注销。在美国，根据收回贷款的概率将贷款划分等级。

中国的其他市场开放措施包括扩大金融、税收和外国投资的范围。中国希望这条路能使它进入世界贸易组织。在这个过程中，中国进一步脱离了亚洲的那种封闭的由出口驱动的发展模式，转向拥有庞大国内市场同时又使经济对外开放，这一点也同美国相似。1997 年 7 月 31 日，与美联储公开市场委员会相类似的中国人民银行货币政策委员会正式开始运作，它的主要职责是在综合分析宏观经济形势的基础上，依据国家的宏观经济调控目标，讨论涉及货币政策的重大事项，并拥有建议权，就货币政策的有关部门形成建议报送国务院。

不过，必须警惕美国人夸大美国制度的优越性，《华尔街日报》就曾把中国学习美国的金融管理经验，夸大为"中国领导人找到了一个新的经济模式：美国方式"。在当今中国，随着改革开放和市场经济的发展，有一种现象值得注意，这就是伴随着对西方经济学的崇拜，一些西方经济学家在某些中国人的心目中简直就具有了"神"的地位，被罩上"神圣"的光环，一切都是"正确"的，一切都是完美的。在一些很优雅的谈吐中，引经据典的对象已经有所变化，克鲁格曼、萨克斯、萨缪尔森，还有格林斯潘等人取代了以前的学术权威，成为国内学者言必涉及的对象。

于是，一些人对西方经济学、金融学没有批评地全盘接受，对于西方经济学家、金融家吹得神乎其神，似乎有了造神之嫌。只要全面地分析西方经济学和西方经济学家，就会发现，这些西方经济学家并不具有神的"正确性"，倒是经常会犯下人们通常会有的错误。我们不能把西方经济学家当神供着。有的美国经济学家，在"冷战"时期对苏联的战略误导中，充当了并不光彩的角色。在苏联，现在已被证明是彻底失败的著名的"休克疗法"的创始人，实际上就是美国著名经济学家、哈佛大学教授萨克斯。这位经济学家的高招把苏联的老本几乎折腾光了。

三、对中国的经济前景充满信心

早在 1997 年金融危机肆虐东南亚各国时，格林斯潘对中国的前景就持乐观态度。他在对《华盛顿邮报》记者发表谈话时指出：当然有许多风险和不稳定因素，但中国拥有扎实的基础，拥有这样的政治领导——他们意识到困难并决心从亚洲金融危机中吸取教训和目标明确地克服自己的弱点。在世纪末的亚洲金融危机中，中国首次在财政方面参加了国际货币基金组织为解决泰国、印度尼西亚和韩国的金融危机的一揽子计划，树立了负责的大国形象。中国领导人一再声明，中国不考虑使人民币贬值，也没有加重受到危机震动邻国的经济困难的意图，这使东盟地区松了一口气。

格林斯潘认为，中国控制通货膨胀取得好成效，许多事实表明，中国经济正处在上升势头。由于中国货币既不能兑换成外币而又不是定值过高，并拥有令所有发展中国家眼红的大量的外汇储备，而且不必去应付投机商。因此，人们有理由认为，中国经济比其邻国更加安稳。

这一点，1999 年 3 月 15 日，在九届全国人大二次会议闭幕之后举行的记者招待会上，朱镕基在回答记者提问时曾有过深刻的阐述。他说："由于实行了加强宏观调控的十六条措施，使中国大约在两年多一点时间解决了经济过热的问题，恢复了原来的发展势头，取得了社会主义建设的很大的成绩。我觉得去年中国之所以能够避过亚洲金融危机的影响，就是因为我们在 1993 年就已经发生了这种金融危机。幸好我们在它还没有扩大的时候就把它制止住了。我们有了宏观调控的经验，可以使我们在去年的金融危机中站得笔直。"

格林斯潘分析 20 世纪 90 年代中国经济发展历程指出：由于中国的经济在 1996 年成功软着陆，通货膨胀率从 1993 年到 1995 年的双位数减至 1996 年的 6％，而增长率则维持在 10％。并且，中国吸收的资金，都是长期的外国直接投资，为打开国内市场而在那里设厂的外国投资者，不太可能突然撤走他们的投资。这些都使中国人民币依然坚挺，实际上它在过去的几个月内还稍微增值。

同时，中国并未显示出要保持与周边国家汇率同步下调的迹象，而是一再强调通过提高质量与管理水平来增加出口竞争力。关税的下调及企业增加持有外汇对人民币的汇率有一定的影响，但肯定相当轻微。也就是说，中国需要不用人民币贬值的政策来增加出口，以减弱东南亚和韩国、日本因本国货币贬值所带来的外贸影响。

格林斯潘引用世界银行发表的研究报告指出：在过去两年里，中国经济出现了总的需求急剧下降的情况，同时库存货物的总额实际大约增长了40％，这是国内生产总值增长速度的4倍。国有企业的情况依然很差，这表明需求不振，特别是生产纺织品、大型家用电器、车辆和电视机等部门的需求不振。但是中国全面的经济情况还是可以比较乐观的。1997年上半年出口增长了26％，达到820亿美元，中国夏粮再次丰收，产量比上年增长了8％。西方和中国的经济学家也认为，中国经济中期前景是比较好的。一位经济学家说："不管愿意还是不愿意，中国的经济都是在发展的。由于储蓄一年增长大约40％，经济注定是会发展的。"

据此，格林斯潘曾预言，1998年中国将大规模地扩大公共基础设施投资，以便确保当年的经济增长率至少达到8％。这也被看作是对该地区负有可以作为榜样的责任感的标志。

四、人民币会不会贬值

1998年初，亚洲金融危机的直接恶果是导致东南亚各国和韩国货币贬值30％—40％，日元对美元的汇率也接连创下近年来的新低，人们曾经最为关心的联系汇率下港元的命运，终因特区政府的大力捍卫及国家的支持而得以独善其身。人民币的命运如何呢？当时，韩国、印度尼西亚、泰国、菲律宾等国家和地区的经济学家们一再提出这样的问题，即鉴于亚洲金融危机的冲击和自身存在的问题，中国到底是否有能力和毅力履行其诺言和为了亚洲邻国不使人民币贬值。

世界经济专家们一致认为，中国一旦实施货币贬值，会引起竞争性的贬值浪潮，使亚洲地区陷入深深的经济萧条之中。但另一方面，中国也需要增加出口，以便增强进行必要的结构改革的能力，保持对外国资本的吸引力。

而早在 1997 年年底，格林斯潘就明确指出，尽管泰国金融动荡已经累及其他东南亚国家，但中国不可能成为泰国第二。

随着国际货币较大幅度的贬值，中国出口产品的竞争力可能受到较大影响。由于中国的进出口贸易中有很大一部分是与亚洲"四小龙"以及新兴经济体进行的，所以东南亚货币的波动，今后将影响中国的贸易平衡。泰国铢、马来西亚林吉特、菲律宾比索和印尼盾相继贬值，将加强这些国家的出口商品对中国产品的竞争力。由东南亚九国组成的东盟是中国第五大贸易伙伴。

格林斯潘认为中国不会采取货币贬值的政策。他说，中国货币如果贬值将会引起亚洲新一轮的货币贬值浪潮，使这个地区陷入深深的经济萧条之中。同时，中国知道现在这个时刻货币贬值的话，不仅会使这个地区，也会使自己的利益受到损害。他非常赞同中国不需要货币贬值来解决存在的问题。他说："中国面临的艰巨任务是，从中国自己产品市场的逐渐收缩到货币贬值的那些国家在出口方面同中国展开激烈的竞争。同时，在帮助稳定地区经济方面正把北京推到发挥领导作用的地位。这些新增加的责任，对于中国政府在陷入自己根深蒂固的经济问题的同时是否有能力从全球角度考虑问题和采取行动也是一个考验。"

格林斯潘分析认为：至少 1998 年中国不需要通过货币贬值来解决问题。原因是，邻国货币大幅度贬值的影响要到年底才会反映在中国的贸易中。而且损失会控制在一定的限度内。因为，在这些地区货币贬值后中国的劳动力仍然明显地比邻国便宜；中国集中生产劳动密集度始终高于泰国、印度尼西亚或韩国工业的产品。再说这些国家需要时间来扩大它们的出口能力。最后还必须考虑到，作为亚洲最重要的出口部门之一的纺织工业并不受自由的市场力量的支配，而是受配额和关税的调节。因此，格林斯潘认为，这些商品的贸易在很大程度上不会受贬值的影响。

但是，他也提醒中国领导人：随着泰币 20％ 左右的贬值，产品也将大幅降价，中国需对此有所准备。他认为：泰国金融风波与两年前的墨西哥危机十分相似，其发生具有经济上的结构性原因。泰国的储蓄率低于投资率，近年来经济增长主要依赖外来资本；此外，在外资结构中又倾向于使用流动性较高的短期贷款和金融投资，直接投资和长期贷款比重较低，加之实行完全自由兑换的货币制度，资金可自由流入流出，泰铢升值导致进口增多，且进口商品中消费品比重过高，最终导致金融风波爆发。

国际投机商会之所以把东盟主要国家的货币作为袭击目标，就是因为 20 世纪 90 年代初期这些国家在放松金融管制的改革口子开得太大，基本取消了对外汇的控制。流入的美元利率大大低于国内银行的利率，国人轻率地大量借钱，低廉的外资使这些国家今天付出了高昂的代价。再者，为吸引外资，这些国家一直实行高利率政策，但大量外资流入后却转向了风险大但收益高的证券业。而这种短期投资一旦回报率不高，或者有风吹草动，就会立即撤离市场。

他认为，中国在人民币可兑换问题上的谨慎立场是正确的，现阶段加强对资本市场的控制也是正确和必要的。东南亚货币贬值是由于一些外国基金突然撤出这些国家和一些国际投资者抛售当地的货币引起的，中国的情形与它们完全不同，外国资金进入中国，基本上都是直接投资长线工程和项目，中国的贷款大多数是中期和长期贷款，使得人民币在这场覆盖面宽广的金融风暴中安然无恙。

格林斯潘说："在过去 3 个月里，美国官员不是辩论人权、导弹扩散和知识产权问题，而是赞扬中国不让它的货币贬值。"

"他们一直在说中国多么好，不像日本等国可能做的那样采取非常看重商业利益的政策。"

格林斯潘认为，外汇汇率的确定应当更多地着眼于控制国内物价上涨，而不应仅仅是简单地为了刺激出口。目前，中国的汇率基本是适中的，即它有效地控制了国内物价水平，使中国经济走出通胀的阴影；同时，它又使中国的出口不断扩大，保持了 20％ 的年增长率。这是中国能够渡过金融危机的一个重要因素。在固定汇率制下人为地维持货币汇率，是货币管理体系中的结构性缺陷，它使一国出口商品的国际竞争能力削弱，造成各种形式的资金外逃以防止理性预期的货币贬值。这种旧的汇率政策，既使得本国货币脱离实际，又增加了中央银行维持固定汇率的负担。这是东南亚金融危机给中国的教训，中国应该并且已经开始进行防范。

五、吸取韩国经济危机教训，改革金融体制

格林斯潘认为，亚洲金融风暴给中国的一个重要教训是，必须放弃韩国模式。

实行改革开放 20 多年来，中国的金融业一直处于高速成长之中，金融业的发展，为经济的振兴提供了充分的货币供给，信贷规模的扩张带动了整个经济的成长，金融服务的开拓，也有利于提高金融的运行质量，经济的货币化程度已接近于发达国家的初期水平。但也带来了许多问题，存在诸多隐患。经济金融秩序一度出现混乱局面，宏观调控失衡，银行呆账坏账急剧增加。

同时，中国在金融发展模式上一方面向美国等西方发达资本主义国家学习，同时也更注重借鉴亚洲国家如日本、韩国等国家和地区的成功经验。这使中国的金融发展模式在一定程度上具有亚洲国家的一般特征：政府放宽对金融业的过多管制，让本国的金融体系融合到国际金融运转的统一机制中去。银行坏账问题已经危及国家银行的生存和发展，并已成为困扰中国经济改革与发展的一大障碍，有人甚至把它称为可能诱发金融危机的最重要因素。因此必须改革金融体制。

在谈到亚洲金融危机的教训时，格林斯潘曾指出：有人说，你不会从邻居的错误中吸取教训，但是，如果亚洲金融危机能改变这种状况，中国的情况就会更好一些。

例如，中国和西方的一些经济学家要求中国重新考虑它想仿效"韩国模式"的做法。如果这些经济学家能取得成功，这便是中国将从周围国家的金融动荡中受益的几个方面之一。

由于亚洲需求的下降，生活在该地区（经济严重受冲击国家）的华人资本流入逐渐减少，这可能使中国的经济受损。但是，总的说来是利大于弊。华尔街最大证券公司美林公司一位经济学家说，中国 1998 年国内生产总值增长率受损的程度不会超过 1％。但格林斯潘说比具体数字更重要的是中国将如何从亚洲金融危机中吸取教训。

首先是吸取金融方面的教训。格林斯潘认为，在这个问题上，中国的情况比较乐观，它知道自己的国有银行与亚洲国家的银行和金融机构不同，亚洲国家的一些银行和金融机构，由于多年来受政治家和官僚们的操纵任意提供贷款，以至于濒临绝望的局面。实际上，中国政府仅仅把银行看成是为国家计划项目提供资金的现金出纳机，今后使银行放慢向亏损企业提供贷款的速度，是中国一段时间来的重点工作，但是，北京在目睹亚洲地区最近的银行危机后认为这样做确实很有必要。

格林斯潘说："总的说来，前景是光明的，中国避免了其邻国的命运，而且，如果它能吸取正确的教训，也许可以使自己变得更加强大。"

格林斯潘认为，规模大不一定就好。从韩国的教训中也可看出中国存在着许多相似的问题。

他分析说，韩国财团最擅长迅速建立庞大、多样化和战线过长的组织。它们正如一个财团所采用的著名广告用语所说："从芯片到轮船都造。"然而，在信息时代，规模对企业的成功来说并没有多么重要。除了控制和协调等内在问题外，大组织往往还倾向于在牺牲利润和股本报酬率的情况下促进自己的成长。虽然韩国的财团势力扩张，但是它们缺乏明确的经营重点和具有核心竞争力的资产。包括破产的韩宝集团在内，1996 年，销售额占韩国国内生产总值的 97％的韩国最大的 50 个财团 1996 年全部是净亏损。

格林斯潘比较说，像韩国的中小公司一样，中国的中小企业在最好情况下遭受冷落，在最坏情况下遭受歧视。中国是一个多样化的大国，有着大量就业不足的人口。对它来说，政府对小企业的偏见尤其具有毁灭性。中国应当认识到，私营部门中的小企业，而不是大型企业，最有可能成为经济的脊梁，源源不断地创造就业机会和财富。

格林斯潘认为，中国存在着基本宏观经济困境：中国的竞争能力和失业之间的关系紧张。鉴于中国似乎坚决致力于经济改革，即改革庞大的国有企业系统，并使其金融制度现代化，失业是必然的事。但是，亚洲其他国家货币贬值带来的竞争能力的丧失，意味着出口增长可能时断时续，使新兴的私人部门更难提供数百万失去生活来源的工作。这就是就业和改革之间重要的交换，这将迫使中国以这种或那种方式"减轻"这种经济上的紧张关系。

格林斯潘说：事实上"减轻"这种紧张关系的渠道可能有三条：货币、改革速度或增长率。他说他相信，货币渠道在可以预见的将来已堵死。西方的怀疑派可以认为，贬值只是时间问题。但是，中国的领导人已作出了支持货币的决定。这个决定会产生明显的和重要的经济后果。

具有五千年内向传统的中国，不会在货币问题上轻易作出外向决定。实际上格林斯潘认为现在比以前任何时候都更坚信中国领导人已得到了重要的信息：为了报答中国就货币问题采取的这个大胆立场，世界主要工业大国已默许采取有力行动恢复对亚洲经济的信心，并解决似乎难以解决的日本经济停滞问题。如果这些行动获得成功——只从日元坚挺和亚洲受到打击的货币部分恢复来看——中国就在缓和竞争压力方面起了一定作用。

中国得到的东西更多——七国集团明确承认中国是亚洲危机持久解决方案的关键所在。因此，中国维持货币稳定的决定，使中国在世界经济舞台的地位上升已不存在任何疑义。他说，虽然他对中国的改革感到吃惊，但是他对日本更感到失望。日本在转变时刻已冻结，而中国没有冻结。

格林斯潘认为，中国和日本的这种差异，表明危机过后亚洲出现了新领导。日本现在处于抛弃一种经济制度的最后挣扎阶段。但是，没有人能说出日本还需要多少时间才能最后冲破这种模式，并过渡到新体制。相比之下，中国已决心走新的道路。中国抵制了竞相实行货币贬值的诱惑，让本国效率低的国有企业经受越来越大的竞争挑战。这也是他们似乎准备接受的不可避免的风险。他认为，亚洲在危机过后很可能受中国地位上升和日本地位下降的支配。

格林斯潘以美国权力最大的金融家的身份，提醒中国同行：从金融业的角度看，政府不能滥用银行系统。他说：韩国危机的根源在于其陷入困境的银行系统。在指导银行贷款给予政界有关系的企业集团方面，政府扮演了不光彩的角色。绝大多数国内信贷流入了特殊待遇的财团之手。信贷的容易获得，使大公司的融资比率达到很高的程度，大多数大公司的债务与股本比率都超过了极限。由于近年来贷方不顾一切地扩张而加重的风险异常集中，反过来威胁韩国银行的健康。对失败的大财团发放的贷款几乎达到韩国商业银行股本总额的一半。韩国各大都市银行呆账与资产的比率为 13％，对韩国商业银行来说，这种比率可能更高。

格林斯潘认为，要想把银行部门的问题置于控制之下，中国首先应当停止政府指导下的对国有企业放贷。必须在银行和借贷公司之间建立一种有距离的关系，以使所有放贷决策都以商业准则为依据。他说，中国必须迅速行动，清除现存呆账，采取有效措施修复银行的资产负债表。

格林斯潘还指出，为避免未来的呆账，必须加强谨慎的监督。银行自己也必须改进内部风险管理，在银行业务中采取健全的做法。银行不要只为大型国有企业这个传统客户服务，而要促使信贷流向非国有部门中的小企业家之手。目前中国正朝着这个方向发展。

六、中国将继续进行更为深刻的改革开放

中国的改革取得的巨大成就引起格林斯潘的很大兴趣，他坚信："中国将慢慢地，但肯定无疑地继续进行必要的改革。"

他认为，中国改革的步子是稳健的，道路是正确的。中国改革的设计和实施都是渐进性的，而非激进性的"休克疗法"。与俄罗斯的经济改革相比，中国的方式无疑是稳健的，已经通过了整顿和加强银行与金融机构，并对之进行更好的监督和调节的计划；中国还在努力进一步发展和加强资本市场。中国已经认识到了增加透明度的必要性、企业和国家部门领导采取负责态度的必要性。更有效的公共机构的建设已经开始。

1997 年以来，由于受东南亚金融危机的影响很深，中国政府需要拿出相当大的精力防范金融风险，国际上一些人便怀疑中国政府可能停滞改革的步伐。而格林斯潘并不这么看。他分析说，中国在这次多米诺式的金融危机中依然保持着增长的强劲势头，这主要得益于中国 10 多年来改革开放的伟大成就。1998 年 7 月 22 日，他在半年一度的美国国会做证，答复咨询时说，亚洲金融危机"已使中国所厉行的经济改革处于危险之中，由于对中国台湾、韩国、新加坡和日本等亚洲地区和国家的出口都大幅下降，中国国有企业已产生严重内部财务问题，使其企业盈余与流动资金受到严重压力"。

"中国 1998 年经济增长率，官方的目标是 8％，但第二季度实际数字换算成年增长率仅 6.8％"，中国大陆邻近地区经济体制性的金融危机，对中国"明显已造成问题"。

他说，中国领导人了解继续推进市场经济体制改革对于中国有更大利益，因此没有迹象显示中国有意退缩，只是眼前的亚洲金融危机造成更大压力，使他们全力推动的经济改革面临某种危险，"当你面对眼前短期危机时，通常都会把长期要做

的事搁一边"。

他坚信中国的改革将继续进行下去。发展中国式的社会主义市场经济和国有企业逐步实行股份制，是中国发展的方向，也是一个巨大工程。中国对外开放也是不可逆转的，中国引进外资已位居世界第二位。中国的对外贸易额在其国内生产总值中所占的比重已由 1978 年的 10％增加到 20 世纪 90 年代末的近 40％。

同时，经济迅速增长，加上通货膨胀率下降和出口增加，而且没有出现经济过热的迹象，提供了良好的机遇，以解决棘手的改革，"即对中国庞大的中央计划部门遗留部分的改革"。通货膨胀率下降，社会局势相对缓和，这为结构改革提供了条件。

格林斯潘还指出，在亚洲金融危机的影响下，中国将比以前更加谨慎小心、更稳健地行动。格林斯潘认为，从模式上来说，中国改革的设计和实施都是渐进性的，而非激进的"休克疗法"。与俄罗斯的经济改革相比，中国的态度和方式无疑是稳健的，特别是在金融体制问题上，中国一直持十分谨慎的态度。他预言，中国在 21 世纪很可能成为世界上居于领导地位的国家之一。中国的改革道路是漫长的，但是路子是对头的。对中国来说，时间比任何东西都更重要。人口比北美和南美、15 个欧盟成员国、澳大利亚、新西兰和以色列的全部人口加在一起还多的古老中国发生翻天覆地的变化并不是轻而易举的。

七、中国的改革将会遇到严重挑战

格林斯潘预言，中国今后的改革面临许多挑战，无论是潜在的还是实际存在的都不应该低估。中国将会经历一些艰难时日。但中国不会在这些挑战中失败。

格林斯潘认为，中国正处在从计划经济向市场经济过渡的十字路口，改革使中国原有的计划经济中的各种因素几乎全都受到触动。但是，亚洲的经济波动和中国自己经济发展速度放慢的迹象意味着下一时期可能特别具有挑战性。他说："中国面临的艰巨任务是，从中国自己产品市场的逐渐收缩到货币贬值的那些国家在出口方面同中国展开激烈的竞争。同时，在帮助稳定的地区经济方面正把北京推到发挥引领作用的地位。这些新增加的责任，对于中国政府在陷入自己根深蒂固的经济问题的同时是否有能力从全球角度考虑问题和采取行动也是一个考验。"

他认为，中国领导人在向市场经济过渡的下一个阶段需要表现出勇气，就必须解决国有经济改革引起国内混乱的风险问题。如果要使自己无可怀疑的潜力变成现实，这里有几个容易做出的选择。在这个关键时刻失掉发展势头可能引起灾难，中国将继续取得重大进步以实现中国人把向市场经济的过渡处理得更好。他认为，对于一个直到20世纪80年代还实际上与外界隔绝的国家来说，中国参加国际货币基金组织发起的解救泰国和印度尼西亚经济的努力也是意义重大的。

1994年和1995年曾危及改革的严重通货膨胀，在1996年受到控制而没有扼杀经济增长。这个重大成功主要是由于在政治上作出了极大努力，并得到越来越巧妙的宏观经济管理措施的支持。这是一次极有力的经历，银行有了实权，而且还在专业方面也越来越能胜任工作了。然而要解决经济中的根深蒂固的结构问题，仍是一个漫长的、困难的和痛苦的过程。即使通货膨胀率下降，即使经济增长速度降至一位数，并建立了某种程度的金融秩序，需要解决的问题依然很多。

进入20世纪90年代以后，中国的国有企业出现了经营危机。其原因是市场竞争激化。目前，44％的国有企业经济出现赤字。在全国工业固定资产总额中，国有企业所占比率为60％，但工业总产值却已经降至34％。

从产业情况来看，国有企业经济不振的多为煤炭、纺织、林业、军工和普通机械产业。因此也可以说，中国已经出现了传统产业逐渐被市场经济所淘汰的现象。不过，国有企业经营不振的原因在于经济结构。

向市场经济的转变以及国有企业逐步实行股份制是一个巨大的工程。至少在短时期内，对数量很大、被认为在一些具有战略性领域能够发挥作用的那些企业，国家还将进行控制，甚至打算按日本那些大集团或韩国那些大财团的样子把这些企业加以合并，合并成大约 1000 家大型的集团性企业。但即便是国家要求它们在国际市场上发挥作用的这些大型企业，也要服从于资本开放这个共同的准则，它们也不能逃避改革。对大型国有企业来说，公司化等已成为实际选择方案，甚至成为市场的需求。为了提高国有部门的效益，中国主要应该依靠竞争政策和改善管理。国内价格大部分开始由市场来决定。

格林斯潘认为，中国政府现在所面对的形势是：国内生产总值增长率一降再降，从 1995 年的 10.5％下降到 1996 年的 9.6％，到 1997 年降至 8.8％；实际失业率已经猛增到近两位数水平。但是，同 1989 年的下降相比所不同的是，目前国内生产总值增长率的实际下降从性质上说，既是结构性的，又是周期性的。

中国的经济学家已经提出采取特殊的政策以避免发生经济衰退。例如，货币专家提出降低利率的办法。

格林斯潘认为，在中国采取降低利率的措施效果不会很明显，因为中国几乎不存在消费信贷，所以降低利率所产生的刺激性效果不像在其他国家的市场产生的效果那样大。降低利率应该刺激家庭不再增加存款比例，而是增加消费。但是，中国的实际情况是，大批的下岗人员造成的就业形势不稳定，比储蓄的低回报更能影响人们的消费决定。从一位企业家的角度来看，在生产能力过剩而造成的工业停滞面前，很难找到可以获利的投资机会。在这种情况下，降低成本也不会刺激投资——中央银行在不到 1 年之内已经 3 次降低利率，而没能抑制住国内需求下滑的趋势。

对于中国政府采取为固定资产大规模投资的措施，格林斯潘认为这也不大可能刺激经济发展，除非取消某些结构性限制。他分析说，以住房问题为例，现在的住房市场一方面是需求无法满足，而另一方面是房屋供应量过剩，需求过大和供应量过剩同时存在的现象，使许多经济学家和外国投资者感到迷惑不解。显然，在住房市场上存在结构性问题。除非解决这些问题，否则想把住房建设变成促进增长的动力——就像其他经济领域曾经发生过的那样——也只能是空想。他认为，需要克服以下几个主要障碍：

1. 支付能力低。低成本的大片公寓房只占房源的不到 6%，尽管豪华住宅所占的比例也很低，估计为 7%。

2. 缺乏抵押贷款。整个银行系统都忙于向国有企业提供廉价贷款，使得银行没有时间来发展其他业务，在他们的资金平衡表上已经拿不出钱来资助抵押贷款。另外，一些小规模的、初级的附属市场不能使资产立即变成现金，这样这个附属市场存在的价值对贷款人来说就不会很高。

3. 购买住房的欲望不强。如果政府对取消住房补贴是认真的，这种情况或许会改变。然而，如果继续像现在这样，人们自己购买住房的欲望几乎没有。

4. 价格一成不变。房屋价格从来没有为清理一下市场而调整过。

潜在卖主不愿以低于采购成本的价格出售；开发商一直能够暂缓偿付贷款而不致被迫宣布破产，这就造成许多已经竣工，或部分竣工的项目被遗弃在那里没有人过问。对于基建投资来说，最大的问题是如何把私人资金引入公众项目。

这些问题中的绝大部分不是不可能解决的。银行现在确实有额外的贷款能力，承包商也能够建筑人们可支付得起的住房。但是，中国一夜之间还无法在全国范围内开展可以提供用户适当的抵押贷款资金的业务。

但是，假设已经进行了必要的结构性调整，那些刺激因素也产生了效力，在前进的道路上还有一个潜在的陷阱：由于从 20 世纪 90 年代初期就实行的紧缩计划，使许多国有企业不能轻易得到贷款，要刺激需求就不可避免地产生一些不好的副作用。

结构性下滑和上面提到的其他问题都需要做出具体的、经过选择的经济方面的反应，而不是笼统地、不加区别地做出反应。需要一家公司一家公司地、一个部门

一个部门地区分出胜利者和失败者，这就使得为实行有效地一揽子计划变得更为困难，而且需要更多时间。

格林斯潘最后认为，中国政府使经济再发展的决心和它重新调整国有企业的承诺是不容置疑的。但是，策划整个工程再次启动将比上一次启动更为困难。他在1998年初预测说，"在经济方面做出的任何反应所产生的效果，看来不大可能在今年上半年就能明显地展现出来。我们可能在今年晚些时候就会看到国内的生产总值会有一些增长，但是也必须等到最后一个季度。"

最后一点，但这并不是最不重要的一点：如果腐败问题得不到相应的解决，怎么能够想象国有部门的股份化进程能够加快呢？

八、格林斯潘：如不慎，中国将成为"现代通缩的摇篮"

格林斯潘承认，现在中国不是通货膨胀让人恐怖，而是通货紧缩让人担心。

从十几年前开始，各跨国公司纷纷涌向中国，趁其发展之时在此大力发展自己的势力。而现在，是工厂而不是顾客过剩了。格林斯潘说："如果出现这样的局面，产量将降低，那么紧接着降低价格，最终是利润的降低。"

格林斯潘指出，过多的供应会摧垮消费，而紧缩通货的弧线最终将使世界进入20世纪30年代的大危机中。如果一个普遍的经济萧条着实到来，都会激起这样的连锁反应：即降低商品价格与工人工资，压制生产。这样的政策实施于各行各业，从房地产开发到股票交易直至金融。

改革开放20年，中国经济进入"快车道"，其间发生了4次通货膨胀居高不下的现象，中国政府对症下药，积累了丰富的"斗争经验"，调控手段已经是弓马娴熟立竿见影。这使朱镕基被美国《时代周刊》评为1997年全球第二号具影响力的经济人物，仅次于格林斯潘。

　　但是，1997年下半年开始，中国经济出现了"增长下降"的征兆，随后便是物价持续下降。一个幽灵，通货紧缩的幽灵，在中国上空游荡。人们开始用"萧条""不景气"形容中国的经济处境。1998年8月，朱镕基视察山西时的讲话中首次使用了"通货紧缩"的概念，并提出要注意克服。1994年4月初，朱镕基在接受《华尔街日报》记者采访时说，现在面临的困难是通货紧缩。

　　至此，人们意识到，通货紧缩已经取代通货膨胀，成为影响中国经济发展的"头号敌人"。

　　远在太平洋西海岸的格林斯潘，对此也早有预测。1997年底，他在《美国财经》杂志发表题为《亚洲危机将可能使世界出现通货紧缩的局面》的文章，分析了东南亚金融危机对中国货币的影响，认为东南亚金融危机在1997年至1998年可能对中国经济造成很大的影响。

　　东南亚的各国，如泰国、马来西亚、印度尼西亚、菲律宾已经在财政和金融等方面实施了紧缩政策，可以预料，今后的国内需求也将下降。此外，东南亚金融危机已经危及到了台湾、香港、韩国等东亚地区和国家，今后很可能出现需求减少的倾向。这将导致整个亚洲乃至世界的投资过剩、生产能力过剩，而最根本的问题是投资过剩。如果解决投资过剩的问题需要几年时间，对经济增长率的预测很可能进一步下调。生产能力过剩和利率上升导致对设备投资降温，这种降温减少了对银行贷款的需求，从而形成使资产价值下降的局面。这样，在1998年就可能出现全球性产品供给过剩的局面，导致全球性通货紧缩局面的出现。

　　格林斯潘指出，全球经济潜伏着危险。他认为，美国的投资者一直把希望寄托在新兴市场扩大和从中获得高收益上。美国在1996年向这些新兴市场出口的货物和服务相当于出口到欧洲和日本的货物和服务的总和。但是今天，金融危机波及东亚，泰国、菲律宾、印度尼西亚和韩国货币大幅度贬值，甚至有大量外汇储备的香港也受到金融市场的深重打击。美国以及全世界都会受到严重影响。

格林斯潘认为，事实证明，在出现"亚洲奇迹"期间，泰国人和马来西亚人对银行监督不予理睬，听任银行资助各种房地产项目和冒险项目，使贸易逆差失控，而且这些亚洲"虎"在放宽对自己经济的管制方面也动作迟缓，对本国教育和高级培训匮乏的状况漠不关心。现在可以看清楚，这个地区的经济增长很可能掩盖了需要许多年才能解决的根深蒂固的问题。而美国的进口已经有 20% 来自亚洲的新兴市场，相对便宜的日元使美日贸易逆差再次迅速增长，尤其是在敏感的行业，如汽车行业。新兴市场可能成为美国毁灭的根源，这也是全球经济面临的危险，所有的人都要随时做好准备。

格林斯潘把亚洲货币危机所带来的世界经济的不稳定状态，与 20 世纪 30 年代爆发的经济大萧条作比较，并进行了讨论。他认为，一些地区出现的通货紧缩和货币贬值等现象，与大萧条时期有相似之处。有人甚至预测，亚洲经济将长期处于不景气状态，人们对此越来越感到担忧。

格林斯潘分析说：通货紧缩会使资源分配失常，导致经济无法全面发挥潜能，通货紧缩下一般物价水平下跌将导致实际利率更高，这将抑制投资需求，导致失业率上升。他认为，通货紧缩对中国经济发展可能带来的危害是显而易见的。

美国企业研究所主任研究员梅金指出："世界经济越来越呈现出 20 世纪 30 年代经济大萧条时期的三个特点。"这三大特点是通货紧缩、汇率下降和贸易保护主义。当时的主要舞台是欧美国家，而今是亚洲国家，其中通货紧缩和汇率下降的情况正在发生。纽约的经济学家分析，萧条时期欧美等国家为维持和恢复金本位制，忽视了对经济采取刺激政策，而今，许多国家陷入了同样的陷阱。为了实现货币统一的目标，欧洲国家不得不把削减财政赤字放在首位。日本为了摆脱国债居高不下的局面，也犯了同样的错误。美国出现把当前的世界经济状况与大萧条时期相比较的议论，表现出美国方面对庞大的亚洲经济动荡感到不安。或许，世界经济确实已经深深地陷入了阴暗的凄风冷雨中。

中国在承诺货币不贬值的同时，为了增加出口竞争力和扩大内需，已下调了存贷利率；最近还准备通过各种渠道融资，投放到基础建设上，以便更快地刺激疲软的经济。格林斯潘说，中国已经走上了正确的道路并对国有企业和金融系统进行大胆的改革。这是可喜的一步。

格林斯潘认为，在中国像一条船航行在国有企业改革、失业人数不断增加和银行系统大改组的危险区域的时候，任何麻烦都可能发生。他说："这件事很棘手，但好在中国毕竟能顺利经过这个历程。但是，如果中国出现问题，处境困难，必须要做一些事情，如人民币贬值，那么亚洲其他国家就真会陷入世界旋涡中去。"他认为："创造就业机会的办法之一是继续吸引外资。如果中国希望保持经济稳定，那中国就必须那样做。"这也是中国积极采取的开放政策。

不过，格林斯潘对中国经济建设、金融问题指手画脚，引起中国领导人的反感。1999 年 4 月朱镕基访问美国，会晤了格林斯潘。在会后的记者招待会上，格林斯潘一句话不说，只对着记者举起大拇指。但在当天的晚宴上，朱镕基却讽刺格林斯潘经常过问中国事务，例如建议企业与社会保障制度分开，又建议银行与不良贷款分开。朱镕基戏谑地说："欢迎美国参与改革，就像格林斯潘先生参与我们的改革一样。"特别是在中国加入世界贸易组织问题上，格林斯潘始终坚持美国政府的观点，认为中国要加入世界贸易组织，就必须按照美国人的意愿进一步扩大开放。

亚洲金融危机对中国决策者产生的一个重大影响在于，是为减少世界经济力量的影响而放慢开放市场的措施，还是继续大力进行市场改革。按照美国人的观点开放市场是加入世界贸易组织的一个条件，而市场改革最终对加强脆弱的经济是必要的。格林斯潘说："中国可能放慢市场开放的速度，因为它不希望，在自己的产品已经因为亚洲其他地方的货币贬值而丧失竞争力的情况下，出现贸易逆差扩大的问题。"

　　他说："北京高层领导人理解市场的力量。"他们知道使中国成为世界贸易组织合格的成员要做些什么——他们面临（中国内部）强大的势力，但是亚洲金融危机形成了继续进行改革的紧迫感。

　　格林斯潘认为不管中国走哪条路，中国加入世界贸易组织显然对北京和华盛顿都是关系重大的。从美国的观点看，中国加入会使它继续降低关税和进行近年来实行的其他贸易改革，使北京开放包括服务业在内的其他领域的市场。美国还把改革看做减少与中国的贸易逆差的一条捷径。

　　格林斯潘认为，对中国来说，接纳它加入世界贸易组织就是认可它的经济进步，使它成为世界贸易大家庭的正式成员。这有助于保证中国长期进入美国和其他国家市场。当然，有关人权和武器等与贸易无关的问题的争吵有时对中国进入这些市场形成威胁。

　　加入世界贸易组织还可以提高北京在金融市场的资信，有利于确保外资继续流入中国。在与中国就加入世界贸易组织的问题进行的会谈中，美国的态度最强硬。

　　突破会不会以世界贸易组织协议的形式出现还不清楚，但是美国官员明确表示，对于中国对亚洲金融危机作出的反应，特别是对决定中国货币不贬值，他们感到满意。

　　尽管 1998 年在中国加入世界贸易组织的问题上没有达成协议，但是多数分析家都说取得了进展。

九、中国企业乃至整个经济体需要不断提高创新能力

　　格林斯潘认为，中国经济的快速增长主要依赖于从国外借鉴的技术，到目前为止，只有很少是源于自身，中国的企业还需要证明自己与许多发达国家的对手，尤

其是美国的企业有同等的创新能力。格林斯潘还认为，中国真正需要的是有西方市场经济工作经验、眼光敏锐、判断力过人的放贷主管。他认为，美国储蓄占GDP的20%左右，中国储蓄占比要高得多。资本积累越多，投资就越多，经济增长也会显著提升。中国能够以如此显著的速度增长，正说明中国的资本投资非常充沛，而投资正是所有经济增长的根本动力所在。

　　"大家记得50%的储蓄率可能也就是中国为什么可以支持这么大的资本投资的原因，这些资本投资又会换成经济的增长，这就是为什么中国正在逐步减少和美国的人均真实收入的差距。储蓄率是很重要的一个因素，我觉得如果储蓄率没有这么高的话，我们就没有办法追得上这样一个人均收入。我的想法是只要中国继续保持这样超高的储蓄率，相信各位专家、各位观众在中国储蓄率的原因方面比我了解得更多，中国就会继续保持增长，但是中国的人均GDP仍然跟美国相比有着比较大的差距，除非储蓄率突然下降，否则中国的人均GDP还会继续向美国追赶。"（参见2018年7月7日中央广电总台国际在线、财经会议资讯）

　　"生产力效率取决于资本投资。中国资本投资占GDP的比重很大，前者是经济增长的根本动力所在。中国资本投资额高因为中国存了太多钱，中国的国民储蓄率接近50%，而美国大约才20%。但中国储蓄率的增长也在逐渐放缓，因为原来的速度不能为继了。这也导出一个问题，资本投资被用在了什么上面？中国的经济增速在相当长一段时间比美国快很多，但从数据上看已经开始放缓。现在是6.5%左右，我认为会更低，当然只要中美间储蓄率的差距存在，中国的投资额更高，每小时产量增速更高，中国经济增速就会持续快于美国。"（参见2018年8月8日《财经》杂志，作者：金焱）

第十四章

香港金融保卫战中的反对票

Greenspan
King of the Financial Empire

从 1997 年 7 月 1 日香港回归中国到 1998 年夏天，随着金融危机燃遍东南亚，受美国财团和美国政府支持的索罗斯的量子基金和朱利安·罗伯逊的"老虎基金"，连续利用先进的金融技术，在回归中国后的香港发动"狙击"，迅雷不及掩耳，在汇市、股市、期货市场的三条战线同时行动，声东击西，企图借着跨国造势，炒作汇市、股市以及其他衍生性金融商品，1 年之内对香港进行 4 轮金融狙击，使香港蒙受巨大损失，企图把香港经济乃至整个香港搞瘫痪。

一、索罗斯"偷袭"香港，世纪金融大血战

索罗斯主张"混乱理论致富"。他采用的战术是专攻弱者。他说："只需把握住其中的矛盾，在国际金融市场上就会无往而不胜。"他善于寻找金融制度的弱点和缺陷。1992 年 9 月，索罗斯发现，英镑坚挺与英国经济大衰退之间的矛盾，便利用欧盟各国之间在走向统一市场上的矛盾，放空意大利里拉，以及与英镑相比处于劣势的货币，造成欧洲汇率危机。英国中央银行为了支撑英镑，耗费了 800 亿美元，最终还是败下阵来，导致英镑和里拉贬值，而索罗斯靠此一役赚足 10 亿美元，从此名声大震。现在索罗斯又将目标瞄准了香港特区。

8 月上旬，索罗斯等国际金融炒家，趁着日元下泻的机会，分别在纽约、伦敦、悉尼和香港 24 小时不停地"狙击"港元汇兑市场，乘势抛售 300 亿港元，企图迫

索罗斯

使香港特区金融管理局运用联系汇率，吸入港元。同时，散布人民币将降低汇率的谣言，企图扰乱香港和中国金融市场。索罗斯成为来港狙击的国际大炒家的代名词。他们惯用的伎俩是利用市场对消息传言极度敏感反应的特色，造谣香港市场衰落，唱衰对方市场的心理战术。

索罗斯集团的对港元的造市活动从 7 月底已经在做准备，他们的方法是沽售港元，他们沽售港元的速度和程度是前所未见的。他们开市时，首先在纽约造市，随之在悉尼继续卖港元，然后到香港继续沽售，接着在伦敦，24 小时不停地操作和加压，总资金达到 50 亿美元。

第四次狂袭一上来，索罗斯集团一反常态，没有隐姓埋名，而是直接向香港特区政府下战书，为索罗斯管理旗舰量子基金的斯坦利·德斯米勒（Stanley Drukenmiller）声言："我们手上有 200 亿美元，以我们的规模，从来不做无把握的事。"

如果任国际炒家操控市场破坏自由公平交易的情况恶化，将使人民毕生积蓄一夜之间化为乌有，造成香港的大灾难。于是香港特区政府立下决心对金融市场进行干预，以 900 多亿美元庞大外汇储备的实力，对来犯的国际炒家迎头痛击，发动汇市、股市、期货市场三路自卫战。

但是，在现代国际金融市场上，任何金融干预活动都将承担极大的风险。金融炒家通常是预付定金的期货交易，而金融保卫则需要以"实"应"虚"，这对防卫者极为不利。尤其是在国际形势不利的情况下，很容易被套牢，反而引来更多嗜血的"野狼"。

香港特区政府8月14日进场干预股市及期市时，已经做了两手准备，先买进多种影响股市升跌的蓝筹股，买进8月现货期货指数好仓合约，推高指数，同时大量吸纳9月份期货指数淡仓，扩大9月份与8月份的指数差距，从而增加国际炒家的转仓成本。假如股市及期市下跌，已拥有数量巨大期货指数淡仓在手的港府可以获利，抵消部分风险。

香港特区政府尽可能多地争取当地富豪的支持，财政司司长曾荫权联络多位华资及英资富豪，希望他们进场吃进股票或至少不要抛售手上股票及借出股票给国际炒家作抛空之用。港府政务司司长陈方安生也出面，会见了长江实业主席李嘉诚次子李泽楷、太古集团主席萨秉达等华资及英资超级富豪，希望得到他们的襄助。

香港富豪普遍支持政府的入市干预。李嘉诚表示："大家一定要支持政府，因为政府是为股市利好及稳定环境，政府没有别的选择。"虽然他拒绝透露是否买进了股票，但他强调本人持有的股票及长江实业系市值共1500亿港元的股票，在过去一个月没有卖出过一股，短期内没有计划减持，更没有借出股票予国际炒家。

针对香港特区政府的这一些做法，索罗斯集团的斯坦利·德斯米勒放风说，香港特区政府可能把亚洲区内的基本因素看错了，入市行动只会为炒家提供更好的入市水平，令炒家获取实质利润，当港府官员于星期一早上醒来时，将发觉香港的经济仍是在衰退中，他们会对所下的功夫感到沮丧。

针对炒家不断放出有关联系汇率将要脱钩的传言，香港特区政府大打宣传战，香港特区政强调不会放弃联系汇率。中央人民政府也助一臂之力，中国国家领导人反复强调支持香港特区政府维持联系汇率，并重申人民币不会贬值。

香港特区政府出手介入，开始纯属自卫，后来演变成反击，在股市、期市兵分几路与炒家交战。初期"御用庄家"数目不多，默契也不够，被炒家突击成功，未能完全控制市场秩序。及后"御用庄家"配合需要，突击出手，作为奇兵，令国际炒家较难捉摸。"御用庄家"一位高层人员透露：港府"选择'御用庄家'并不容易，既视乎是否有需要，更要确认是否信得过。兵凶战危，泄露'军事机密'，危害可大可小。"香港特区政府最直接的用意，是要国际炒家付出高昂的买卖成本。

此次香港特区政府入市与炒家相拼，关键时刻是 8 月 28 日周一大批正常的投资者。面临外围股市的下跌、香港股市前景不明的局势，理智的投资者都会想到借政府全力托市之时乘好价出货。逼近决战之时，借政府托市抛空股票者绝不仅是炒家，政府渐成为一支英勇而悲壮的孤军。

香港特区政府面对国际金融大鳄排山倒海的卖盘、地毯式的轰炸毅然独立支撑托盘，600 万香港市民关注着这场旷古罕见的世纪大战。

1998 年 8 月 28 日，随着上午 10 点香港股市开市，炒家先沽空股市期指，并借入大量港元资金；炒家散播不利消息，大量抛售港元；银行同业市场港元短缺，拆息大幅推高，股市下跌；炒家抛售恒生指数成分股，进一步推低股市；炒家从股市期指市场获利。

香港金融管理局的招数是，用外汇基金大手吸纳炒家抛出港元；针对炒家散布的谣言进行辟谣，坚定商界信心；稳定银行同业拆息；吸纳炒家抛售的恒生指数成份股，造高恒指，在期指结算日与炒家决出胜负，令炒家失手，逼其离场！

期市开市，电视台证券行情的频道成为人们关注的焦点。恒生指数和期货指数微跌几十点，但仅 5 分多钟股市的成交额就超过了 30 多亿港元，这是香港特区政府采取反击行动前全天的成交额。其后恒生指数和期货指数如拔河赛中的铅锤，始终在 7800 点以上微微地上下摆动，忽而攀高数点，忽而略降几点；忽而成交额却直线上升，半小时左右就突破了 100 亿港元。

指数不动，成交额狂升意味着抛售"排山倒海"的形势，极其险恶。到上午闭市时，成交额已达 400 亿港元以上，接近 1997 年股市高峰期 8 月 29 日创下的恒生指数成交额 460 亿港元的历史最高纪录。

下午的开市，炒家们的计划在 3 个月前就酝酿好了。当时，恒生指数约为 9000 点，根据当前的国际大市，港股极有可能跌至 5000 点。以恒生指数每下跌 1 点，淡仓合约便能获利 20 万港元。如果炒家持有 1 万张淡仓合约，那么他就能获利 20 亿港元。而本月初，香港期货市场上的未平仓合约，已超过 10 万张。

不过，恒生指数被炒家们炒跌至 6600 点时止步了，因为大炒家们遇到了一个真正的对手，港府以庞大的外汇基金作为后盾，大举入市，吸纳蓝筹股，将恒生指数逐渐拉回到 7900 点。

经过 10 天的吸纳，香港特区政府已购入了 800 亿港元的大蓝筹股，拥有了对数只大蓝筹股的绝对控制权。经过 10 个交易日的较量，可以说香港特区政府在 8 月 28 日取得了初战的胜利，使国际投机者利用在恒指期货市场累积的大量牟取暴利的企图受到重创，保持了港元汇率的稳定和金融市场的秩序。有香港证券界人士认为，目前特区政府的行动已成功迫使部分国际投机者离场。

香港特区政府浴血死守，也付出了"血"的代价。在 8 月 28 日天昏地暗的激烈攻防战中，疯狂的买卖创下历史纪录——平均每分钟的成交额高达 4200 万美元，炒家接二连三狂抛卖盘，香港特区政府前赴后继买进，全日成交额竟高达 101 亿美元。这天恒生指数是 7829 点，下跌 93 点，其中抛空股份交易数额达 9.3 亿美元。香港特区政府的外汇基金接了价值几十亿美元的股票：期指成交数目达 4.4 万张，但转到 9 月份的期指超过 10 万张，可见国际炒家并未离场，而是策划打持久战。

香港人评说，8 月交锋，政府算胜了，但是惨胜，而财政司司长曾荫权在总结战况时，只说政府的行动"使炒家企图无法得逞"，没有用"胜利"一词。

也是在这一天俄罗斯的政治危机将全球股市再度推入低谷，使得港股市的"一枝独秀"越发显出反常。

港股收市后，曾荫权沉重宣布，香港第二季度 GDP 负增长 5.5％，香港已经进入经济衰退。

香港特区政府这一行动，始终得到中央人民政府的支持。9 月 1 日，中国外交部发言人朱邦造在记者招待会上表示，香港特区政府保障金融企业和金融市场的经营自由，并且依法进行管理和监管，这是属于特区高度自治范围内的事。同时，中央人民政府一贯支持香港特区政府为维护金融市场的稳定和联系汇率所做的努力。

二、"格老"投下反对票

当香港金融战暂告一段落，而争论则愈演愈烈之际，格林斯潘 9 月 16 日在美国众议院金融委员会的听证会上，以十分严厉的语气，批评香港金融管理局为捍卫联系汇率而反击对冲基金，介入市场是不明之举，并指责此举不符自由市场原则，会损害香港金融管理局声誉，而且金融管理局必会失败。

也就是在同一天，格林斯潘下令美联储也干预市场，指示纽约联邦储备银行向"长期资金"（LTCM）基金注入 35 亿美元资产，为这家濒临破产的基金进行救亡运动。什么"滥用信贷受到惩罚"，什么"银行监督借贷者"，什么"高效率的金融体系会迅速把借贷者的失误扩散至全世界"，都顾不得了。一星期后的格林斯潘，狠狠地打了一周之前的格林斯潘一巴掌。美国"只许州官放火，不准百姓点灯"的双重标准嘴脸，再一次展示在世人面前。

格林斯潘大骂香港"违反自由市场"，又预言"香港必败"，原因是香港损害了基金的利益，给他增添了许多烦恼。

美国的一些新闻机构也借势攻击香港特区政府"干预股市汇市，有失自由经济原则"。

人算不如天算。不久，涉及香港狙击战的对冲基金陷入困境，部分已经拆除淡仓，抛售美元，离开香港，港元供应增加，故香港银行手头转松。

美国也有一些著名人士称赞香港特区政府捍卫金融安全的行动。美国洛杉矶加州大学的普莱特教授在《洛杉矶时报》发表专论，称赞这场"大卫对巨人歌利亚的战争"："香港企图驱逐投机者的策略，利用政府的金钱来拉高股价和支撑汇率，的确是勇敢的行为，当然也可能失败。但它若不失败，香港特区政府即将被视为一个天才，它终于设计出一个示范性的方法，可以驯化那些造成亚洲惨局的外来野狼。"

他还认为："香港对国际经济稳定这个难题的贡献，在于它找到了股市和货币狙击间的关系，并企图让这两种狙击的效果能被减至最小。"

据说，在采取行动之前，香港金融管理局曾与美联储的官员接触过，对方曾表示对港府干预行动的支持和谅解，但不知这些成员是不是曾将情况转告格林斯潘。如果真是如此，则表明美联储在这一问题上看法是有所不同的。为了顾全大局，说明情况，在格林斯潘发表演讲后不到 24 小时，香港特区政府已致函格林斯潘，澄清自己的立场，说明香港市场将继续自由、开放和监管完善。

财政司司长曾荫权，9 月 17 日在立法会回应议员有关格林斯潘批评的提问时则说："一向以来，许多言论客观的评论员，称许香港是世界上最自由的市场。正因如此，我们 8 月在市场所采取的行动是一个非常困难但严肃的决定。我们当时所陷的处境，令我们相信已没有其他选择。"

当数目庞大的对冲基金冲击像香港那样一个小市场时，若仍纯理想地为实行完全自由的市场机制，不但香港经济将会壮烈牺牲，并且更会引发亚洲其他地区以至俄罗斯及南美的另一场贬值潮，故此才做出干预行动。曾荫权说："我们必须要捍卫香港的联系汇率，否则会在全亚洲区触发另一轮的货币贬值潮，甚至可能会在区外引发更大的灾难。"

曾荫权表示并不会因此而怪责"格老",而会"耐心向他解释"。他说:格林斯潘放话批评香港特区政府,这可能是他不完全了解事情的背景与经过。"我觉得有少少诧异,亦有少少惆怅!"

三、风波后的再交锋

围绕香港特区政府的救市行动、格林斯潘言论所展开的争论,还反映了人们对是否应该建立新的国际金融秩序的游戏规则的不同看法。

香港《文汇报》就此发表题为《格林斯潘错在什么地方?》的社论,对格林斯潘的攻击进行了淋漓尽致的批驳和揭露,读了这篇社论,可以使我们头脑更加清醒,对美国统治集团的企图搞垮香港的丑恶嘴脸看得更清楚。

在香港全力维护联系汇率,抗击对冲基金操控市场的时候,格林斯潘却公开批评香港金融管理局介入市场。很明显,他是同对冲基金同一鼻孔出气,当老虎基金和对冲基金深信没有市场力量可以抗衡他们从"自由市场"予取予夺时,香港金融管理局突然介入市场,成了他们的对手,令他们的发财计划遭到粉碎,坏了他们的好事,便认为金融管理局的做法是错误的,也损害了香港金融管理局的声誉。

格林斯潘对于对冲基金采取了支持的态度,他认为对冲基金"给世界带来了可观的增长",而受狙击的货币或股市,是因为"私人投资用公共政策出现了失误","高效率的金融体系,将这种失误高速传遍世界"。新兴市场在受到狙击时,解决的办法不是回到资本限制政策,而是加大透明度,开放市场,加强对金融活动的监督。正如美国的经验证明,建立一个可靠的、不受金融体系危机影响的国际资本投资环境,满足这些条件。"不少东南亚新兴市场的银行系统,是因为外汇借贷不当及自我保护不力而崩溃。对国际市场威胁最大的，是使用信贷者无法维持收支平衡及如期还债"。这种说法，反映了美国人的自私自利和不顾事实。

格林斯潘的说法有三点是同东南亚、香港的实际情况不相符的。第一，香港并没有出现债务危机，也不存在未能如期还债问题。而东南亚的问题是由于短期债务被对冲基金狙击货币而出现大跌市。第二，美国拥有巨大的金融体系，可以经受大量对冲基金热钱流动所形成的冲击，但香港股市的体积仅为美国的3%，东南亚的股市体积更小，无法抗拒3万亿美元热钱大量流入流出所造成的冲击。美国与东南亚国家处于不同的经济金融发展阶段，也处于非常悬殊的实力地位，格林斯潘要求香港与东南亚国家像美国一样有能力应付资金流动的大量冲击，实际效果是让对冲基金"自由"获利。第三，对冲基金的狙击，造成了新兴市场的痛苦，不应把投资及公共政策失误，说成是金融风暴的主因。庞大外来资金对新兴市场进行的掠夺，这是不道德的。如果倒果为因，说成是"高效率的金融体系，将失误高速传遍世界"，为对冲基金披上合理和合乎道德的外衣，是不妥当的。

对冲基金这次狙击港元汇率，靠的是资金庞大，靠的是高效率，靠的是香港债券市场和股票市场的高度开放，他们可以在香港债券市场套取380亿港元作为弹药，他们可以贷借股票抛空，从而获取400亿美元现金，他们可以毫无透明度地积累了近10万张期指淡仓合约，他们以杠杆手段，付5%的按金，可以抛空上百亿美元的远期美金。他们已经操控了汇市、股市、期货市场，造成一面倒的形势，由于没有对手，市场机制已不起作用，加上大量散播"人民币贬值"、"港元与美元脱钩"的谣言，形势危急。任何负责任的政府皆要保卫汇率，打破操纵市场；美国一直在干预外汇市场，同炒家对撼。美国甚至出手在期货市场同白银大王亨特兄弟对抗，使之破产。最近外国有人抛售万国宝通银行之股票，美国证监会立即打越洋电话，追逼外国经纪交出抛售股票者的名单、价位、交易数量。美国的法例也禁止散播金融谣言和造市，将之列为刑事罪行。为什么格林斯潘却持双重标准，对香港金融管理局的反击操纵市场行动，大加鞭挞？美国重视金融安全，却不准香港特区采取维护金融安全的措施，是何道理？

众所周知，对冲基金在20世纪90年代以来，大量流入了亚洲，大量贷出短期债务，大量购入亚洲股票，造成了泡沫经济，也迷惑了亚洲的借贷者和投资者，以为市场会一直"繁荣"。现在，格林斯潘说是亚洲借贷者和投资者"失误"、"滥用资本"，又岂是公正和尊重事实因果关系？当对冲基金精心布置好走势、陷阱之后，突然大量撤走资金，并向借贷者逼债，令股市、汇市一夜大跌，令银行负债和周转不灵，事后又指责亚洲"无法维持收支平衡和如期还债"，责任主次、是非因果，都给颠倒了。这又怎能令人心服？

更令亚洲人吃亏的是，亚洲由于受狙击而出现了金融危机时，由英国控制的国际货币基金会打着"救市"的旗号，乱开药方，要求亚洲进一步开放金融市场，由政府担保偿还外国关闭银行的债务，免使美国债权人损失，造成亚洲平民一起损失；关闭银行和企业，提高利率，大举加税，压缩财政支出，加强经济和财政政策透明度，公布数据，结果，更多中小企业倒闭，更多存户血本无归，更多资金撤出亚洲，本来几个月可渡过的短期债务风潮，变成了漫漫无期的严重经济衰退和通货收缩危机。这给对冲基金制造了更多的狙击机会，货币贬值浪潮一波未平，一波又起，亚洲的灾祸更加深重。到了今天，美国国会又拒绝进一步向国基会（即国际货币基金组织——引者注）拨款180亿美元，只同意拨34亿美元，这其实是让亚洲国家服了国基金的鸩酒，而不给予解药。

世界银行已经批评联合国基金组织弄垮了亚洲。国基会9月13日的报告也承认开错药方。联合国贸易发展组织也指出，"控制金融危机需采取同以前不同的对策"，"从而打击损人利己的投资者"。欧、亚、非、拉国家纷纷要求制订新的金融秩序，控制对冲基金的盲目流动，格林斯潘的言论显然只站在美国金融利益立场讲话，在国际上将日益孤立。

美国企图搞乱香港的最终目的，是想搞乱中国的金融业，搞乱中国。美国对中国收回香港一直耿耿于怀，在他们看来，香港，是英国人的香港、美国人的香港，起码是西方人的香港，而不应归还中国。所以，从中国提出对香港恢复行使主权，到香港回归中国，美国反华势力一天也没有放弃对香港问题的"关注"。他们认为，香港是中国伸出的一只脚，借着狙击香港而可以将政治、经济后遗症投射到中国内地。

改革开放 20 年来，中国取得了国际社会公认的发展业绩，社会稳定。尤其是亚洲爆发金融危机和社会动乱，中国继续保持较快的经济增长速度，没有发生政治结构危机和社会动乱，国际地位不断提高，所有这些都是美国"权力精英"所不愿看到的现实。中国一直是他们的"心病"。他们认为一旦让中国"坐大"，不利于他们主宰世界，因此，必须随时向中国发难，给点颜色看。

美国的一些政治领袖，特别是国会"鹰派"心目中，中国的社会主义市场经济模式并不符合美国的胃口和标准。最使美国"权力精英"感到头痛的问题，是他们认为中国改革方向的"不确定性"。他们期盼的是中国实行"依附型"的市场经济，而不是走向"自主发展型"的市场经济。1999 年 4 月 2 日，朱镕基在接受美国《华尔街日报》发行人康比德夫妇采访时说："在证券方面，我们吸取了东南亚国家金融危机的教训。中国在这个问题上是不能够过快地来开放的。这点立场美国也是很清楚的。但是我们仍然可以开放 B 股，但是 A 股我们是不能够开放的。但是美国一定要在这方面要求，那中国是做不到的。并且我们看到这个做法如果搞下去的话，我们将步东南亚国家金融危机的后尘。"

第十五章

依然活跃在世界舞台

Greenspan
King of the Financial Empire

格林斯潘 1987 年出任美联储主席，他的任期伴随着美国经济的持续增长，直到 2006 年结束他的任期。格林斯潘推行的宽松货币政策最终成就了美国史上最长的经济增长周期。但是，在 2006 年格林斯潘盛大谢幕前后，对他的批评声不绝于耳；次贷危机爆发之后，各种质疑更是层出不穷。不过，格林斯潘一直活跃在世界经济舞台。

一、事非功与过：国际金融危机之殇

格林斯潘在任期间，曾被市场奉为神灵。但他退任不久，美国房地产泡沫崩溃引发全球金融危机，格林斯潘也似乎被打回原形。

2008 年 9 月 15 日，美国的投资银行雷曼兄弟申请破产保护，引爆全球金融海啸，美国华尔街一片愁云惨雾。大量曾经风光无限的金融白领一夜之间成了落魄的失业者。

"雷曼时刻"警醒了世人：号称最发达的资本主义国家、最先进的金融市场，一样会成为金融危机肆虐之地。

更严重的是，因其体量超大，这场国际金融危机对全球经济产生了巨大而深刻的冲击，使得全球经济遭受重创，希腊等多个国家出现危机，全球出现衰退，西方国家经济纷纷出现严重缩水。

危机不仅影响宏观经济，更从微观上改变了很多人的生活乃至人生。英国《金融时报》分析，1981 年至 1996 年出生的欧美一代人在国际金融危机前后毕业、工作，相比前辈们在同一年龄层时的状况，这一代人工作更努力，但就业安全感和拥有不动产的比例更低。金融危机巨大的杀伤力，可见一斑。

金融危机期间，美联储协调全球主要经济体降低利率，召开 20 国集团（G20）会议以阻止全球金融体系走向崩溃，各国向国际货币基金组织和世界银行注资，这些措施成功扭转了市场情绪。

金融危机的溢出效应十分惊人：如果监管建立在对风险及其传导机制了解不充分的模型上，那将触发安全错觉并导致对风险积聚视而不见；政策衔接及其实施时间节点的选择极为关键，否则很可能好心办坏事。

格林斯潘 1987 年出任美联储主席，他的任期伴随着美国经济的持续增长，直到 2006 年结束他的任期。格林斯潘推行的宽松货币政策最终成就了美国史上最长的经济增长周期。但是，在 2006 年格林斯潘盛大谢幕的前后，对他的批评声不绝于耳；次贷危机爆发之后，各种质疑更是层出不穷。人们开始追问格氏主政期间的种种失策，给予他一连串新的"头衔"：机会主义者、谄媚者、两面派——然而却很少有人能够对他进行全面客观的评述。

任美联储主席长达 18 年半的格林斯潘，曾被广泛赞誉帮助了美国经济腾飞的格林斯潘，好像突然之间在 2008 年金融危机之后被拉下了圣坛。美国《华盛顿邮报》专栏作家罗伯特·塞缪尔森就嘲讽说：2006 年初从美联储主席卸任时，格林斯潘还被誉为"艺术大师"，人们称赞他带领美国渡过了多次经济险滩；但 4 年后，他昔日的政策却遭到了空前抨击，人们指责他酿就了 2007 至 2009 年的金融危机。转瞬之间，大人物成了历史的罪人，世界经济的操盘手竟是一介莽夫，一片片挞伐甚至责骂之声倾泻而下。诺奖得主保罗·克鲁格曼甚至直言不讳地称格林斯潘是"世界上最糟糕的前央行行长"。

在 2010 年美国国会"金融危机调查委员会"举行的听证会上，84 岁的格林斯潘再次遭到了无情的诘问。委员会主席安热利代斯（Phil Angelides）指责说，危机之所以爆发，格林斯潘和美联储未能有效监管问题信贷是一个重要原因，他们应该为此承担历史责任。

"你本来能够（阻止），你本来应该（阻止），但你却没有这样。"担任过加州财政厅长的安热利代斯言辞凌厉。

寻根溯源，美国当时奉行金融"自由放任主义"，金融自由化、复杂金融"创新"走向极致，经济"脱实向虚"。格林斯潘也承认，自由市场理论缺陷和金融机构自我调节能力全面崩溃令他"万分震惊，难以置信"。

这场肇始于美国、席卷全球的国际金融危机暴露出美国等西方国家对复杂金融机构监管不力，对消费者和投资者保护不足。系统重要性金融机构规模巨大，结构复杂，处置难度高。而且，由于对金融稳定影响巨大，系统重要性金融机构形成政府不会任其倒闭的预期，进而采取更加激进的经营方式，道德风险高企。

2004 年至 2006 年，美联储连续 17 次加息，每次加息 25 个基点，将联邦基金利率从 1% 提高至 5.25%，但同期美国 10 年期国债实际收益率仅上升 25 个基点，这种清晰可预期的加息方式，——并未造成美国金融环境明显收紧，反而鼓励投资者采取过度冒险的投机行为，被一些批评人士认为是导致本轮金融危机爆发的重要原因之一。

这次金融危机，导火索是美国房市泡沫和随之引爆的次贷危机。而房市泡沫和次贷危机的根源，一是美联储的过低利率政策，二是美国金融企业的过度借贷，身为美国央行行长并被外界寄予厚望的格林斯潘，显然难辞其咎。

美联储任职期间，格林斯潘一直以含糊其辞的"格式言辞"著称于世，但在外界指责问题上，他则一改模糊风格，干净明了地坚称自己是无辜的。在他看来，危机的肇源很多，一是中国等新兴经济体的崛起，使市场现金充裕，导致房价出现暴涨；二是评级机构低估了房贷投资的风险，而房利美和房地美两大房贷巨头，又加剧了市场的投机行为。

至于美联储的过低利率，格林斯潘辩护说，监管者无法完全避免未来危机的发生，"房地产市场泡沫，几代人所见的最显著的全球泡沫是由低利率引发的，但是……是由长期抵押贷款利率刺激的价格，而不是由于中央银行的隔夜拆借利率"。

在格林斯潘看来，市场监管者不是超人，他们不可能预料到大部分危机，甚至在掌握大量证据的情况下也会漏掉部分重大诈骗，麦道夫就是证据。而且，格林斯潘还认为，市场监管者也不能完全阻止危机发生。

穆迪经济学家网首席经济学家马克·赞迪就批驳说，在控制次贷等问题贷款方面，美联储拥有足够的权力，但格林斯潘却采取了放任自流的举动。

至于低利率政策，此举确实结束了互联网泡沫破裂带来的美国经济衰退，但作为"硬币的另一面"，该政策也造成了更大的美国房市泡沫的诞生，"有足够的证据显示，美联储利率保持得太低太长了"。

格林斯潘以指出人类的本性把世界引向非理性繁荣而闻名，他说，泡沫一直存在，它是人类本性的一部分，但它不可持续，它会带来金融体系的崩塌和经济衰退。只是在这些泡沫破裂之中，哪一个泡沫破裂会带来严重的影响尚不可知。

在听证会上，格林斯潘也感叹，自己在美联储的 21 年中，犯下了一系列"糟糕的错误"，但总体上"只有 30% 的错误"。

格林斯潘希望历史对自己"三七开"。但面对一场将美国拖入"大萧条"以来最严重衰退的经济危机，美国人还要给予格林斯潘 70% 的正确，恐怕也需要相当的勇气。也难怪在听证会上，曾担任美国期货交易委员会主席的博恩（Brooksley Born）丝毫不顾格林斯潘的老态龙钟，毫不留情地用了一连串的"失败"来质疑其业绩："美联储在阻止金融危机上遭遇了彻底失败，美联储和银行监管者在预防房市泡沫上遭遇失败，他们在防止掠夺性的借贷丑闻上遭遇了失败，他们在防止我们大银行陷入没有纳税人的大规模救助就会崩溃的业务遭遇了失败。"

格林斯潘在《动荡的世界：风险、人性与未来的前景》一书中："我为什么没有预测到 2008 年的金融危机？"他声称，在这场经济危机发生前，几乎所有人都坚信已有的金融风险管理系统能够防止金融体系的崩溃，然而，悲剧还是发生了。格林斯潘认为，并非所有的泡沫在破灭时都会造成 2008 年金融危机所带来的巨大浩劫，1987 年和 2000 年的泡沫破灭对整体经济都只有比较有限的负面影响，泡沫破灭造成的破坏程度不但取决于"有毒"资产的类型，还与这些资产的持有人的杠杆大小有关，后者决定了危机能够蔓延到多广的范围。

格林斯潘讲述了他刚出任美联储主席时有过这样的经历："在内部会议上我天真地问道：'你们怎么判断合适的资本金水平？'一片沉默让我很意外，这使我很快认识到，这类基础问题的答案通常是被视为给定的，很少会被触及，除非遭遇危机。"2008 年金融危机后，格林斯潘认为需要修复的最紧迫的改革是，经风险调整后的监管资本的水平，并且认为资本和流动性能够解决在此次金融危机发生时所暴露的几乎所有的金融监管架构的缺陷。他说，资本具有如下监管优势：不必预测哪些特殊的金融产品即将会转变为有毒资产，并且充足的资本能够消除无法实现的监管微调的特殊性需求。格林斯潘还说，只有在金融中介活动出现系统性失灵等极少数情况下，才需要主权信用临时替代私人资本。

那场国际金融危机还表明，系统重要性金融机构因规模较大、结构和业务复杂、与其他金融机构关联性强，在金融体系中居于重要地位，如果发生重大风险，将对金融体系和实体经济产生重大不利影响，甚至可能引发系统性风险。因此，危机后有关国际组织和主要经济体已就系统重要性金融机构监管建立了相关制度安排。

二、纵论欧洲债务危机与美国经济形势

2009 年以来，因国际金融危机、欧洲国家缺少竞争力和国家高负债等因素，从希腊起发生欧洲债务危机，整个欧洲经济长期低迷，失业率节节攀升，贫富差距和地区差距不断加大，政府应对乏力，导致移民难民问题愈演愈烈，不仅触发欧洲政治版图的洗牌，加剧政治极化和社会分裂，引发一系列金融震荡，更把欧洲拖入不稳定的变革期，欧洲一体化陷入停滞状态。同时，经济错位、人口变化以及传统价值观受到挑战，使教育程度不高的底层民众感觉生活失控，一场场选举助燃民粹主义的熊熊火势，欧洲自"二战"后形成的传统政党政治格局正在发生重大变化，民粹主义政党势力抬头。

（一）欧洲债务危机根源在于"南北差异"

2011 年 11 月 10 日，格林斯潘在纽约说，欧元区北部国家和南部国家之间在竞争力方面存在巨大差异，这是当前欧洲债务危机的根源。

格林斯潘当天在外交学会就欧洲债务危机接受访谈时说，包括希腊、意大利和葡萄牙等国在内的"地中海俱乐部"成员经济竞争力一直低于德国等北方国家，而欧洲在 1999 年 1 月成立欧元区并未解决这一根本性问题，反而使其更加恶化，"这是欧元体系出现问题的原因"。

格林斯潘指出，德国、荷兰等欧元区北方国家拥有很高的储蓄率，通货膨胀水平也相对较低，而"地中海俱乐部"成员储蓄率普遍较低，葡萄牙储蓄率甚至自2003 年以来持续下降。

格林斯潘说，在成立欧元区之前，欧洲就存在南北竞争力差异，统一使用欧元后，德国因弃用马克而采用汇率相对较低的欧元，出口大幅受益，竞争力更强。但对希腊、意大利等国来说，加入欧元区却使他们原本脆弱的竞争力更加雪上加霜。他说，"北方国家比南方国家更加节俭自律，更加注重长期发展"，市场原本期望，成立欧元

区后，欧洲南部国家会向德国靠近，改变以往行为习惯加强财政自律，从而提高自身竞争力，"但他们完全没有任何改变"。此外，因为使用统一货币，欧洲南部国家无法再通过货币贬值保持竞争力，加之欧元汇率相对较高导致其单位产出成本上升。

格林斯潘说，目前德国等北方国家虽然仍在救助南方国家，但他们面临的国内压力持续上升。欧元区内部的"南北差异"是欧元区领导人应对当前债务危机必须面对的棘手问题。

被问及美国经济前景时，格林斯潘说，未来美国经济发展将与欧洲保持很高的联动性。他认为，除长期政治走向等问题外，欧洲债务危机将是影响美国经济发展的重要因素。

（二）社会福利压力与民粹主义

凯恩斯提出的"动物精神"，是格林斯潘非常推崇的一个概念，用以描述"一种自发的行动本能，同时这种行动也不是对加权收益值和成功概率的理性判断的结果"。

在格林斯潘看来，近年来一种难以理性解释的"民粹主义"正席卷欧洲和美国，还在不断扩散。这些变化也体现在央行清算数据上。"欧洲中央银行清算数据显示，德意志银行提供的信贷，比实际使用的信贷要低得多，西班牙和意大利也出现了类似情况。"格林斯潘称，融资的流向是在从北欧流向南欧，主要是流向了意大利、葡萄牙、西班牙、希腊等国家。

但是，同时也出现了一个非同寻常的现象，那就是德意志银行、法国银行、比利时银行等也在借贷，这是非同寻常的现象。

满足底层民众的需求，就需要增加社会保障。格林斯潘认为，社会保障支出对储蓄有挤出效果，会导致投资的后续不足。

实际上，格林斯潘对社会福利过高等问题的担忧，从上一轮金融危机之后就一直持续着。对于美国战后建立社会保障制度和其他福利制度，并在 1965 年实施公共医疗计划和医疗补助计划，所带来的长达 40 年的社会福利支出暴涨，他曾给出"我们正在消耗自己的种粮，破坏美国立足于世界所依赖的强大发动机"的论断。

（三）关注美国经济衰退风险

2011 年 3 月 15 日，格林斯潘在美国外交学会举办的研讨会上说，自 2008 年金融危机爆发以来美国经济复苏缓慢得令人失望，企业对于非流动性固定资产长期投资意愿下降是其中的关键原因。

格林斯潘指出，造成美国当前经济复苏乏力、失业率居高不下的一个重要原因就是企业对于非流动性固定资产长期投资的积极性不高，美国企业非流动性固定资产长期投资占公司现金流的比重下滑到了 20 世纪 40 年代以来的最低值。造成这种现象的重要原因，一方面是由于自雷曼兄弟倒闭之后，美国政府强化的市场干预使得企业面临一个监管更严格的金融市场和宏观经济环境；另一方面是由于企业家依旧面临经济复苏的不确定性。经济学家和市场人士经常引用的事实是，美国企业如今坐拥近 2 万亿美元的现金而不愿扩大投资和增加长期招聘。

分析人士指出，尽管美国工业生产、商业库存等经济指标出现一定程度的反弹，但美国的房地产市场，尤其是商业地产市场依旧疲软；鉴于美国企业闲置产能较多以及经济复苏尚存不确定性，企业在增加设备等非流动性固定资产和增聘长期雇员方面的积极性不高。

格林斯潘说，美国政府的干预行动减缓了美国经济的复苏步伐，尽管当前美国公司的盈利状况较好，但对固定资产投资的意愿则下降到了 20 世纪 40 年代以来的低谷，加上美国家庭对于非流动性固定资产投资的意愿也在下降，从而影响了美国经济的整体复苏。

格林斯潘说，在金融危机爆发之后，很多美国企业家的恐惧情绪增加是因为经济活动的骤然降温，但很多企业家在 2009 年初美国经济开始复苏之后依旧存有恐惧情绪，其中的重要原因是政府对市场的过度干预产生了对私营部门的挤出效应，给市场造成了新的不确定性。

格林斯潘认为，若非美国企业对于非流动性固定资产长期投资存有较严重的规避情绪，美国当前的失业率应当大幅低于9%的高位。

自2006年初美国房地产泡沫破裂后，美国住房市场一直在进行剧烈调整，并成为这次金融危机的根源。房地产市场泡沫破裂，被认为是引发本轮美国金融危机的根源。

2011年8月23日，前美国联邦储备委员会主席格林斯潘再次谈到这一问题，表示欧洲主权债务危机给美国经济复苏带来了不确定性，但是美国经济暂无二次衰退的风险。

格林斯潘当天在华盛顿参加一个经济研讨会时表示，欧元区正面临严峻的债务危机，当前发达国家经济增长如此缓慢的一个重要原因就是不确定性增加。

格林斯潘认为，当前全球各经济体之间联系紧密，美国有约两成的出口商品销往欧洲，欧洲经济增速下滑对美国经济自然会造成影响，但是美国经济暂时没有陷入二次衰退的风险。

由于标准普尔下调美国长期主权信用评级、经济增速下滑、房地产市场复苏艰难而且失业率居高不下，部分投资人士担心美国经济会陷入二次衰退的境地。

（四）呼吁美国削减社会福利以解决债务难题

格林斯潘认为，美国的债务难题应该有美国来解决，他呼吁美国削减社会福利以解决债务难题。

2011年9月13日，格林斯潘在美国国会参议院金融委员会做证时说，控制政府债务必然会对经济造成痛苦，他建议通过削减社会福利等政策来解决美国债务问题。

格林斯潘说，解决当前财政问题而不造成经济痛苦的情境是不存在的。他说，美国已经等了太长时间来应对这一问题。

格林斯潘建议通过削减医疗支出等社会福利计划，并改革税法等政策来解决财政赤字问题。

按照国际货币基金组织的数据，当前美国联邦公共债务总额占国内生产总值的比例已达约100％。由于连续多年财政赤字，公共债务总额不断攀升，解决赤字问题成为美国政府的重大政策挑战。

2001年至2011年10年间，美国财政经历了盈亏巨变。2001年，美国经济向好，财政盈余。10年后，美国经济增长迟滞，重债缠身。10年前，美国国债总额仅相当于国内生产总值的1/3，现在这一比例上升至100％。10年前，美国政府拥有财政盈余，10年后政府财政赤字已相当于国内生产总值的近100％，而欧洲深陷主权债务危机，它使美国人看到了缺乏财政纪律的后果。

（五）呼吁美国政府放松金融监管，释放实体经济活力

2017年2月16日，格林斯潘在纽约经济俱乐部举办的活动发表讲话时表示，美国应该废除大量已对经济形成制约的金融监管，释放实体经济活力。

格林斯潘当天被纽约经济俱乐部授予卓越领袖奖。格林斯潘的发言表明，美国国内对金融监管问题始终存在争议。他在发言时说，企业通过金融支持采取适当加杠杆的方式进行自主投资是保持经济活力的关键，而现在大量金融监管的存在，比如《多德－弗兰克法案》，已经严重影响到企业投资意愿。

2008年金融危机后出台的《多德－弗兰克法案》，于2010年7月获美国国会通过，被认为是20世纪30年代以来美国最严厉的金融监管法案。格林斯潘认为，该法案降低了金融系统对实体经济的支持力度。

美国总统特朗普承诺将放松金融监管，并已签署行政命令，要求对美国现行金融监管架构进行重新审查。很多分析人士认为《多德－弗兰克法案》将被新的监管方案所取代。

格林斯潘认为，虽然大部分金融监管应该被放松或废除，但与此同时应大幅提高金融机构的股东权益比率，从而强化金融机构的自我监管。目前，这一数据已从

高峰时的 35%—40%，大幅下滑到不足 10%。他说，股东权益比率明显提高之后，每家金融机构对自己的决策行为将更加负责。在这样的一个金融系统内，很难出现像 2008 年金融危机时那样容易相互影响和不断蔓延的违约事件。即便某个金融机构遭遇重大损失，也应主要由股东承担后果，而非纳税人。

三、格林斯潘之忧：我为什么反对特朗普打贸易战？

2018 年是世界贸易的多事之年。各国加强了对技术和知识产权主导地位的争夺，也加强了对制造业、对贸易竞争力和影响力的争夺，这导致全球性贸易摩擦不断加剧，最后升级为贸易战。全球贸易处于紧张状态，商品交易成本增加，全球供给链受到冲击，而美国关税对中国经济的影响已然开始显现，中国商业活动增速放缓。同时，各国国家概念增强，贸易战以及资源安全的考量，正在改变着国际市场的规则。

贸易战向来是一把双刃剑，美国不可能不为自己失去理性的单边保护主义行径付出沉重代价。同时，美国发动贸易战，单边主义行动违反了世贸组织最基本精神和原则，使基于规则的全球贸易体系面临失控危险，对全球价值链形成冲击，并通过各国经贸之间的相互关联，产生广泛的溢出效应，影响世界经济有效运行。这种单边主义和贸易保护主义的行为将拖累全球经济增长，严重影响了全球贸易体系的稳定，损害世界各国人民利益。

2018 年 7 月 7 日，格林斯潘通过视频方式，在"2018 青岛·中国财富论坛"发表了开幕演讲。这次会议的主题是"探寻开放与监管新范式"，也是第四届中国财富论坛。在这次面向全世界听众的演讲中，格林斯潘表达了他对贸易战的忧虑。他认为，"美国对外施加的关税，实际上是由美国国民在买单。美国应该停止继续施加高关税。如果不削减，美国之前所有的，从企业营业税减税以及减少监管所得到的发展上的优势，包括各项节约和投资，都会被关税政策抵消。"

（一）特朗普为什么要打贸易战？

在 2018 年 8 月 7 日"中国财富论坛"电视演讲中，格林斯潘详细分析特朗普要打贸易战的深层次原因。他说，所谓的贸易战，在中国和美国之间刚刚开始，到底这个贸易战会有什么样的变化，以及背后的本质是什么？首先，钢铁和铝行业对它的反应，这其实是一个潜在的政治问题。我们发现，钢铁和铝在美国总统看来，是非常重要的一个领域，必须要在这个领域里做得更好。问题是为什么？给美国总统投票的选民主要在美国的铁锈地带，也就是在美国的中部，然后偏东部的地区。这些地区的选民在我看来，应该得到严密的关注，钢铁和铝所呈现的趋势与他们紧密相关。比如，从钢铁行业来说，美国占全球总的钢铁产量从 1976 年的占比 23%，下降到了 2015 年的 5%。在另一方面，我们发现中国的钢铁产量所占比例从 3% 增长到 50%，其实我从来没有看到在这样的一个时间段里面，有这么显著的增长。我们在铝行业看到类似趋势，对于美国来说，铝的产量占到全球产量的 40%。但是等到 2016 年的时候，已经下降到了 3%，但是相反，中国产量所占比例则从 1960 年 1.5% 增长到 2016 年的 40% 多。这样的变化是有非常显著的政治影响的。对于美国总统来说，因为这样的变化，所以他必须要做出一些反应。我们也知道，慢慢地也就演变成了两大经济体间的贸易战。

出现这一问题的原因，首先是中美经济实力对比出现了根本变化，包括人均 GDP。格林斯潘说："首先，我要给大家呈现我们的现状。就像我所说到的，中国人均 GDP 占全球增长的比例也在不断上升，而美国则在下降。这也对美国的政治体系造成了非常深远的影响。为什么会这样呢？首先，中国能够以这么显著非凡的速度增长，这也意味着中国的产出，就是中国的资本投资是非常显著的，因为这是所有经济增长的一个根本动力所在。在美国我们的储蓄大约占到 GDP 的 20%，另一方面，中国的比例则是显著高很多的，特别是在近几年。这也告诉我们，当你得到的资本越来越多，资本投资越来越多，经济增长也会显著增加。实际上我们能够精准地去识别经济增长和基本投资之间的一个关系。这也就引到了我现在给大家呈现的这些数据。我们可以看到，基本的储蓄以及投资的显著增长，这对于美国是一个很大的谜题，这也就是为什么中国人这么喜欢储蓄。"

格林斯潘认为，从长远角度看，问题的根本在于美国社会生产力增速出现停滞，包括固定资产投资、非金融领域的投资，以及它的现金流的占比，这些关键可变量都在下降。他强调指出：贸易战对美国将造成伤害。他说："所有的关税实际都是一种税负。如果有人说想要施加十亿、百亿美元的关税，这就相当于对你自己的国民收十亿、百亿美元的税。这个我们认为是政治上无法接受的，它并不是很容易能够实施的。我们在这边提到的，可以说是我们曾经经历过的最大一场规模的贸易战。我想大家也没有办法从历史曾经经历的其他贸易战推测出这场战争的影响到底有多远。"

格林斯潘警告说："我们从现在向未来发展，可能会预计到这样一种金钱上、贸易上的战争。这种战争会带来经济下滑，整个西方世界可能都会陷入这样的经济问题。我认为在真正开启这场战争之前，我们一定要及时止损，不然会遇到严重的问题。那我只能说希望在未来，因为我们美国在历史上经历过这样的事件，不是一次，是好几次，我们美国总是能够成功地从问题当中脱离，重新组织。"（参见 2018 年 7 月 7 日，中央广电总台国际在线、财经会议资讯）

（二）关税不会终结便宜时代，互加关税必双输

在一系列的贸易摩擦后，全球贸易图景纷繁复杂，贸易壁垒增多。贸易摩擦背后，是全球经济图景的变局，美国作为制造业大国从巅峰跌落，近年来制造业虽然在逐步开始复苏，但如何保住美国的产业基础仍是未知数。不过，美国坐拥其他国家难以望其项背的金融竞争力，美国是否通过印美元的方式来解决赤字，甚至动用

美元霸权来打赢贸易战？这些迷津和疑问，在外界看来，或许需要靠格林斯潘以他18 年的美联储主席之位的高屋建瓴，以他近一个世纪所经历的繁荣与衰退的循环往复，以他的睿智来解读。

格林斯潘尖锐批评特朗普政府采取一系列贸易保护主义措施的做法，他说："美国已处在贸易战的峭壁边缘。如果贸易战真的开打，我们会感到非常伤心，因为认为他国在占美国便宜的逻辑是无稽之谈。"

格林斯潘称特朗普的关税政策"疯狂"，并且表示，"这么做的原因可能要探究某个人的深层心理"。

2018 年 7 月 7 日在"2018 青岛·中国财富论坛"发表电视演讲时，格林斯潘就增加关税问题的严重后果发出权威警告。他说："关税会给我们带来非常令人感到恐惧的问题。美国一些政府的人员认为关税是他们对于中国进行阻碍的一个方式，但实际上并不是这样。当你去施加关税的时候，实际上这就是一个短期当中的税负。所有的关税，当然我们会给它很多不同的名字，但是我想表达的观点是，我们不可能继续延续这样的问题，我们现在看到关税不仅仅被施加在一些比较小的商品里面，像是钢铁、铝，而且它现在已经扩大到几乎所有的商品。

"这里面很重要的一点就是有些人在说，不仅仅是在美国政府，在其他的政府也有这样的想法，当你去增加关税的时候，你是为面临关税的是这个国家产生的问题，想象进口商品的国家给它们制造麻烦，但实际上这个关税是由你自己的选民在买单。关税的施加会带来选民的一些后果或者是反应，如果说我们来回顾一下没有关税的时期，那个时候全球经济的效率是最高的。大卫·李嘉图是一个非常著名的经济学家，他就表达过这样的观点，这几种情况下，我们处理的是一个非常简洁的经济体系，它是能够自动进行调节的。施加关税的国家会给经济带来严重的问题，但是回到刚才所说的这位经济学家，他辨别出了这个体系运行的方式，这个运行方式自从很早之前就一直是这样了。但是在我看来，在你提升关税的时候，实际上你也影响到了施加关税国家的购买力，换句话说当我们在美国对钢铁施加关税的时候，这个关税实际上是由美国国民在买单。在更大的一个程度上，这就像是一个非常大规模的税负。我们从历史的经验当中能够看到你能够对经济收税，而通过收税会导致经济陷入衰退的情况，我们现在已经接近了这一点。"

他还说："我认为，我们已经足够接近这样一个危险的局势，应该停止继续施加高关税，美国这样的关税政策，可能会有一些积极的影响，看到一些统计数据上的改进，但是这就是问题所在，我们现在处在一个两难的局势，如果不削减关税，我们之前所有的从这些企业营业税减税以及减少监管所得到的发展上的优势，所有的这些节约和投资，都会由关税的政策来抵消。关税可以变得非常高，导致经济增长的停滞，这也是我们现在重要的问题。"（参见 2018 年 7 月 7 日，中央广电总台国际在线，财经会议资讯）

2018 年 8 月 7 日，格林斯潘在接受中国《财经》记者专访时，再次强调：互加关税必然造成双输。他说："关税就像特别消费税（excise tax），它有效地把资金从私营部门转入到政府账户上，但你不会因此听说什么'政府盈余'，没人用这种术语谈这个问题。但想一想，如果所有进口到美国或中国的商品，它们在全球市场上竞争的同时，竞相被高关税挤压，这些国家损失的是 GDP。你说的这种情况，两个国家彼此对对方商品提高关税，双方都会蒙受损失。没错，它们可以一决雌雄来看谁能让对方败得更惨，甚至让对方遭受毁灭性的打击。我推测双方短兵相接的死磕，这就是必然的结果。"

格林斯潘回顾历史说："美国在 20 世纪 30 年代就有类似性质的问题和经历。但现在讨论的背景不同了。自从国际（贸易）体系存在以来，关税已是毋庸置疑的负面政策，对任何人都没有好处。但现在所进行的讨论中并不承认这一点。现在看起来特朗普还是认为贸易战有赢家和输家。贸易战只有输家。这就是为什么'二战'结束时 WTO 会出现，它是基于对当前这种状况的担心而诞生的。"

　　格林斯潘判断："美国可以在贸易战中打赢中国，但要付出巨大的代价。这样的话，为什么要这样做呢？可能有些国家储备丰厚，也承受得起很大的损失，但它们能得到什么呢？现在看来，没人想讨论这个事实：挑起贸易战的人是那些不受贸易战负面影响的人，除非有补偿性的措施让他们受到损失。我也不知道如何是好，除了建议那些人去补补课，了解一下什么是关税，加征关税到底会发生什么、后果是什么。现在有很多人只单纯地想'反抗'，他们缺乏知识素养，夸夸其谈，他们自以为了解的东西——但事实上，他们根本就不懂，这真可悲。"

　　2018 年 11 月，格林斯潘在纽约大学一次活动上表示，特朗普的关税政策会造成双输局面。他表示："这是一种消费税，人们想到的不是关税，它是一种税收，每个人都卷入了这类战争。这意味着你要从一系列国家撤回信贷或购买力。"

　　"关税战有赢家和输家，更重要的问题是双方都输了，胜利者只是输得更少。"格林斯潘认为，历史经验表明，对经济大规模征税有可能导致经济陷入衰退。现在美国已经足够接近这样一个危险的局势，应该停止继续加征关税。理论上来讲，在没有关税的状态下，全球经济的效率是最高的。根据大卫·李嘉图的观点，没有关税的情况下，经济体系是非常简洁，且能够自动进行调节的。

　　"当你去增加关税，是希望给出口国制造麻烦，但实际上，这些关税最终是你自己的国民在买单。"他认为，提升关税，实际上影响到了进口国的购买力。因为，所有的关税实际上都是一种税负，加征十亿、百亿美元的关税，本质上相当于对自己的国民征收十亿、百亿美元的税收。

　　在格林斯潘看来，美国加征关税带来的危害很多。历史经验表明，对经济大规模征税有可能导致经济陷入衰退。格林斯潘认为，现在美国已经足够接近这样一个危险的局势，应该停止继续加征关税。"我们现在处在一个两难的局势——如果不削减关税，之前从降低企业税收、减少政府收入等获得的发展优势，所有这些节约和投入都会被加征关税政策所抵消。"他担忧，关税可能变得非常高，进而导致经济增长停滞，这是当前非常重要的一个问题。他建议，应该及时"止损"，否则就会遇到严重问题。到那时只能祈祷美国能够像历史上经历过的几次一样，幸运地成功从问题中走出来，并进行重构。

（三）民粹主义壮大势力后将走向失败

格林斯潘认为，经济民粹主义是贫困大众对失败社会的一种反应，其特征是视经济精英为压迫者。在民粹主义压力下，政府只顾及大众的短期要求，很少为个人权利或经济现实考虑国民财富如何增长或如何维持的。换句话说，各种政策的不良经济后果被有意无意忽视了。经济民粹主义是一种情绪反应，而非基于思想的反应，它不是用脑子去想，只会一个劲地喊痛，他们的共同万灵药就是重新分配并起诉某个据称正在窃取穷人东西的腐败分子。由于拿不出有针对性的经济对策，为了得到拥护，民粹主义常常不得不求之于道德审判。经济民粹主义不是真正的民主，51%的人可以合法地夺走其余49%的人的权利，这种不合格的民主只会导致暴政。

针对欧洲出现的民粹主义，格林斯潘认为，它在壮大势力后将走向失败。他在2018年8月青岛·中国财富论坛发表电视演讲时指出："在经济市场，英国脱欧，它给我们带来了越来越多的不理性的乐观情绪，但是我们现在所面临的心理是非常难以琢磨，非常难以处理的，我觉得这可能回到拉丁美洲的民粹主义，这可能是最接近的一个总结。现在民粹主义正在席卷美国大陆，同时也在席卷西欧国家，而且还在不断扩散。民粹主义并不是一个新鲜的事物了，它是一种哲学的思潮，但是不同于共产主义、社会主义或者是资本主义，民粹主义并不是固定的，或者在哲学方面并不是非常稳定的一种思潮。民粹主义实际上是对于帮助的一个需求，对帮助的一个呼喊。在美国、西欧以及其他国家，实际这反映了当地的人民他们感觉到未来是变得更加灰暗了。任何一个人能够站出来，就能得到更多的选票。过去几年我们看到很多这样的现象，主要在南美和北美，现在在欧洲看到也面临这样的挑战，而且毫无疑问，美国也受到了这样的挑战。这个实际上并不是理性分析能够帮助我们理解的。而且我们也很难去捕捉到问题的核心。我觉得最好的方法就是承认这是非常非凡的一个现象。而且我们也很难找到历史的时期，我们在墨西哥看到最新选举结果，获选人在过去几年选举的努力一直是失败的，而这次他成功了，而且获得很多的选票，所以我们看到现在这个时代出现根本性的变化。"

　　同年 8 月 7 日，格林斯潘在接受中国《财经》记者专访时再次强调了这个观点。他指出："资本主义撬动了美国，美国的资本主义是在增长率核心之上的、一部创造性破坏的历史，这个历史在自由经济体制下发生。每个人都喜欢创造的部分，却讨厌破坏的部分，总有些进程会覆盖掉其他的进程。当政治没有发挥应有的作用，周期性的民粹主义会出现。民粹主义不是资本主义，共产主义或者社会主义这样的哲学，它只是痛苦的呐喊。民粹主义出现，壮大势力然后失败，我们会重回到资本主义。一直以来都是一样的。其他国家的故事也很相似。"（参见 2018 年 8 月 6 日出版的《财经》杂志，作者，金焱）

附一：格林斯潘传奇小传

艾伦·格林斯潘（Alan Greenspan，1926年3月6日—），一个美国犹太人，美国第十三任联邦储备委员会主席（1987.08—2006.01），任期长达18年，跨越六届美国总统，是迄今美联储历史上在任时间最长的主席，任期之长让真正的美国总统望尘莫及。

1926年3月6日生于美国纽约市。

1945年进入纽约大学商学院学习。

1948年获纽约大学经济学学士学位，两年后获经济学硕士学位。

1952年与画家琼·米切尔结婚。后离婚。

1954年至1974年，1977年至1987年先后任纽约市工业咨询公司（汤森—格林斯潘公司）董事长兼总裁。

1970年任美国总统经济顾问委员会顾问。

1974年至1977年任美国总统经济顾问委员会主席。

1977年被纽约大学授予经济学博士学位。

1977年后任美国国会预算局顾问。

1981年至1983年任全国社会保险改革委员会主席。

1982 年任总统国外情报顾问委员会委员。

1987 年 8 月被里根总统任命为美国联邦储备委员会主席，这在美联储的历史上显得突兀，原因是美联储主席向来从美联储内部产生，而格林斯潘以前从来没有在美联储任过职。同年 8 月 11 日，格林斯潘接替保罗·沃尔克，开始执掌美国联邦储备委员会。

1987 年 10 月 19 日，华尔街经历"黑色星期一"，道·琼斯工业股票平均指数全天跌幅达到创纪录的 23%，许多投资者甚至绝望自杀。格林斯潘冷静出招，承诺放松银根，向任何处于困境的金融机构提供贷款帮助，第二天股市反弹，并中止股市继续恶性发展，稳稳地拨正美国这艘大船的航向，令许多原先对他能力表示怀疑的美国人大喜过望，他从此就与美联储主席一职结下了不解之缘。

1990 年 7 月，美国经济进入一次短暂、温和的衰退。8 月 2 日伊拉克入侵科威特，造成国际油价飙升。

1991 年 3 月，美国经济衰退结束，从此开始了长达 10 年的、创纪录的经济扩张。

1991 年 7 月，布什总统任命格林斯潘继续担任联邦储备委员会主席。

1994 年 2 月 4 日，美联储首次公开宣布调整其货币政策杠杆——联邦基金利率，即银行间同业拆借利率。

1996 年 2 月，克林顿总统提名格林斯潘连任联邦储备委员会主席，6 月 20 日参议院以压倒多数批准了这一提名。

1996 年 9 月，格林斯潘说服同僚放弃了升息计划。他指出，当时劳动生产率的增长快于政府表面的统计数据，这将使失业率下降，同时不会引发通货膨胀。

1996 年 12 月 5 日，格林斯潘在公开演讲中提出股市上涨反映了"非理性繁荣"。华尔街股市应声而跌，但随后回弹。"笨蛋！谁当总统都无所谓，只要让艾伦当美联储主席就成"——这是 1996 年美国大选前夕《财富》杂志封面的一句口号。

1997 年 4 月，与比他年轻 20 岁的美国全国广播公司电视台记者安德烈亚·米切尔结婚。

1998 年 7 月，格林斯潘被授予美国"和平缔造者奖"。

1998 年 9 月 29 日，美联储开始连续三次快速降息，成功抵御了亚洲金融风暴和一家大型对冲基金濒临倒闭给美国经济带来的冲击。

2000 年 1 月 4 日，克林顿总统再次任命格林斯潘为美联储主席，同年 6 月 20 日，他第四次就任该职。

从 1987 年算起，格林斯潘已经在这个位置上干了 12 年，这在美国历史上是极为罕见的事情。历届美国新总统搬进白宫，第一件事就是把内阁统统换上自己的人马，从里根政府到克林顿政府，华盛顿官场中能够历经多次人事震荡而始终屹立不倒的，大概也只有"三朝元老"格林斯潘了。

2000 年 1 月 14 日，道·琼斯工业股票平均指数创 11722.98 点历史的纪录。随后几个月中，股市陷入低迷，账面价值损失近万亿美元。

2001 年 1 月 3 日，美联储出人意料地在两次决策会议间隙中，将联邦基金利率调低 50 个基点。它表明在经历股市下跌、商业投资下降后，美联储开始实施新一轮刺激经济的政策。

同年 1 月 25 日，格林斯潘在国会做证说，当年巨大的财政预算盈余（但最后未能成为现实）为减税提供了空间。此举使布什政府的 1.3 万亿美元减税提案在国会获得通过。

2001 年 3 月，美国经济出现衰退，美国历史上最长的经济扩张期结束。

2001 年 9 月 11 日，美国遭到恐怖袭击。格林斯潘在欧洲参加一个会议后回国，途中被迫改变航向。美联储副主席罗杰·弗格森发表声明，宣布美联储准备为处于金融困境的银行提供贷款。

2002 年 8 月，英国女王授予格林斯潘"爵士荣誉"称号，以表彰他对"全球经济稳定所做出的杰出贡献"。

2003 年 6 月 25 日，美联储将联邦基金利率降至 1%，这是 45 年来最低水平。美联储希望以此刺激经济增长，并抵御潜在的通货紧缩威胁。

2004 年 5 月 18 日，美国总统小布什提名格林斯潘继续担任美联储主席，这是他第五次续任美联储主席。同年 6 月 17 日，美国参议院通过了布什的这项提名，两天后，格林斯潘宣誓就职，开始其第五个任期。

2004 年 6 月 30 日，美联储开始采取每次 25 个基点的系列升息步骤，逐渐淡化其经济刺激政策。

2005 年 10 月 24 日，美国总统小布什宣布提名总统经济顾问委员会主席本·伯南克接替格林斯潘，出任下任美联储主席。

2006 年 1 月 31 日，格林斯潘卸任美联储主席。其后，格林斯潘获委任为英国财政大臣戈登·布朗的荣誉顾问。

2007 年，格林斯潘出版自己的首部回忆录：《动荡年代，勇闯新世界》，在这部长达 531 页的回忆录中，详细而生动地记述了他的个人成长经历和主政美联储时的各种趣事逸闻，以及其经济思想的传统师承，书的最后还展望了包括中国在内的世界经济的发展和危机，成为版权收益仅次于克林顿总统自传的天价畅销书。

2008 年美国次贷危机过后，虽然一度遭到指责，但格氏仍然坚持认为，这是百年一遇的金融危机，具有不可避免性。

附二：格林斯潘箴言录

【财富与价值】财富总是在人们利用他们不断增长的知识同日益扩大的资本相互作用以产生有价值的商品和服务的时候创造的，这几乎成了定义。因此，价值是通过利用创意和概念，而不仅仅是利用有形资源和人工创造的。

【经济必须维持足够的弹性】必须随时注意，确实使我们的经济维持足够的弹性，以适应于采取富于企业精神的行动。

【股市的财富效应】大体而言，当股票市场持续以惊人的速度攀升时，各个家庭的财产净值进一步水涨船高大幅增值。消费随之上升，而储蓄率出现负增长，财富效应，一好带百好，由市场赢利而溢出的需求带来了整个社会的繁荣。

【经济是不完全不可预测的】幸运的是，经济事件不完全是随意且不可预测的。它有一定的原则及一定的行为关系、经验法则，使我们可以有某种程度的信心去遵循。例如，资本投资是以可预测的方式回应经济增长率、预期获利率以及资金成本。

【市场经济与人类心理学的作用】每个竞争的市场经济，即使是最稳固地建立在法规基础上的，也会处在一种经常改变的状态。于是，尽管社会和经济的稳定使消费者和投资者有信心并愿意长期投资，历史表明那样的程度也是很不一致的。

【影响经济增长的两个关键因素】对更高的经济增长来说，有两个因素至关重要：第一，技术进步的发展势头是不是能持续下去；第二，消费者和投资者对未来是否有稳定的信心，在多大程度上能够保持。

【技术竞争的残酷性】我们永远不能准确地预测哪一种技术能大大增加我们的知识及其产生的成果。而且，由于技术在国际的快速扩大，美国越来越难以始终走在新创意和新产品的最前列了。

【教育有多高，生活就多好】如果我们能在增加设备投资的同时也增加人员、创意和管理秩序方面的投资，经济就能更加有效地运转，因为它能适应变化。其结果，从长远来说，生活水平会在广泛的基础上更进一步提高。

【市场干预泡沫经济值得怀疑】你要市场干预打破泡沫，可这里存在一个根本性难题：你得比市场知道得多才行得通。适当的时机是又一个难题，你可能打破得太早了，于是它又鼓胀起来；下一次，你又可能让泡沫胀得太大了。于是有人就问了，我们是管什么的，对于是不是真的存在泡沫，谁来做出判断。

【银行的信用极为重要】银行自有史以来，它的目的都是通过把信用扩展到商业和家庭来承担风险。银行总是要承担风险的，但是它的信用对我们的经济的发展和稳定来说，又是很重要的。

【不能人为限制金融机构间的竞争】管理者和立法者必须接受失败。他们的激情不能保证金融系统的安全和稳輋。在银行中以及在银行与非银行间人为地限制竞争是不正确的。

【金融危机是不可预测的】从本质上说，金融危机的发生是我们不可预测的，并且这些危机也是各有不同的、多种多样的。全球化同时意味着一种国内的危机可以演变为全球性的危机，或者国外的一种危机也可以变化为一种国内的危机。

【慎说"新经济"】我们的经济每天都在变化着，在这个意义上，可以说经济总是"新"的。更深的问题是，在我们经济的运行里，是不是已经存在一种深远的、根本性的改变，使现在的经济运行与过去完全不同。对更高的经济增长来说，有两个因素至关重要：第一，技术进步的发展势头是不是能持续下去；第二，消费者和投资者对未来是否有稳定的信心，在多大程度上能够保持。

【政府决策者要掌握经济发展】政策制定者须依靠专家们提供的各种技术性的

分析及定量的分析，如果一个政府的决策者不知道经济如何运行，那么这个政策必然是一个不称职政府的决策。

【货币发行量】从长期来看，一个国家货币发行多少并不影响其生产能力。但是从短期来看，政府的货币政策将极大地影响社会总需求，从而影响一年又一年的全国生产、就业和通货膨胀。

【资本的理念】一个国家的资本存量包括过去历年所投入的用于当前生产的产出和所得形成的资源。可用于今日生产的资本是储蓄和投资决策的结果。许多东西均可被包含在"资本"的概念之中。不仅有以机器、工厂、房屋等形成存在的有形资产，还有国有多年累积起来、用于当今劳动队伍进行教育和培训的大量无形资本。政府和企业将资本倾注于研究和开发之中，从而创造了一种无形的技术存量。

【市场竞争】创造性破坏，是市场经济前进的核心，对提高物质生活水平必不可少。不过，这种创造性破坏带来的经济活力，将带来巨大的失业和竞争压力，给社会所有人带来焦虑。市场经济反映了人类天性中自相矛盾的一面：既希望物质富足，又希望免受变动及其压力，挣扎在两者之间不能自拔。

主要参考书目

1.《美国总统与经济智囊》，陈宝森、侯玲著，世界知识出版社 1996 年 5 月版。

2.《美国的经济智囊》，〔美〕罗伯特·索贝尔著，上海译文出版社 1989 年 12 月版。

3.《格林斯潘传》，〔美〕高伐林、季思聪著，昆仑出版社 1999 年 3 月版。

4.《格林斯潘传》，毛为著，天地出版社 1998 年 7 月版。

5.《大器早成克林顿》，梁芳、罗艳华等著，中国广播电视出版社 1998 年 2 月版。

6.《美国自由主义的市场经济》，白景明著，武汉出版社 1994 年 11 月版。

7.《领导干部金融知识读本》，戴相龙主编，中国金融出版社 1997 年 11 月版。

8.《席卷亚洲的金融风暴》，李文星主编，四川大学出版社 1998 年 2 月版。

9. FACTS ON FILE, 1988, 1990, Weekly World News Cumulative Index RandMc Nally& Company.

10. Steven Greenhouse: Economic Memo; Administration Is Playing Blame Game Onrecession, The New York Times, Oct19, 1992.

11. The Ideas of Ayn Rand, Ronald E.Merrill, Open Court, 1991.

12. David M.Jones: A Central Bank Faces Its Limts, Wall Street Jonrna, June25, 1992.

13. Presidential economics: the making of economoic policy from Roosevelt to Clinton/Herbrt Stein-3rd rev.ed 1994 by the American Enterprse Institute.